Michael Ernst-Kölbl

*Schuldrecht
Allgemeiner Teil*

6. Auflage 2016

ISBN 978-3-86724-032-1

6. Auflage 2016

© 2016 niederle media

Bezug möglich direkt vom Verlag
niederle media
48341 Altenberge
Fax (02505) 93 98 99
E-Mail: info@niederle-media.de
www.niederle-media.de

Der Inhalt wurde sorgfältig erstellt, bleibt aber ohne Gewähr für Richtigkeit und Vollständigkeit. Nachdruck sowie Verwendung in anderen Medien oder in Seminaren nur mit schriftlicher Genehmigung des Verlags.

▶ Inhalt

▶ Schuldrecht Allgemeiner Teil

Lektion 1: Einführung in das Schuldrecht — 9

I. Systematische Übersicht über das Schuldrecht — 9
II. Prüfungstechnik für einen Fall — 10
III. Grundbegriffe im Schuldrecht — 12
1. Schuldverhältnis — 12
2. Pflichten aus dem Schuldverhältnis — 13
3. Abgrenzung des Schuldverhältnisses vom Gefälligkeitsverhältnis — 15

Lektion 2: Entstehung eines Schuldverhältnisses — 15

I. Entstehung eines Schuldverhältnisses unmittelbar durch Gesetz — 16
II. Entstehung eines Schuldverhältnisses kraft Rechtsgeschäfts — 16
1. Vertragliche Schuldverhältnisse — 17
2. Einseitige Rechtsgeschäfte — 18

Lektion 3: Personen eines Schuldverhältnisses — 18

Gläubiger und Schuldner — 18
I. Erste Ausnahme: Der Erfüllungsgehilfe — 19
II. Zweite Ausnahme: Leistungen an Dritte — 27

Lektion 4: Inhalt der Schuldverhältnisse — 29

I. Allgemeines — 29
II. Gesetzlicher Inhalt des Schuldverhältnisses — 30
1. Stückschuld und Gattungsschuld — 30
2. Geldschuld — 32
3. Wahlschuld — 32
4. Leistungsort — 32
5. Leistungszeit — 36
III. Auslegung nach Treu und Glauben — 37
IV. Bestimmung des Leistungsinhalts durch eine Partei oder einen Dritten — 38
1. Bestimmung durch eine Vertragspartei — 38
2. Bestimmung durch einen Dritten — 39

Lektion 5: Überblick über das Recht der Pflichtverletzungen — 39

I. Allgemeines — 39
II. Unterscheidung der einzelnen Pflichtverletzungen — 40

Lektion 6: Die Unmöglichkeit 42

I. Allgemeines 42

II. Ausschluss der Leistung nach § 275 BGB 44
1. Die tatsächliche Unmöglichkeit nach § 275 Abs. 1 BGB 44
2. Die faktische Unmöglichkeit nach § 275 Abs. 2 BGB 47
3. Das persönliche Unvermögen nach § 275 Abs. 3 BGB 49

III. Schadenersatz statt der Leistung nach §§ 280 Abs. 1, 3, 283 BGB 50

IV. Rechtsfolge: Aufwendungsersatz nach §§ 280 Abs. 1, 3, 283, 284 BGB 51

V. Rechtsfolge: Der Schuldner ist zur Herausgabe des Ersatzes nach §§ 275 Abs. 4, 285 BGB verpflichtet 52

VI. Rechtsfolge: Der Gläubiger wird von seiner Gegenleistung frei, § 326 Abs. 1 BGB 54

VII. Rechtsfolge: Der Gläubiger ist weiterhin zur Gegenleistung verpflichtet, wenn Ausnahmen zu § 326 Abs. 1 BGB eingreifen: 55
1. § 326 Abs. 2 Satz 1 1. Alt. BGB: Verantwortlichkeit des Gläubigers 57
2. § 326 Abs. 2 Satz 1 2. Alt. BGB: Annahmeverzug des Gläubigers 61
3. Übergabe beim Kaufvertrag, § 446 BGB 63
4. Übergabe der Kaufsache an die Transportperson, § 447 Abs. 1 BGB 64
5. Besonderheiten beim Werkvertrag, §§ 644, 645 BGB 69
6. Besonderheiten beim Dienstvertrag, § 615 BGB 71
7. Gläubiger verlangt Herausgabe des Surrogats, § 326 III BGB 71

VIII. Rechtsfolge: Der Gläubiger kann eine bereits erbrachte Gegenleistung zurückfordern, §§ 275 Abs. 4, 326 Abs. 4 BGB 73

IX. Rechtsfolge: Der Gläubiger hat ein Rücktrittsrecht, §§ 275 Abs. 4, 326 Abs. 5 BGB 75

X. Zusammenfassung: Rechtsfolgen der Unmöglichkeit 76

Lektion 7: Verzögerung der Leistung 78

I. Allgemeines 78

II. Nichterfüllungsschaden 79
1. Anspruch auf Schadenersatz statt der Leistung nach §§ 280 Abs. 1, 3, 281 BGB 79
2. Anspruch auf Aufwendungsersatz gemäß §§ 280 Abs. 1, 3, 284 BGB 88

III. Rücktritt vom Vertrag 90

IV. Verzögerungsschaden 95

Lektion 8: Sonstige Pflichtverletzungen 108

I. Schlechtleistung bei Verträgen, bei denen kein Gewährleistungsrecht geregelt ist 108

II. Sonstige Pflichtverletzungen 109
1. Schadenersatz nach § 280 Abs. 1 BGB 110
2. Schadenersatz statt der Leistung nach §§ 280 Abs. 1, 3, 282 BGB 121
3. Rücktrittsrecht nach § 324 BGB 123

Lektion 9: Der Annahmeverzug des Gläubigers — 125

I. Voraussetzungen des Gläubigerverzuges — 126
1. Anspruch aus dem Schuldverhältnis — 126
2. Angebot des Schuldners — 126
3. Leistungsvermögen des Schuldners — 130
4. Nichtannahme der Leistung durch den Gläubiger — 132

II. Rechtsfolgen des Gläubigerverzuges — 136
1. Überblick — 136
2. Haftungserleichterung nach § 300 Abs. 1 BGB — 137
3. Gefahrübergang bei Gattungsschulden nach § 300 Abs. 2 BGB — 137
4. Übergang der Preisgefahr nach § 326 Abs. 2 2. Alt. BGB — 138
5. Ersatz der Mehraufwendungen nach § 304 BGB — 138

Lektion 10: Die Schadenersatzpflicht, §§ 249 ff. BGB — 139

I. Allgemeines — 139

II. Art und Umfang des Schadenersatzes nach §§ 249 ff. BGB — 141
1. Grundsatz der Naturalrestitution — 141
2. Geldersatz nach §§ 249 Abs. 2, 250, 251 BGB — 143
3. Schadensberechnung — 144
4. Schadensminderung nach § 254 BGB — 150

Lektion 11: Allgemeine Geschäftsbedingungen — 156

I. Allgemeines — 156

II. Die Prüfung der AGB — 157
1. Anwendbarkeit der §§ 305 ff BGB — 157
2. Der Begriff der AGB — 158
3. Sind die AGB Bestandteil des Vertrages geworden? — 159
4. Inhaltskontrolle — 161
5. Rechtsfolge bei Nichteinbeziehung oder Unwirksamkeit — 164
6. Gerichtliche Geltendmachung der Unwirksamkeit der AGB — 164

Lektion 12: Das Erlöschen des Schuldverhältnisses — 165

I. Erfüllung nach § 362 BGB — 165
1. Die geschuldete Leistung — 166
2. Am richtigen Ort — 170
3. Zur richtigen Zeit — 170
4. An den richtigen Gläubiger — 170

II. Annahme an Erfüllungs statt und Annahme erfüllungshalber — 171

III. Hinterlegung nach §§ 372 ff. BGB — 172

IV. Aufrechnung nach §§ 387 ff. BGB — 173
1. Gegenseitigkeit — 174
2. Gleichartigkeit — 175
3. Die Hauptforderung und die Gegenforderung müssen entstanden sein — 175
4. Die Gegenforderung muss fällig sein — 176
5. Die Aufrechnung darf nicht ausgeschlossen sein — 177
6. Aufrechnungserklärung und Wirkung der Aufrechnung — 178

V. Erlass nach § 397 BGB	181
VI. Sonstige Erlöschensgründe	182

Lektion 13: Rücktritt 183

I. Das vertragliche Rücktrittsrecht	182
II. Das gesetzliche Rücktrittsrecht	186

Lektion 14: Widerrufsrecht bei Verbraucherverträgen, Schutz des Verbrauchers 187

I. Allgemeines	187
II. Übersicht über besondere Vertriebsformen	188
1. Verbraucher nach § 13 BGB	188
2. Unternehmer nach § 14 BGB	189
III. Die besonderen Vertriebsformen im Einzelnen	189
1. Außerhalb von Geschäftsräumen geschlossene Verträge	189
2. Fernabsatzverträge	191
3. Verträge im elektronischen Geschäftsverkehr	192
IV. Das Widerrufsrecht nach § 355 BGB	194
V. Verbraucherschutz in den Fällen des Anbieterwechsels bei Dauerschuldverhältnissen	200

Lektion 15: Gläubiger- und Schuldnerwechsel 201

I. Gläubigerwechsel	201
1. Der rechtsgeschäftliche Forderungsübergang	201
2. Der Sonderfall der Sicherungsabtretung	210
3. Einwendungen und Einreden des Schuldners	213
4. Gesetzlicher Gläubigerwechsel nach § 412 BGB	221
II. Schuldnerwechsel	221
1. Die befreiende Schuldübernahme	222
2. Der Schuldbeitritt	222

Lektion 16: Mehrheit von Gläubigern und Schuldnern 223

I. Teilgläubigerschaft	223
II. Teilschuldnerschaft	224
III. Gesamtgläubigerschaft	225
IV. Gesamtschuldnerschaft	227

▶ Vorwort

Das Schuldrecht behandelt die Rechtsverhältnisse zwischen Personen. Dabei hat der Gesetzgeber das Schuldrecht zweigeteilt: Regelungen, die für alle Vertragsarten gelten, sind im *Allgemeinen Teil* des Schuldrechts zu finden. Vorschriften, die nur für eine spezielle Vertragsart Anwendung finden, hat der Gesetzgeber im *Besonderen Teil* des Schuldrechts platziert.

Dieses Skript behandelt nur den *Allgemeinen Teil* des Schuldrechts. Dabei wird der Schwerpunkt auf die Vermittlung der **Grundlagen** gelegt. Ziel des Werkes ist es, den **Einstieg** in die komplizierte Materie zu erleichtern. So bin ich gezielt nur bei klausurrelevanten Themen ins Detail gegangen. In allen Bereichen habe ich aber besonderen Wert auf die Vermittlung der Gesetzessystematik gelegt. Aus meiner langjährigen Erfahrung als Dozent weiß ich, dass man eine gute Klausur nur schreiben kann, wenn man den *Aufbau des Gesetzes* verstanden hat. Ein Korrektor merkt, ob der Prüfling nur auswendig gelernte Prüfungsschemata und angelerntes Detailwissen wiedergibt oder tatsächlich die Struktur des Gesetzes verstanden hat.

Ihr Ziel ist das erfolgreiche Schreiben von Klausuren. Daher dienen die zahlreichen *Beispiele* dem Verständnis. Sie sollen aber auch gleichzeitig vermitteln, wie die einzelnen Rechtsfragen klausurtechnisch dargestellt werden.

Das Werk wurde bewusst kurz gefasst, um es in wenigen Tagen durcharbeiten und so einen schnellen *Einstieg* in den Allgemeinen Teil des Schuldrechts gewährleisten zu können. Aber auch später ist das Skript gut geeignet, den Stoff kurz und kompakt zu *wiederholen*.

Ein Tipp: Lesen Sie beim Durcharbeiten immer die zitierten Vorschriften. Dies erleichtert, die Materie zu verstehen und zu behalten.

Zuletzt hoffe ich, dass das Skript dazu beträgt, Ihnen einen guten Einstieg in das Schuldrecht zu ermöglichen und eine solide Basis für ein erfolgreiches Studium zu legen.

Burgstädt im Frühjahr 2016 *Michael Ernst-Kölbl*

▶ Unsere 📖 Skripten 🗂 Karteikarten 🎧 Hörbücher (CD & MP3)	
Zivilrecht	**Sozialrecht**
📖 Standardfälle für Anfänger (7,90 €)	📖 Kinder- und Jugendhilferecht (7,90 €)
📖 🎧 Standardfälle BGB AT (7,90 €)	📖 Sozialrecht und 📖Standardfälle Sozialrecht (9,90 €)
📖 🎧 Standardfälle Schuldrecht (7,90 €)	**Nebengebiete**
📖 🎧 Standardfälle Ges. Schuldverh., §§ 677, 812,823	
📖 Standardfälle Sachenrecht (9,90 €)	📖 🎧 Standardfälle Handels- & GesR (9,90 €)
📖 🎧 Standardfälle Familien- und Erbrecht (9,90 €)	📖 🎧 Standardfälle Arbeitsrecht (9,90 €)
📖 Klausuren Übung für Fortgeschrittene (7,90 €)	📖 Standardfälle ZPO (9,90 €)
📖 🎧 Basiswissen BGB (AT) (Frage-Antwort)	📖 🎧 Basiswissen HandelsR (Frage-Antwort) (7,9 €)
📖 🎧 Basiswissen SchuldR (AT) 📖 🎧 SchuldR (BT) (7 €)	📖 🎧 Basiswissen Gesellschaftsrecht (7,90 €)
📖 🎧 Basiswissen Sachenrecht, 📖 🎧 FamR, 📖 🎧 ErbR	📖 🎧 Basiswissen ZPO (Frage-Antwort) (7,90 €)
📖 Einführung in das Bürgerliche Recht (7,90 €)	📖 🎧 Basiswissen StPO (Frage-Antwort) (7,90 €)
📖 Studienbuch BGB (AT) (12 €)	📖 Handelsrecht (9,90 €)
📖 Studienbuch Schuldrecht (AT) (12 €)	📖 Gesellschaftsrecht (9,90 €)
📖 Schuldrecht (BT) 1 - §§ 437, 536, 634, 670 ff. (9,90 €)	📖 Arbeitsrecht (9,90 €)
📖 Schuldrecht (BT) 2 - §§ 812, 823, 765 ff. (9,90 €)	📖 Kollektives Arbeitsrecht (9,90 €)
📖 SachenR 1 – Bewegl. S., 📖 SachenR 2 – Unb. S. (9,9 €)	📖 ZPO I – Erkenntnisverfahren (7,90 €)
📖 Familienrecht und 📖 Erbrecht (Einführungen) (9,90 €)	📖 ZPO II – Zwangsvollstreckung (7,90 €)
📖 Streitfragen Schuldrecht (7,90 €)	📖 Strafprozessordnung – StPO (7,90 €)
📖 🎧 Definitionen für die Zivilrechtsklausur (9,90 €)	📖 Einf. Internationales Privatrecht - IPR (9,90 €)
	📖 Standardfälle IPR (9,90 €)
Strafrecht	📖 Insolvenzrecht (9,90 €)
📖 🎧 Standardfälle für Anfänger Band 1 (9,90 €)	📖 Gewerbl. Rechtsschutz/Urheberrecht (9,90 €)
📖 Standardfälle für Anfänger Band 2 (7,90 €)	📖 Wettbewerbsrecht (9,90 €)
📖 Standardfälle für Fortgeschrittene (12 €)	📖 Ratgeber 500 Spezial-Tipps für Juristen (12 €)
📖 🎧 Basiswissen Strafrecht (AT) (Frage-Antwort)	📖 Mediation (7,90 €)
📖 🎧 Basiswissen Strafrecht BT 1 und 📖 🎧 BT 2 (7 €)	📖 Sportrecht (9,90 €)
📖 Strafrecht (AT) (7,90 €)	
📖 Strafrecht (BT) 1 – Vermögensdelikte (9,90 €)	**Karteikarten (je 9,90 €)**
📖 Strafrecht (BT) 2 – Nichtvermögensdelikte (9,90 €)	🗂 Zivilrecht: BGB AT/SchuldR/Grundlagen/Schemata
📖 🎧 Definitionen für die Strafrechtsklausur (7,90 €)	🗂 Strafrecht: AT/BT-1/BT-2/Streitfragen
Irrtümer und Änderungen vorbehalten!	🗂 Öff. R.: StaatsorgaR/GrundR/VerwR/Schemata
Öffentliches Recht	**Assessorexamen**
📖 Standardfälle Staatsrecht I – StaatsorgaR (9,90 €)	📖 Der Aktenvortrag im Strafrecht (7,90 €)
📖 Standardfälle Staatsrecht II – Grundrechte (9,90 €)	📖 Der Aktenvortrag im Zivilrecht (7,90 €)
📖 🎧 Standardfälle f. Anfänger (StaatsorgaR u. GRe) (7,9 €)	📖 Der Aktenvortrag im Öffentlichen Recht (7,90 €)
📖 Standardfälle Verwaltungsrecht (AT) (9,90 €)	📖 Staatsanwaltl. Sitzungsdienst & Plädoyer (9,90 €)
📖 Standardfälle Polizei- und Ordnungsrecht (9,90 €)	📖 Die strafrechtliche Assessorklausur (7,90 €)
📖 Standardfälle Baurecht (9,90 €)	📖 Die Assessorklausur VerwR Bd. 1 (7,90 €)
📖 Standardfälle Europarecht (9,90 €)	📖 Die Assessorklausur VerwR Bd. 2 (7,90 €)
📖 Standardfälle Kommunalrecht (9,90 €)	📖 Vertragsgestaltung in der Anwaltsstation (7 €)
📖 🎧 Basiswissen StaatsR I –StaatsorgaR (Fr-Antw.) (7 €)	Irrtümer und Änderungen vorbehalten!
📖 🎧 Basiswissen StaatsR II –GrundR (Frage-Antw.) (7 €)	
📖 Basiswissen VerwaltungsR AT– (Frage-Antwort) (7 €)	**BWL**
📖 Studienbuch Staatsorganisationsrecht (9,90 €)	📖 Einführung i. die Betriebswirtschaftslehre (7,90 €)
📖 Studienbuch Grundrechte (9,90 €)	📖 Marketing (7 €)
📖 Studienbuch Verwaltungsrecht AT (12 €)	📖 Organisationsgestaltung & -entwickl. (7,90 €)
📖 Studienbuch Europarecht (12,90 €)	📖 Fallstudien Organisationsgestaltung u. -entwickl.
🎧 Basiswissen Europarecht	📖 Internationales Management (7 €)
📖 Staatshaftungsrecht (9,90 €)	📖 Wie gelingt meine wiss. Abschlussarbeit? (7 €)
📖 VerwaltungsR AT 1 – VwVfG u. 📖 AT 2 –VwGO (9,90 €)	Irrtümer und Änderungen vorbehalten!
📖 VerwaltungsR BT 1 – POR (9,90 €)	
📖 VerwaltungsR BT 2 – BauR 📖 BT 3 – UmweltR (9,90 €)	**Schemata**
📖 🎧 Definitionen Öffentliches Recht (9,90 €)	📖 Die wichtigsten Schemata-ZivR,StrafR,ÖR (14,90)
Steuerrecht	📖 Die wichtigsten Schemata–Nebengebiete (9,90 €)
📖 Abgabenordnung (AO) (9,90 €)	
📖 Erbschaftsteuerrecht (9,90 €)	
📖 Steuerstrafrecht/Verfahren/Steuerhaftung (7,90 €)	

🎧 bedeutet: auch als **Hörbuch** (CD oder MP3-Download) lieferbar!

Bei **niederle-media.de** bestellte Artikel treffen idR *nach 1-2 Werktagen* ein!

Lektion 1: Einführung in das Schuldrecht

Um in Klausuren erfolgreich zu sein, bedarf es der Beachtung zweier wichtiger Punkte:

- Kenntnis der Systematik des Gesetzes und
- Beherrschen der Prüfungstechnik für einen Fall.

I. Systematische Übersicht über das Schuldrecht

Das Schuldrecht ist in zwei Teile gegliedert. Wie in allen Gesetzen gilt auch hier der Grundsatz: Allgemeines vor Speziellem. Im ersten Teil des Schuldrechts (§§ 241 bis 432 BGB, Allgemeiner Teil des Schuldrechts) finden sich Vorschriften, die für alle Schuldverhältnisse aus dem Besonderen Teil gelten. Im zweiten Teil des Schuldrechts (§§ 433 bis 853 BGB, Besonderer Teil des Schuldrechts) hat der Gesetzgeber die einzelnen Schuldverhältnisse geregelt.

Beispiel 1: Anton verkauft Berta ein mangelhaftes Kraftfahrzeug. Der Sachmangel einer Kaufsache betrifft speziell den Kaufvertrag. Die entsprechenden Vorschriften sind im Besonderen Teil des Schuldrechts geregelt, §§ 434 ff. BGB.

Beispiel 2: Kann Anton das Fahrzeug infolge Zerstörung durch Blitzschlag vor Übergabe nicht liefern, so handelt es sich um die Unmöglichkeit der Leistung, die bei mehreren Schuldverhältnissen denkbar ist. Die Regelungen findet sich daher im Allgemeinen Teil des Schuldrechts.

Merke: Vorschriften, die für mehrere Schuldverhältnisse Geltung haben, sind im Allgemeinen Teil des Schuldrechts geregelt. Regelungen, die nur für ein bestimmtes Schuldverhältnis Geltung haben, finden sich im Besonderen Teil des Schuldrechts.

II. Prüfungstechnik für einen Fall

Ausgangspunkt der Fallbearbeitung ist immer die Fallfrage. Dabei sind zwei Möglichkeiten zu unterscheiden:

Die Frage kann lauten: Wie ist die Rechtslage?

In diesem Fall gilt „Wer will was von wem woraus?". Nacheinander sind dann die sich aus dem Sachverhalt ergebenden Ansprüche der Personen gegeneinander zu prüfen.

Beispiel 3: Valentin hat an Katharina ein Kraftfahrzeug zum Preis von 9.000,- EUR verkauft. Beide wünschen die Erfüllung des Kaufvertrages. Fallfrage: Wie ist die Rechtslage?

Lautet die Frage allgemein nach der Rechtslage, so ist auf **alle** in Betracht kommenden Ansprüche einzugehen.

Lösung zu Beispiel 3: Valentin könnte einen Anspruch gegen Katharina auf Zahlung des Kaufpreises von 9.000,- EUR nach § 433 Abs. 2 BGB haben. Zwischen beiden besteht ein wirksamer Kaufvertrag über ein Kraftfahrzeug. Als Kaufpreis wurden 9.000,- EUR vereinbart. Valentin kann also 9.000,- EUR von Katharina verlangen.

Katharina könnte einen Anspruch nach § 433 Abs. 1 Satz 1 BGB gegen Valentin auf Übergabe des Kraftfahrzeuges und Verschaffung des Eigentums daran haben. Zwischen beiden besteht ein wirksamer Kaufvertrag über das Kraftfahrzeug. Katharina kann also die Übereignung des Kraftfahrzeuges verlangen.

Lautet die Frage nach konkreten Ansprüchen, so ist lediglich die entsprechende Anspruchsgrundlage zu suchen.

Variante zu Beispiel 3: Die Fallfrage lautet nunmehr: Kann Valentin die Zahlung des Kaufpreises verlangen?

Lösung zur Variante des Beispiels 3: Valentin könnte einen Anspruch gegen Katharina auf Zahlung des Kaufpreises von 9.000,- EUR nach § 433 Abs. 2 BGB haben. Zwischen beiden besteht ein wirksamer Kaufvertrag über ein Kraftfahrzeug. Als Kaufpreis wurden 9.000,- EUR vereinbart. Valentin kann also 9.000,- EUR von Katharina verlangen.

Entscheidend ist immer das Auffinden von *Anspruchsgrundlagen*.

Dabei gilt für das Schuldrecht folgende

Prüfungsreihenfolge
1. Ansprüche aus Vertrag
2. Vertragsähnliche Ansprüche
3. Ansprüche aus unerlaubter Handlung (§§ 823 ff. BGB) und
4. Ansprüche aus ungerechtfertigter Bereicherung (§§ 812 ff. BGB)

Innerhalb einer Anspruchsgrundlage ist nachfolgende Prüfungsreihenfolge zu beachten:

a) Anspruch entstanden
b) Anspruch erloschen
c) Anspruch durchsetzbar

Zu a) – Anspruch entstanden

Es ist zu prüfen, ob die Tatbestandsmerkmale der Anspruchsgrundlage erfüllt sind. Weiter sind auch rechtshindernde Einwendungen[1] zu prüfen.

Beispiel 4: Valentin könnte einen Anspruch gegen Katharina auf Zahlung des Kaufpreises nach § 433 Abs. 2 BGB haben. Voraussetzung ist ein wirksamer Kaufvertrag zwischen beiden Vertragsparteien. Der Vertrag darf nicht wegen *mangelnder Geschäftsfähigkeit* der Katharina unwirksam sein (= rechtshindernde Einwendung).

---
[1] Bei rechtshindernden Einwendungen kommt das geltend gemachte Recht überhaupt nicht zum Entstehen, vgl. Creifelds, Rechtswörterbuch 19. Auflage, S. 326 „Einrede".

Zu b) – Anspruch erloschen

Es ist zu prüfen, ob der einmal entstandene Anspruch durch rechtsvernichtende Einwendungen[2] untergegangen ist.

Beispiel 5: Katharina hat sofort nach Abschluss des Kaufvertrages den Kaufpreis beglichen. Der Anspruch aus § 433 Abs. 2 BGB ist nach § 362 Abs. 1 BGB erloschen.

Zu c) – Anspruch durchsetzbar

Es ist zu prüfen, ob der noch bestehende Anspruch rechtlich durchsetzbar ist. Hier sind rechtshemmende Einreden[3] zu prüfen.

Beispiel 6: Katharina hat den Kaufpreis nicht beglichen, so dass inzwischen die Durchsetzung des Anspruchs des Valentin gegen Katharina aus § 433 Abs. 2 BGB könnte wegen der Einrede der Verjährung nach § 214 BGB gehemmt ist. Beruft sich nun Katharina auf die Einrede der Verjährung, so kann Valentin den Anspruch nicht durchsetzen.

III. Grundbegriffe im Schuldrecht

1. Schuldverhältnis

Das BGB verwendet den Begriff des Schuldverhältnisses im doppelten Sinn:

- Schuldverhältnis im weiteren Sinn
- Schuldverhältnis im engeren Sinn

---

[2] Bei rechtsvernichtenden Einwendungen ist ein zunächst wirksam entstandenes Recht nachträglich wieder erloschen, vgl. Creifelds, S. 326 „Einrede".
[3] Eine rechtshemmende Einrede ist ein Recht, das die Durchsetzung eines subjektiven Rechts eines anderen verhindert, vgl. Creifelds, S. 326 „Einrede".

a) Schuldverhältnis im weiteren Sinn

Unter einem Schuldverhältnis im weiteren Sinn versteht man ein Rechtsverhältnis zwischen mindestens zwei Personen, kraft dessen wenigstens eine Person gegenüber einer anderen Person zur Leistung verpflichtet ist[4].

Gemeint ist damit die Gesamtheit der Rechtsansprüche aus einer schuldrechtlichen Beziehung.

Beispiel 7: Zwischen Katharina und Valentin besteht das Schuldverhältnis „Kaufvertrag".

Ein solches Schuldverhältnis im weiteren Sinn beinhaltet verschiedene Einzelansprüche.

Beispiel 8: Innerhalb des Schuldverhältnisses „Kaufvertrag" besteht der Anspruch auf Übereignung der Kaufsache nach § 433 Abs. 1 Satz 1 BGB und der Kaufpreisanspruch nach § 433 Abs. 2 BGB.

b) Schuldverhältnis im engeren Sinn

Unter einem Schuldverhältnis im engeren Sinn versteht man einen einzelnen schuldrechtlichen Anspruch[5].

Beispiel 9: Valentin hat gegen Katharina einen Anspruch aus dem Kaufvertrag auf Zahlung des Kaufpreises nach § 433 Abs. 2 BGB.

2. Pflichten aus dem Schuldverhältnis

Man unterscheidet zwischen
- Primärpflichten
- Sekundärpflichten.

---

[4] Brox/Walker, Allgemeines Schuldrecht, 34. Auflage, § 2 RN 1 (künftig zitiert: Brox/Walker, AS).
[5] Brox/Walker, AS, § 2 RN 2.

a) Primärpflichten

Die Primärpflichten ergeben sich unmittelbar aus dem Schuldverhältnis. Dies bedeutet, dass mit Entstehung des Rechtsverhältnisses die Pflichten bereits bestehen.

Dabei lassen sich die **Primärpflichten** weiter differenzieren:

- **Leistungspflichten (§ 241 Abs. 1 Satz 1 BGB)**
  bestehend aus Hauptleistungspflichten und Nebenleistungspflichten.

  Als *Hauptleistungspflichten* bezeichnet man die primären Vertragspflichten, die das Wesen des jeweiligen Vertrages ausmachen. *Nebenleistungspflichten* ergänzen die Hauptleistungspflichten.

  Beispiel für Hauptleistungspflicht: Übereignungspflicht nach § 433 Abs. 1 Satz 1 BGB.

  Beispiel für Nebenleistungspflicht: Abnahmepflicht des Käufers nach § 433 Abs. 2 BGB.

  Leistungspflichten und Nebenleistungspflichten sind in Anspruchsgrundlagen enthalten und sind einklagbar.

- **Schutzpflichten (§ 241 Abs. 2 BGB)**
  Schutzpflichten sind nicht selbstständig einklagbar[6]. Bei der Verletzung der Schutzpflichten können aber Ansprüche[7] entstehen.

  Beispiel für eine Schutzpflicht: Die Hinweispflicht des Verkäufers auf frostfreie Lagerung der Farbe.

---

[6] § 241 BGB lesen: Bei den einklagbaren Leistungspflichten nach Absatz 1 heißt es: „ist der Gläubiger berechtigt, von dem Schuldner ... zu fordern", während der Absatz 2 lautet: „Das Schuldverhältnis kann ... zur Rücksicht ... verpflichten."

b) Sekundärpflichten

Sekundärpflichten entstehen nicht unmittelbar mit Entstehen des Schuldverhältnisses, sondern folgen aus einer Verletzung der Primärpflichten.

Beispiel 10: Trotz Fälligkeit und Mahnung leistet Katharina den aus dem Kaufvertrag geschuldeten Kaufpreis an Valentin nicht. Valentin hat nunmehr einen Anspruch auf Ersatz des Verzugsschadens, §§ 280 Abs. 1, 2, 286 ff. BGB.

Sekundärpflichten können neben den Primärpflichten oder statt der Primärpflichten entstehen.

3. Abgrenzung des Schuldverhältnisses vom Gefälligkeitsverhältnis

Ein Schuldverhältnis besteht aus mehreren Willenserklärungen, während beim Gefälligkeitsverhältnis kein rechtsgeschäftlicher Wille gegeben ist. Damit besteht bei einem Gefälligkeitsverhältnis kein Anspruch auf Erfüllung. Aber auch beim Gefälligkeitsverhältnis kann bei Vorliegen der gesetzlichen Tatbestände ein gesetzliches Schuldverhältnis entstehen, z. B. §§ 823 ff. BGB.

Beispiel 11: Matthias verspricht seiner Freundin Nina, sie ins Kino einzuladen. Nina hat keinen durchsetzbaren Anspruch, da sich der Anspruch aus dem außerrechtlichen Verhältnis der Freundschaft ergibt.

Lektion 2: Entstehung eines Schuldverhältnisses

Ein Schuldverhältnis entsteht durch

- Gesetz
- Rechtsgeschäft (§ 311 Abs. 1 BGB).

---

[7] Beispielsweise: vertragsähnliche Ansprüche nach §§ 280 ff. BGB.

I. Entstehung eines Schuldverhältnisses unmittelbar durch Gesetz

Das gesetzliche Schuldverhältnis entsteht nicht durch die Abgabe von Willenserklärungen, sondern dadurch, dass die Tatbestandsmerkmale des Gesetzes erfüllt sind. Das Schuldrecht kennt vier Möglichkeiten der Entstehung eines Schuldverhältnisses durch Gesetz:

- vorvertragliches Schuldverhältnis nach § 311 Abs. 2, 3 BGB[8]
- Geschäftsführung ohne Auftrag nach §§ 677 ff. BGB[9]
- ungerechtfertigte Bereicherung nach §§ 812 ff. BGB[10]
- unerlaubte Handlung nach §§ 823 ff. BGB[11].

Beachte: Ansprüche aus vertraglichen und gesetzlichen Schuldverhältnissen schließen einander nicht aus! Daher sind immer vertragliche und gesetzliche Ansprüche **nebeneinander** zu prüfen.

Beispiel 1: Oliver beauftragt den Maurermeister Mark nach § 631 BGB eine Gartenmauer zu errichten. Infolge von Unaufmerksamkeit des Mark wird eine wertvolle Gartenpflanze des Oliver zerstört. In Betracht kommen sowohl vertragliche Schadenersatzansprüche nach §§ 280 ff. BGB als auch gesetzliche Schadenersatzansprüche nach §§ 823 ff. BGB!

II. Entstehung eines Schuldverhältnisses kraft Rechtsgeschäfts

Ein rechtsgeschäftliches Schuldverhältnis entsteht

- durch Vertrag, vgl. § 311 Abs. 1 BGB, oder
- durch einseitiges Rechtsgeschäft[12].

---

[8] Vgl. Lektion 9 II 1 a.
[9] **Beispiel:** Die Nachbarin Nora lässt einen Wasserrohrbruch in der Wohnung des abwesenden Thomas beseitigen. Nach §§ 670, 677, 683 BGB ist Thomas gegenüber Nora zum Ersatz der Aufwendungen verpflichtet.
[10] **Beispiel:** Der Verkäufer schuldet nach § 812 Abs. 1 BGB die Rückgabe der Kaufsache bei einem nichtigen Kaufvertrag.
[11] **Beispiel:** Anton rempelt bei einem Dorffest absichtlich den Bernd an, der deswegen stürzt und sich verletzt. Nach § 823 Abs. 1 BGB ist Anton dem Bernd zum Schadenersatz verpflichtet.

1. Vertragliche Schuldverhältnisse

Dabei wird unterschieden zwischen:
- gegenseitigen Verträgen
- unvollkommen zweiseitig verpflichtenden Verträgen
- einseitig verpflichtenden Verträgen.

a) Gegenseitige Verträge

Gegenseitige Verträge liegen vor, wenn der eine Vertragsteil dem anderen Vertragsteil eine Leistung gerade deswegen verspricht, weil auch der andere Teil ihm gegenüber eine Leistung verspricht. Es handelt sich hier um Austauschverträge (sog. Synallagma). Leistung und Gegenleistung stehen in einem Abhängigkeitsverhältnis, §§ 320 ff. BGB.

Allgemeine Beispiele: Kaufvertrag, Mietvertrag.

b) Unvollkommen zweiseitig verpflichtende Verträge

Unvollkommen zweiseitige Verträge liegen vor, wenn für einen Vertragsteil Leistungspflichten entstehen. Es bestehen daneben auch Vertragspflichten für den anderen Vertragsteil. Die Pflichten stehen aber nicht im Gegenseitigkeitsverhältnis.

Beispiel 2: Bei der Leihe hat der Entleiher einen Anspruch auf Überlassung der entliehenen Sache nach § 598 BGB. Der Verleiher hat einen Anspruch auf Rückgabe nach § 604 Abs. 1 BGB. Beide Pflichten stehen nicht in einem Gegenseitigkeitsverhältnis.

c) Einseitig verpflichtende Verträge

Einseitig verpflichtende Verträge liegen vor, wenn nur eine Vertragspartei Pflichten hat.

---

[12] § 311 Abs. 1 BGB spricht davon, dass ein Schuldverhältnis kraft Gesetzes entstehen kann. Damit ist gemeint, dass die bloße Erfüllung der gesetzlichen Tatbestände zum Schuldverhältnis führt (gesetzliches Schuldverhältnis) oder dass das Gesetz Vorschriften enthält, wonach durch einseitiges Rechtsgeschäft ein Schuldverhältnis begründet werden kann (rechtsgeschäftliches Schuldverhältnis).

Beispiel 3: Bei einem Schenkungsvertrag nach §§ 516 ff. BGB ist nur der Schenkende verpflichtet, die versprochene Sache zu übereignen; den Beschenkten trifft keine Pflicht.

2. Einseitige Rechtsgeschäfte

Das einseitige Rechtsgeschäft wird nur durch eine Willenserklärung begründet.

Allgemeine Beispiele: Auslobung nach §§ 657 ff. BGB, Vermächtnis nach §§ 1939, 2147 ff. BGB.

Lektion 3: Personen eines Schuldverhältnisses

Gläubiger und Schuldner

Sobald ein Schuldverhältnis besteht, ist der Gläubiger nach § 241 Abs. 1 BGB berechtigt, vom Schuldner die geschuldete Leistung zu fordern. Das Schuldrecht wirkt damit grundsätzlich nur zwischen den Parteien des Schuldverhältnisses (also Gläubiger und Schuldner). Man spricht insoweit von der „Relativität des Schuldrechts". Andere Personen werden grundsätzlich durch das Schuldverhältnis nicht berührt.

Beispiel 1: Der Student Stefan hat beim Weinhändler Wilhelm 10 Flaschen italienischen Landwein bestellt. Stefans Freundin Klara sucht den Weinhändler auf und fordert die Übergabe des Weines an sich. Zu Recht?

Lösung: Klara hat keinen Anspruch auf Übereignung nach § 433 Abs. 1 BGB. Es besteht nur ein Schuldverhältnis (Kaufvertrag) zwischen Stefan und Wilhelm.[13]

---

[13] Anders wäre der Fall aber zu beurteilen, wenn Klara als Vertreterin des Stefan gehandelt hätte. Sie hätte dann den Anspruch nicht im eigenen Namen, sondern im Namen des Stefan geltend gemacht.

Ausnahmsweise können dritte Personen an Schuldverhältnissen beteiligt sein:

I. Erste Ausnahme: Der Erfüllungsgehilfe

Der Schuldner ist nach § 267 Abs. 1 Satz 1 BGB nicht verpflichtet, die geschuldete Leistung persönlich zu erbringen. Das Gesetz macht davon in wenigen Fällen eine Ausnahme. So ist nach § 613 BGB der Arbeitnehmer persönlich zur Arbeitsleistung verpflichtet. Bei einem Werkvertrag nach § 631 BGB kann sich der Schuldner aber einer Hilfsperson bedienen. Dies geschieht bei der Einschaltung von Subunternehmern.

Solche Hilfspersonen sind <u>nicht</u> Schuldner im Schuldverhältnis. Erfüllungsgehilfen sind die Personen, derer sich der Schuldner zur Erfüllung seiner Verbindlichkeit bedient. Meist besteht zwischen dem Schuldner und seiner Hilfsperson ein gesondertes Schuldverhältnis.

Beispiel 2: Hans schließt mit dem Bauunternehmer Gunter einen Werkvertrag über die Herstellung einer Garage. Das Fundament für die Garage wird von Ernst gegossen. Ernst war von Gunter beauftragt worden, das Fundament zu gießen. Ernst ist Erfüllungsgehilfe des Gunter.

Prüfungsschema des Erfüllungsgehilfen
1. Bestehendes Schuldverhältnis
2. Hilfsperson i. S. d. § 278 BGB
3. zur Erfüllung einer Verbindlichkeit
4. Verschulden der Hilfsperson

Klausurtipp: Zeichnen Sie sich bei Sachverhalten mit mehr als zwei Personen immer die Leistungsbeziehungen neben den Sachverhalt. Das erleichtert das Erfassen des Sachverhalts (vgl. unten Beispiel 3).

1. Bestehendes Schuldverhältnis

Die Vorschrift des § 278 BGB beinhaltet das Merkmal „zur Erfüllung einer Verbindlichkeit". Dies bedeutet, dass es für die Anwendung des § 278 BGB eines **bestehenden** Schuldverhältnisses bedarf.

Bei Tätigwerden des Erfüllungsgehilfen muss bereits ein Schuldverhältnis bestehen. Dies kann sein

- ein gesetzliches Schuldverhältnis
- ein vertragliches Schuldverhältnis
- ein vorvertragliches Schuldverhältnis.

Kein Fall des § 278 BGB liegt vor, wenn durch das Tätigwerden der Person erst ein Schuldverhältnis begründet wird.

Beispiel 3: Hans beauftragt den Dachdecker Rudolf mit der Neueindeckung des Daches seines Hauses. Die Arbeiten führt Anton (Angestellter des Rudolf) aus. Aus Langeweile bewirft Anton die Passantin Pauline mit Dachziegeln. Ist Anton gegenüber Pauline Erfüllungsgehilfe des Rudolf i. S. d. § 278 BGB?

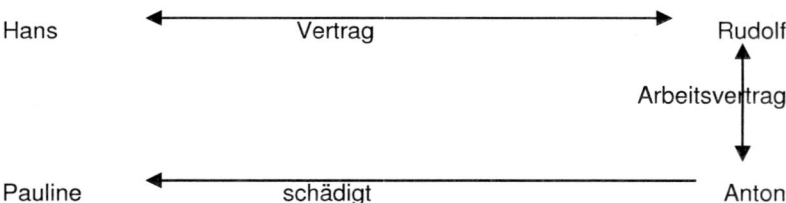

Lösung: Nach § 278 BGB muss sich Rudolf des Antons zur Erfüllung einer **bestehenden** Verbindlichkeit gegenüber Pauline bedient haben. Dies liegt hier nicht vor. Zwischen Pauline und Rudolf besteht im Zeitpunkt des Werfens der Dachziegel kein Schuldverhältnis. Ein Schuldverhältnis besteht nur zwischen Rudolf und Hans. Damit scheidet eine Anwendung des § 278 BGB aus: Hier ist § 831 BGB zu prüfen.[14]

---

[14] Vgl. dazu unten 5.

2. Hilfsperson i. S. d. § 278 BGB

Folgende Hilfspersonen fallen unter die Vorschrift des § 278 BGB:

- gesetzlicher Vertreter (§ 278 1. Alt. BGB)
- Personen, derer sich der Schuldner zur Erfüllung seiner Verbindlichkeit bedient (§ 278 2. Alt. BGB).

Beispiel 4: Das Verschulden der Eltern wird im Rahmen eines Vertragsverhältnisses des Kindes mit einem Dritten dem Kind zugerechnet.

Beispiel 5: Der Maurermeister Mark soll im Garten des Oliver eine Stützmauer errichten. Infolge von Unachtsamkeit beschädigt der Angestellte des Mark, der Anton, eine wertvolle Gartenpflanze. Im Rahmen des vertraglichen Schadenersatzanspruchs nach §§ 280 ff. BGB gegen den Mark wird das Verschulden des Anton dem Maurermeister Mark nach § 278 BGB zugerechnet. Mark ist gegenüber dem Oliver zum Schadenersatz verpflichtet.

Wenn sich der Erfüllungsgehilfe wiederum eines Erfüllungsgehilfen bedient, so wird dessen Verschulden dem Schuldner auch zugerechnet.

Beispiel 6: Hans schließt mit dem Bauunternehmer Gunter einen Werkvertrag über die Herstellung einer Garage. Gunter beauftragt wiederum den Subunternehmer Ernst, das Fundament für die Garage zu gießen. Auf der Baustelle bedient Fridolin (Angestellter des Ernst), den Betonmischer. Infolge Unachtsamkeit bei den Vorbereitungsarbeiten beschädigt Fridolin das ordnungsgemäß abgestellte Fahrzeug des Hans. Gunter ist dem Hans nach §§ 280 ff., 278 BGB zum Schadenersatz verpflichtet. Das Verschulden des Fridolin wird Gunter zugerechnet.[15]

---

[15] Hinweis: In dieser Lektion sollen nur die Grundlagen des Erfüllungsgehilfen besprochen werden. Weitere Beispiele in Zusammenhang mit anderen Problemen finden sich in Lektion 8 *Beispiel 2* und Lektion 10 *Beispiel 28*.

Nicht erforderlich ist, dass der Erfüllungsgehilfe in einem Vertragsverhältnis oder in einem sozialen Abhängigkeitsverhältnis zu dem Schuldner steht. Meist wird dieser Umstand vorliegen, erforderlich ist er nicht![16]

Zu den Erfüllungsgehilfen gehören auch Personen, die mit der Führung von Vertragsverhandlungen betraut sind.[17] Diese sind Gehilfen im Rahmen des vorvertraglichen Schuldverhältnisses nach § 311 Abs. 2 BGB, vgl. auch oben unter 1.

3. Zur Erfüllung einer Verbindlichkeit

Bereits unter 1. wurde ausgeführt, dass bei Tätigwerden des Erfüllungsgehilfen für den Schuldner bereits ein Schuldverhältnis zwischen dem Schuldner und einem Dritten (= Gläubiger) bestehen muss.

Das Schuldverhältnis kann aus folgenden Gründen bestehen:

- Bestehen einer Hauptleistungspflicht
- Bestehen einer Nebenleistungs- oder Schutzpflicht.

Beispiel 7: Gertraud hat den Installateur Thomas gebeten, den tropfenden Wasserhahn zu reparieren. Thomas schickt seinen Angestellten Emil um den Fehler zu beheben. Emil führt die Reparatur fehlerhaft aus. Das Verschulden des Emil wird dem Thomas nach § 278 BGB zugerechnet.[18]

Beispiel 8: Edith ist Angestellte im Hauswarenfachgeschäft des Wolfgang. Christopher erwirbt dort einen beschichteten Kochtopf. Edith vergisst nach Abschluss des Kaufvertrages den in Haushaltsangelegenheiten unerfahrenen Christopher darauf hinzuweisen, dass der Kochtopf

---

[16] Dies ergibt sich aus dem Wortlaut des § 278 Satz 1 BGB „derer er sich zur Erfüllung der Verbindlichkeit bedient".
[17] Brox/Walker, AS, § 20 RN 30 mit Hinweis auf BGH NJW 1991, 2557.
[18] Beachte aber, dass es bei einem Gewährleistungsanspruch nach §§ 634 ff. BGB auf ein Verschulden des Unternehmers oder seines Erfüllungsgehilfen nicht ankommt.

nicht spülmaschinentauglich ist. Als Christopher den Topf nach dem ersten Gebrauch in die Spülmaschine gibt, wird die Beschichtung irreparabel zerstört. Christopher verlangt von Wolfgang Schadenersatz. Zu Recht?

Lösung: Christopher könnte ein Schadenersatzanspruch nach §§ 280 Abs. 1, 241 Abs. 2, 278 BGB zustehen.

Zwischen Christopher und Wolfgang besteht ein wirksames Schuldverhältnis durch den Abschluss des Kaufvertrages. Edith ist Erfüllungsgehilfin nach § 278 BGB, weil sich Wolfgang zur Erfüllung seiner aus dem Kaufvertrag ergebenden Verpflichtungen seiner Angestellten Edith bedient. Im Rahmen dieses Schuldverhältnisses besteht neben der Hauptleistungspflicht, die Kaufsache zu übereignen auch eine Hinweis- oder Beratungspflicht dahingehend, den Kochtopf nicht in einer Spülmaschine zu reinigen.

Das schuldhafte Unterlassen eines Hinweises durch Edith wird nach § 278 BGB dem Wolfgang zugerechnet. Damit steht Christopher ein Schadenersatzanspruch gegen Wolfgang wegen der Verletzung der Schutzpflicht nach §§ 280 Abs. 1, 241 Abs. 2, 278 BGB zu.

Die schädigende Handlung der Hilfsperson muss in sachlichem Zusammenhang mit der der Hilfsperson übertragenen Tätigkeit stehen.[19] Fügt die Hilfsperson „bei Gelegenheit" dem Gläubiger einen Schaden zu, so war nach früher h. M. das Verhalten der Hilfsperson nicht dem Schuldner zuzurechnen.

Beispiel 9: Hans beauftragt den Dachdecker Rudolf mit der Neueindeckung des Daches seines Hauses. Die Arbeiten führt der Angestellte des Rudolf, der Anton, aus. Um auf das Dach zu gelangen, muss er durch das ausgebaute Dachgeschoss gehen. In einem unbeobachteten Moment entwendet Anton eine wertvolle Lokomotive von der im Dachgeschoss stehenden Modelleisenbahnanlage.

---

[19] Brox/Walker, AS, § 20 RN 32 mit Hinweis auf BGHZ 23, 323; 31, 366.

Die heute vorherrschende Auffassung differenziert in diesen Fällen, in denen es um eine Haftung des Schuldners für Straftaten der Hilfsperson geht. Wenn durch die Einschaltung dieser Hilfsperson die Straftat erleichtert worden ist, dann ist § 278 BGB anzuwenden. Hat sich in der Straftat nur das allgemeine Lebensrisiko realisiert, so haftet der Schuldner für die Handlung seines Erfüllungsgehilfen nicht.[20] Der Grund für diese Differenzierung ist, dass das allgemeine Lebensrisiko nicht auf den Schuldner abgewälzt werden soll.

Lösung des Beispiels 9: Rudolf muss sich das Verschulden des Anton zurechnen lassen. Der Diebstahl der Lokomotive wurde dem Anton dadurch erleichtert, dass er das Dachgeschoss des Hans zum Dachdecken betreten musste.

4. Verschulden der Hilfsperson

Die geschuldete Leistung müsste eigentlich vom Schuldner erbracht werden. Damit ist auf dessen Verschuldensmaßstab abzustellen.

Beispiel 10: Aufgrund allgemeiner Geschäftsbedingungen hat der Verkäufer nur für Vorsatz und grobe Fahrlässigkeit einzustehen. Die vom Verkäufer eingeschaltete Hilfsperson handelt leicht fahrlässig. Dieses leicht fahrlässige Verhalten muss sich der Verkäufer über § 278 BGB nicht zurechnen lassen. Es wird auf den Verschuldensmaßstab des Schuldners, also des Verkäufers, abgestellt.

Streitig ist, ob für die Verschuldensfähigkeit auf den Schuldner selbst[21] oder dessen Hilfsperson[22] abgestellt wird. Wird eine schuldunfähige Person eingesetzt, so fehlt ihr die Einsichtsfähigkeit zu handeln. Dies muss auch dem Schuldner zu Gute kom-

---

[20] Palandt/Heinrichs, Bürgerliches Gesetzbuch, § 278 RN 20.
[21] So Münchner Kommentar, Grundmann, Bürgerliches Gesetzbuch, 5. Auflage, § 278 RN 49.
[22] OLG Dusseldorf NJW-RR 1995, 1165, 1166; Palandt/Heinrichs, § 278 RN 27.

men. Etwas anders kann nur dann gelten, wenn der Schuldner die Schuldunfähigkeit der Hilfsperson kannte oder fahrlässigerweise nicht kannte. Dann ist darin ein eigenes Verschulden des Schuldners zu sehen.

5. Abgrenzung des Erfüllungsgehilfen von dem Verrichtungsgehilfen

Klausurtipp: Die Abgrenzung zwischen dem Erfüllungsgehilfen nach § 278 BGB und dem Verrichtungsgehilfen nach § 831 BGB spielt in Klausuren eine große Rolle!

§ 831 BGB ist eine Vorschrift aus dem Bereich der unerlaubten Handlung (§§ 823 ff. BGB)[23]. Nach § 831 BGB haftet derjenige, der einen anderen zu einer Verrichtung bestellt hat, für den Schaden, den dieser Verrichtungsgehilfe in Ausführung der Verrichtung einem Dritten zugefügt hat.

Beispiel 11: Der Dachdecker Rudolf hat seinen Angestellten Anton mit der Durchführung der Dachdeckerarbeiten beauftragt. Infolge einer Unachtsamkeit wird die Passantin Paula durch herabfallende Dachziegel verletzt.

Werden Hilfspersonen für den Schuldner tätig und verursachen diese einen Schaden, so ist zu unterscheiden:

- Steht der Geschädigte nicht in einem bestehenden Schuldverhältnis zu dem möglichen Schuldner, so kommt als Anspruchsgrundlage lediglich § 831 BGB in Betracht.

- Steht der Geschädigte in einem bestehenden Schuldverhältnis zu dem möglichen Schuldner, so kommen als Anspruchsgrundlage sowohl §§ 280 ff. i. V. m. § 278 BGB als auch § 831 BGB in Betracht.

Beispiel 12: Als Kerstin nach erfolgreichem Einkauf das Kaufhaus der Veronika verlassen will, stürzt sie infolge einer Lache, welche durch eine geborstene Salatölflasche entstanden war. Die ansonsten zuverlässige Angestellte Angelika hatte vergessen, die Lache zu entfernen. Sie wurde von Veronika mit der im Verkehr erforderlichen Sorgfalt ausgewählt und überwacht. Kann Kerstin von Veronika Schadenersatz für die angefallenen Arztkosten verlangen? Dabei soll zuerst auf Ansprüche aus §§ 823 ff. BGB, danach auf vertragliche Ansprüche eingegangen werden.[24]

Lösung:

Vorab sollen die Begriffe klargestellt werden:
Veronika = mögliche Schuldnerin
Angelika = Hilfsperson
Kerstin = Gläubigerin

1. Kerstin könnte gegen Veronika einen Anspruch auf Schadenersatz nach § 831 BGB haben[25]. Eine Ersatzpflicht scheitert aber an § 831 Abs. 1 Satz 2 BGB. Veronika hat Angelika mit der im Verkehr erforderlichen Sorgfalt ausgewählt und überwacht.

2. Kerstin könnte gegen Veronika einen Anspruch auf Schadenersatz nach §§ 280 Abs. 1, 241 Abs. 2, 278 BGB haben[26]. Das schuldhafte Verhalten der Angelika wird Kerstin nach § 278 BGB zugerechnet. Eine Entlastungsmöglichkeit hat Veronika nicht. Sie kann sich daher **im Rahmen des § 278 BGB** nicht darauf berufen, dass sie Angelika ordnungsgemäß ausgewählt und überwacht hat.

Ergebnis: Kerstin steht gegen Veronika lediglich ein vertraglicher Schadenersatzanspruch aus §§ 280 Abs. 1, 241 Abs. 2, 278 BGB zu.

---

[23] Wir erinnern uns: Hier handelt es um ein gesetzliches Schuldverhältnis, das durch die Erfüllung der Tatbestandsmerkmale der §§ 823 ff. BGB entsteht, vgl. Lektion 2 Ziffer I.
[24] Bei einem Klausuraufbau wäre zuerst mit den vertraglichen Ansprüchen zu beginnen, vgl. Lektion 1 unter II. Aus didaktischen Gründen soll hier mit dem Anspruch aus § 831 BGB begonnen werden.
[25] Es handelt sich um eine Vorschrift des Schuldrechts Besonderer Teil. Daher soll hier auf die Einzelheiten des § 831 BGB nicht eingegangen werden.
[26] Vgl. dazu nähere Ausführungen in Lektion 9 unter II.

Die nachfolgende Tabelle soll die Unterschiede zwischen beiden Vorschriften noch einmal abschließend verdeutlichen:

§ 278 BGB	§ 831 BGB
Die Vorschrift des § 278 BGB ist **keine** eigenständige Anspruchsgrundlage, sondern eine **Zurechnungsnorm**	Die Vorschrift des § 831 BGB ist eine eigenständige **Anspruchsgrundlage**
Zwischen den Personen besteht bereits ein Schuldverhältnis	Durch den Schadensfall entsteht zwischen den Personen erst ein Schuldverhältnis
Es wird für das Verschulden einer dritten Person (= Erfüllungsgehilfe) gehaftet	Es wird für eigenes Verschulden bei der Auswahl und der Überwachung der Hilfsperson (= Verrichtungsgehilfe) gehaftet
Keine Entlastungsmöglichkeit[27]	Der Schuldner kann sich nach § 831 Abs. 1 Satz 2 BGB entlasten, wenn ihn kein Verschulden bei der Auswahl und der Überwachung trifft

II. Zweite Ausnahme: Leistungen an Dritte (Vertrag zu Gunsten Dritter)

Der Schuldner ist verpflichtet an den Gläubiger zu leisten[28]. Eine Leistung an eine andere Person als den Gläubiger befreit den Schuldner von seiner Verpflichtung nicht. Ausnahmsweise kann aber ein Dritter in den Vertrag mit einbezogen werden. Folgende Fälle sind denkbar:

---

[27] Dies lässt sich damit erklären, dass § 278 BGB das Verschulden der Hilfsperson einfach dem Schuldner zurechnet. Dabei kommt es auf das Verschulden des Schuldners nicht an.
[28] Vgl. § 362 Abs. 1 BGB: Erlöschen des Schuldverhältnisses bei Leistung an den Gläubiger.

1. §§ 328 ff. BGB: Echter Vertrag zu Gunsten Dritter

Der Dritte hat einen eigenständigen klagbaren Anspruch gegen den Schuldner.

Beispiel 13: Nina will im Fachmarkt als Geburtstagsgeschenk einen Fernseher für ihre Großmutter Grete kaufen. Da das Gerät erst beim Großhändler bestellt werden muss, füllt der Verkäufer einen schriftlichen Kaufvertrag aus. Als Käufer trägt er Nina ein. Unter Sonstiges wird vermerkt, dass Grete das Recht haben soll, das Gerät beim Händler abzuholen. Hier liegt ein echter Vertrag zu Gunsten Dritter vor. Nach §§ 433 Abs. 1, 328 Abs. 1 BGB hat Grete den Anspruch auf Übereignung der Kaufsache.

Ob ein echter Vertrag zu Gunsten Dritter nach § 328 Abs. 1 BGB vorliegt, ist anhand der vertraglichen Vereinbarungen zu prüfen. Im Zweifelsfall ist der Vertrag auszulegen. Nach § 328 Abs. 2 BGB sind hierzu die Umstände des Vertrages, insbesondere der Zweck des Vertrages heranzuziehen. Die Vorschriften der §§ 329, 330 BGB enthalten weitere Auslegungsregeln.

2. Unechter Vertrag zu Gunsten Dritter

Bei dem unechten Vertrag zu Gunsten Dritter kann der Schuldner zwar schuldbefreiend an den Dritten leisten. Ein klagbarer Anspruch steht dem Dritten aber nicht zu.

Beispiel 14: Adrian kauft bei der PC-Händlerin Katharina eine Grafikkarte für seinen PC. Da Katharina die Grafikkarte nicht vorrätig hat, bestellt sie diese beim Hersteller Christopher und bittet ihn die Grafikkarte direkt an Adrian zu senden.

Hier kann Christopher schuldbefreiend an Adrian leisten; Adrian hat aber keinen klagbaren Anspruch gegen Christopher.

Lektion 4: Inhalt der Schuldverhältnisse

I. Allgemeines

Um das Erlöschen des Schuldverhältnisses oder das Recht der Pflichtverletzung (früher: Leistungsstörung) prüfen zu können, muss der Inhalt des Schuldverhältnisses feststehen.

Der Gesetzgeber hat den Inhalt der Schuldverhältnisse im 1. Abschnitt des 2. Buches, in den §§ 241 bis 304 BGB für alle Schuldverhältnisse geregelt. Hierzu gehören u. a.
- Stückschuld und Gattungsschuld (§ 243 BGB)
- Leistungsort (§ 269 BGB)
- Leistungszeit (§ 271 BGB).

Ergänzt werden diese Vorschriften durch Spezialvorschriften für Verträge in den §§ 311 ff. BGB[29].

Damit der Schuldner seine Leistungspflicht erfüllen kann, muss die Leistung bestimmt sein. Im Idealfall wird der Leistungsumfang im Vertrag genau bestimmt. Meist werden aber nicht alle vertraglichen Einzelheiten klar geregelt. Unklarheiten müssen dann durch Auslegung der Willenserklärungen bzw. des Vertrages nach §§ 133, 157 BGB erfolgen. Lücken können durch ergänzende Vertragsauslegung geschlossen werden. Für einzelne Vertragstypen des Schuldrechts hat der Gesetzgeber im Schuldrecht Besonderer Teil einzelne Regelungen als vereinbart fingiert (vgl. §§ 612 Abs. 2, 632 BGB). Führt die Auslegung nicht zum Ziel, hat der Gesetzgeber drei Möglichkeiten vorgesehen:

- gesetzliche Regelung des Inhalts
- Auslegung nach Treu und Glauben
- Bestimmung des Leistungsinhalts durch eine Partei oder einen Dritten.

---

[29] Vergleiche die Überschriften des Abschnitts 3 „Schuldverhältnisse aus Verträgen" und Titel 1 „Begründung, Inhalt und Beendigung".

Beispiel 1: Christopher bestellt telefonisch beim Elektriker Emil 5 Energiesparlampen zum Preis von 60,- EUR. Über die Liefermodalitäten wird nicht gesprochen. Kann Emil von Christopher *die Abholung* der Lampen verlangen?

Lösung: Emil hat nach § 433 Abs. 2 BGB gegen Christopher einen Anspruch auf Abnahme der Kaufsache. Über den Inhalt des Schuldverhältnisses ist vertraglich keine Vereinbarung getroffen worden, so dass die Regelung des § 269 Abs. 1 BGB eingreift. Christopher ist verpflichtet, die Kaufsache *abzuholen*.

II. Gesetzlicher Inhalt des Schuldverhältnisses

1. Stückschuld und Gattungsschuld (§ 243 BGB)

Eine **Stückschuld** liegt vor, wenn die geschuldete Sache nach individuellen Merkmalen (Sondermerkmalen) konkret bestimmt ist (Speziesschuld)[30].

Beispiel 2: Katharina kauft von Victor ein individuell gefertigtes Gemälde (Unikat).

Eine **Gattungsschuld** liegt vor, wenn die geschuldete Leistung nur nach allgemeinen Merkmalen (Gattungsmerkmalen) bestimmt ist[31].

Beispiel 3: Bernd kauft von der Getränkehandlung Gernot 100 Flaschen Weißbier „Burgstädter Dunkel".

Entscheidend bei der Gattungsschuld ist, dass der Verkäufer den geschuldeten Gegenstand aus einer Menge entnehmen kann.

Allgemeine Beispiele: 10 Pakete Schrauben aus dem Lagerbestand von 100 Paketen Schrauben, 1 Tonne Weizen aus der diesjährigen Ernte von 23 Tonnen.

---

[30] Brox/Walker, AS, § 8 RN 2.
[31] Brox/Walker, AS, § 8 RN 1.

Die Abgrenzung, ob eine Stückschuld oder eine Gattungsschuld vorliegt, hängt von der Parteivereinbarung ab. Bedeutsam ist die Abgrenzung im Rahmen der Erfüllung bzw. der Pflichtverletzung.

Der Schuldner einer Gattungsschuld kann die geschuldete Sache aus mehreren Sachen der Gattung auswählen. Dabei schuldet er nach § 243 Abs. 1 BGB nur eine Sache von mittlerer Art und Güte. Er muss aber, solange noch Gegenstände aus der Gattung bestehen, liefern.

Bei dem Schuldner der Stückschuld besteht die Lieferpflicht nur für diese eine Sache. Existiert die Sache nicht mehr, so wird der Schuldner nach § 275 Abs. 1 BGB von der Leistung frei.

§ 243 Abs. 2 BGB regelt die Konkretisierung: Die Gattungsschuld wird zu einer Stückschuld. Hierzu ist erforderlich, dass der Schuldner das zur Leistung seinerseits Erforderliche getan hat. Dies bestimmt sich nach den getroffenen Vereinbarungen. Jedenfalls ist eine Aussonderung der Ware erforderlich.

Beispiel 4: Der Händler Simon bietet durch günstigen Einkauf 5 Modellbahnlokomotiven zum Preis von jeweils 299 € statt der üblichen 399 € an. Christopher schließt am Telefon einen Kaufvertrag über eine Modellbahnlokomotive, die er umgehend abholen will. Simon legt die Lokomotive in das Abholfach „Kunden C" Kurz nach dem Telefonat wird diese Lokomotive durch einen Wasserschaden zerstört. Hat Christopher einen Anspruch auf Übereignung der Lokomotive aufgrund des Kaufvertrages?

Lösung: Der Anspruch könnte sich aus § 433 Abs. 1 Satz 1 BGB ergeben. Der Anspruch des Christopher ist mit Abschluss des Kaufvertrages *entstanden*. Die Erfüllung ist jedoch mit der Vernichtung der Lokomotive nach § 275 Abs. 1 BGB unmöglich geworden. Bei Abschluss des Kaufvertrages bestand eine Gattungsschuld. Spätestens mit Einlage der Lokomotive in das Abholfach trat Konkretisierung nach § 243 Abs. 2 BGB ein. Damit bestand nur noch eine Stückschuld. Simon schuldete nur die Übergabe dieser konkreten Lokomotive. Der Anspruch ist mit der Vernichtung der Lokomotive *erloschen*. Christopher hat also keinen Anspruch auf Übergabe der Lokomotive mehr.

2. Geldschuld

Eine genaue Definition der Geldschuld liefert das BGB nicht. Ist ein Geldbetrag geschuldet, so handelt es sich um eine sog. Geldsummenschuld. Der geschuldete Geldbetrag wird betragsmäßig in einer Währungseinheit festgelegt (z. B. 100,- EUR).

Nur ausnahmsweise liegt bei Geld eine Stück- oder Gattungsschuld vor.

Beispiel 5: Der Münzsammler kauft beim Münzhändler eine Sonderprägung einer 2-EUR-Münze.

3. Wahlschuld (§ 262 BGB)

Eine Wahlschuld liegt vor, wenn verschiedene Leistungen in der Weise geschuldet werden, dass nur die eine oder andere zu bewirken ist.

Beispiel 6: Katharina schließt mit dem Maler Mark einen Kaufvertrag über ein Bild zum Preis von 100,- EUR. Geschuldet sei entweder das Gemälde „Sonnenuntergang" oder das Gemälde „Sternenhimmel".

Das Wahlrecht kann sowohl dem Gläubiger als auch dem Schuldner zustehen. Im Zweifel steht es nach § 262 BGB dem Schuldner zu. Die Sonderregelungen für Verzug und Unmöglichkeit bei der Wahlschuld finden sich in §§ 264, 265 BGB.

4. Leistungsort (§ 269 BGB)

Nach § 362 BGB Abs. 1 BGB tritt Erfüllung nur dann ein, wenn die geschuldete Leistung zur richtigen Zeit und am richtigen Ort erbracht wird. Nur eine Leistung am richtigen Ort befreit den Schuldner von seiner Verbindlichkeit. Erbringt der Schuldner die Leistung an einem anderen Ort als dem Leistungsort, so kann der Gläubiger die Leistung ablehnen.

Der Leistungsort (vgl. § 269 Abs. 1 BGB) wird auch noch Erfüllungsort genannt (vgl. §§ 447, 448, 644 Abs. 2 BGB).

Der Leistungsort ist der Ort, an dem die geschuldete Leistung erbracht wird, also dort, wo der Schuldner die Leistungshandlung erbringt. Davon ist der sog. „Erfolgsort" zu trennen.

Erfolgsort ist der Ort, an dem dann der Leistungserfolg eintritt. Bei der Holschuld und der Bringschuld sind Leistungsort und Erfolgsort identisch. Bei der Schickschuld fallen Leistungsort und Erfolgsort auseinander.

Das Gesetz kennt folgende Regelungen:

- Holschuld (§ 269 Abs. 1, 2 BGB)
- Bringschuld (ergibt sich aus § 269 Abs. 3 BGB)
- Schickschuld (§§ 269 Abs. 3, 270 BGB)

a) Holschuld (gesetzlicher Regelfall, § 269 Abs. 1, 2 BGB)

Der Gläubiger muss die Leistung beim Schuldner abholen. Der Schuldner hat dabei lediglich die Pflicht, die Ware für den Gläubiger bereit zu stellen.

Leistungsort und Erfolgsort sind nach § 269 Abs. 1 BGB am Wohnsitz des Schuldners, bzw. nach § 269 Abs. 2 BGB am Ort der Niederlassung.

Beispiel 7: Michael möchte durch die Kfz-Werkstatt des Rainer den Kundendienst an seinem Fahrzeug durchführen lassen. Rainer ist nach § 269 Abs. 1, 2 BGB lediglich verpflichtet, die Kundendienstleistung in seiner Werkstatt anzubieten. Michael muss die „Leistung beim Schuldner Rainer abholen".

b) Bringschuld

Die Bringschuld ist gesetzlich nicht ausdrücklich geregelt und ergibt sich nur mittelbar aus § 269 Abs. 3 BGB. Der Schuldner muss die Ware zum Gläubiger bringen. Leistungsort und Erfolgsort sind am Wohnsitz des Gläubigers. Die Bringschuld muss ausdrücklich vereinbart sein oder sich aus der Natur des Schuldverhältnisses ergeben.

Beispiel 8: Esther möchte das Badezimmer in ihrem Wohnhaus durch den Fliesenleger Volker neu fliesen lassen. Aus der Natur des Schuldverhältnisses ergibt sich, dass Volker die Arbeiten im Haus der Esther erbringen muss. Volker muss seine „Arbeitsleistung zur Gläubigerin Esther bringen."

c) Schickschuld

Hier fallen Leistungsort und Erfolgsort auseinander. Der Schuldner muss das für die Leistung Erforderliche an seinem Wohnsitz (Leistungsort) vornehmen. Der Erfolg tritt dann am Wohnsitz bzw. am Ort der Niederlassung des Gläubigers (Erfolgsort) ein.

Typische Einzelfälle der Schickschuld sind:

- Geldschuld (§ 270 BGB)
- Versendungskauf (§ 447 BGB).

Sowohl bei der Geldschuld als auch bei der Versendung von Waren befindet sich der Schuldner am Leistungsort und übermittelt das Geld bzw. versendet die Ware an den Erfolgsort, wo sich der Gläubiger befindet.

Davon zu trennen sind folgende Punkte:
- Wer trägt das Transportrisiko?
- Wer trägt die Transportkosten?

Für die Geldschuld regelt dies § 270 Abs. 1 BGB. Transportrisiko und Transportkosten trägt der Schuldner.

Beispiel 9: Michael hat beim Händler Roger eine Modellbahnlokomotive erworben. Der Kaufpreis ist laut Rechnung am 26.06. fällig. Michael überweist den Geldbetrag. Sein Konto wird am 25.06. belastet. Der Geldeingang bei Roger ist am 27.06. Die Zahlung war rechtzeitig, da Michael an seinem Wohnsitz alles Erforderliche getan hat. § 270 Abs. 1 BGB überträgt Michael nur das Risiko, dass das Geld bei Roger ankommt, nicht die Gefahr der Verzögerung.

Für den Versendungskauf, der nicht Verbrauchsgüterkauf nach §§ 474 ff. BGB ist, regelt § 447 BGB, dass *der Gläubiger* das Transportrisiko trägt. Wer die Kosten des Transportes trägt, ist nicht ausdrücklich geregelt. Zu beachten ist hier wieder § 269 Abs. 3 BGB: Trotz Übernahme der Transportkosten bleibt es eine Schickschuld.

Beim Versendungskauf, der Verbrauchsgüterkauf ist, trägt grundsätzlich *der Verkäufer* das Transportrisiko. Die Gefahr des zufälligen Untergangs und der zufälligen Verschlechterung geht nach § 447 BGB nur dann auf den Käufer über, wenn er den Spediteur, den Frachtführer o. ä. selbst beauftragt[32] hat, vgl. § 474 Abs. 4 BGB.

Prüfungsschema Leistungsort
1. Ist durch Parteivereinbarung der Leistungsort bestimmt?
1.1 Liegt eine Bringschuld vor?
1.2 Liegt eine Schickschuld nach § 269 Abs. 3 BGB vor, da die Übernahme der Kosten vereinbart wurde?
2. Ergibt sich der Leistungsort aus der Natur des Schuldverhältnisses?

---

[32] Dies dürfte in der Praxis selten vorkommen.

> 3. Liegt weder eine Parteivereinbarung vor noch ergibt sich der Leistungsort aus der Natur des Schuldverhältnisses, so greift grundsätzlich die Regelung des § 269 Abs. 1 BGB ein.

Beispiel 10 (abschließendes Übungsbeispiel): Im eigenen Haus der Hermine tropft der Heizkörper. Sie ruft den Karl an, der eine Installationsfirma betreibt und bittet um Reparatur. Weiter ruft Hermine beim Bäcker Bertram an und bestellt für Samstag 10 frische Brötchen. Welche Leistungsorte sind einschlägig?

Lösung:
1. **Reparatur des Heizkörpers**
   Ein Leistungsort ist bei Abschluss des Vertrages nicht vereinbart worden. Hier ergibt sich der Leistungsort aus der Natur des Schuldverhältnisses. Die Reparatur des Heizkörpers kann nur vor Ort erfolgen. Damit ist eine Bringschuld vereinbart. Karl muss die Reparatur am Wohnort der Hermine erbringen.
2. **Bestellung der Brötchen**
   Ein Leistungsort ist bei Abschluss des Vertrages nicht vereinbart worden. Auch ergibt sich der Leistungsort nicht aus der Natur des Schuldverhältnisses. Somit greift die Regelung des § 269 Abs. 1 BGB ein. Es liegt eine Holschuld vor. Hermine muss die Brötchen bei Bertram abholen.

5. Leistungszeit (§ 271 BGB)

Für die Erfüllung nach § 362 BGB ist neben dem richtigen Leistungsort auch die richtige Leistungszeit erforderlich. Dabei unterscheidet man zwischen
- sofortiger Fälligkeit nach § 271 Abs. 1 BGB und
- späterer Fälligkeit nach § 271 Abs. 2 BGB.

Ist eine spätere Fälligkeit vereinbart, so bedeutet dies, dass der Schuldner nicht vor diesem Zeitpunkt leisten muss (Fälligkeit), jedoch im Zweifel vor diesem Zeitpunkt leisten kann (Erfüllbarkeit). Im Zweifel dient die spätere Fälligkeit nach § 271 Abs. 2 BGB dem Schuldnerschutz.

Ist die Leistungszeit auch im Interesse des Gläubigers bestimmt worden[33], so greift § 271 Abs. 2 BGB nicht ein. Es bestehen dann keine Zweifel im Sinn des § 271 Abs. 2 BGB. Der Schuldner darf dann auch erst im Zeitpunkt der Fälligkeit leisten.

Beispiel 11: Die Bank AG gibt dem Norbert ein verzinsliches Darlehen mit einem vereinbarten Rückzahlungstermin (Fälligkeit). Nach dem Hauptgewinn in einer Fernsehsendung will Norbert das Darlehen drei Monate vor der Fälligkeit zurückzahlen. - Eine Rückzahlung darf erst bei Fälligkeit erfolgen, da die Bestimmung der Fälligkeit auch im Interesse der Bank geschah: Sie will nämlich den vollen Zinsbetrag erhalten.[34]

Ist keine Leistungszeit vereinbart, so greift die sofortige Fälligkeit nach § 271 Abs. 1 BGB.

Prüfungsschema Leistungszeit
1. Ist durch Parteivereinbarung die Leistungszeit bestimmt?
2. Ist aus den Umständen die Leistungszeit zu entnehmen?
3. Lässt sich weder aus den Umständen die Leistungszeit entnehmen noch ist sie durch Parteivereinbarung bestimmt, so greift § 271 Abs. 1 BGB (sofortige Fälligkeit).

III. Auslegung nach Treu und Glauben

Neben dem gesetzlichen Inhalt des Schuldverhältnisses kann sich der Inhalt auch aus der Auslegung nach Treu und Glauben ergeben. Nach § 242 BGB hat der Schuldner die Leistung so zu bewirken, wie Treu und Glauben es mit Rücksicht auf die Verkehrssitte erfordern. Damit bestimmt § 242 BGB nach dem unmittelbaren Wortlaut die Leistungspflicht des Schuldners.

---

[33] Brox/Walker, AS, § 12 RN 19.
[34] Lesen Sie dazu auch § 490 Abs. 2 BGB, insb. § 490 Abs. 2 Satz 3 BGB

IV. Bestimmung des Leistungsinhalts durch eine Partei oder einen Dritten

Der Gesetzgeber ist davon ausgegangen, dass die Parteien gemeinsam den Inhalt des Schuldverhältnisses regeln. Er hat aber auch die Möglichkeit vorgesehen, dass

- eine Vertragspartei (§§ 315, 316 BGB) oder
- Dritte (§§ 317 bis 319 BGB)

den Inhalt regeln.

1. Bestimmung durch eine Vertragspartei

In einer Parteivereinbarung wird geregelt, dass eine einseitige Leistungsbestimmung erfolgen soll und wer diese vornimmt (§ 315 BGB). Fehlt eine solche Vereinbarung bei gegenseitigen Verträgen für die Gegenleistung, so steht dem Gläubiger dieser Gegenleistung das Bestimmungsrecht zu.

Hinweis: Ergibt die Auslegung, dass eine Leistung bereits bestimmt ist, so greift die Vorschrift des § 315 BGB nicht ein.

Beispiel 12: Bei einem Werkvertrag ist eine Vergütung nicht bestimmt. Durch Auslegung lässt sich eine übliche Vergütung ermitteln, die nach § 632 Abs. 2 BGB als vereinbart gilt.

Nach § 315 BGB kann die Partei den Leistungsinhalt nach billigem Ermessen bestimmen. Dabei hat die bestimmende Partei einen gewissen Entscheidungsspielraum.

Fehlt bei gegenseitigen Verträgen eine Regelung über den Umfang der Gegenleistung, so ist nach der Auslegungsregel des § 316 BGB zur Bestimmung berechtigt, wer die Gegenleistung zu fordern hat (= Gläubiger des Entgelts).

Hinweis: Auch hier wird in den meisten Fällen bereits die Auslegung des Vertrages oder §§ 612 Abs. 2, 632 BGB zum Ziel führen, so dass § 316 BGB keine Anwendung findet.

2. Bestimmung durch einen Dritten

Nach § 317 BGB kann das Bestimmungsrecht durch Parteivereinbarung auch einem Dritten übertragen werden.

Lektion 5: Überblick über das Recht der Pflichtverletzungen

I. Allgemeines

Das Recht der Pflichtverletzungen im Schuldverhältnis[35] befasst sich in den §§ 275 ff., 280 ff. BGB mit der Frage, welche Folgen eintreten, wenn der Schuldner seine (Leistungs-)Pflicht nicht (= Unmöglichkeit), nicht rechtzeitig (= Verzögerung der Leistung) oder nicht ordnungsgemäß (= allgemeine Pflichtverletzung) erfüllt. Da aber nicht nur Leistungspflichten, sondern auch Schutzpflichten verletzt werden können, sollte man von Störungen im Schuldverhältnis oder von Pflichtverletzungen sprechen.

Klausurhinweis: Bei der Bearbeitung von Klausuren zum Thema Pflichtverletzung bzw. Leistungsstörung ist bei Verträgen genau zwischen der Pflicht, die eine Störung beinhaltet und der Gegenleistung zu trennen.

Beispiel 1: Heinrich kauft bei dem Möbelhändler Markus eine Schrankwand zum Preis von 999,- EUR. Vereinbarter Liefertermin ist die 21. Kalenderwoche. Nach Ablauf der 21. Kalenderwoche ist die Schrankwand noch nicht geliefert. Hier ist die Pflicht des § 433 Abs. 1 BGB gestört. Davon unberührt bleibt zunächst die Pflicht des § 433 Abs. 2 BGB, den Kaufpreis zu zahlen.

---

[35] Vor der Schuldrechtsreform sprach man von Leistungsstörungen. Nach der Schuldrechtsreform hat man diesen Begriff teilweise beibehalten oder spricht jetzt von Störungen im Schuldverhältnis oder von Pflichtverletzungen.

Dabei kennt das Gesetz für die geschuldete Leistung grundsätzlich zwei verschiedene Rechtsfolgen:

- Die Leistungspflicht (Primäranspruch) besteht weiter oder erlischt.
- Ein Sekundäranspruch, z. B. ein Schadenersatzanspruch, besteht neben oder statt der Leistungspflicht.

Beispiel 1 (Fortsetzung): Hat Heinrich noch ein Interesse an der Möbellieferung und ist diese noch möglich, so kann er die Erfüllung des Primäranspruches verlangen. Daneben kann er aber auch Schadenersatz für eine verspätete Lieferung verlangen.

Davon gesondert stellt sich die Frage, was mit der **Gegenleistung** passiert. Diese kann gesondert weiterbestehen oder auch entfallen.

II. Unterscheidung der einzelnen Pflichtverletzungen

Welche Pflichtverletzung vorliegt, hängt auch davon ab, ob eine Leistungspflicht oder eine Schutzpflicht verletzt ist. Deswegen erinnern wir uns nochmals:

Bei einem Schuldverhältnis lassen sich die Primärpflichten[36] unterteilen in:

- Leistungspflichten nach § 241 Abs. 1 BGB
- Schutzpflichten nach § 241 Abs. 2 BGB.

Im Einzelnen sind dann folgende Pflichtverletzungen denkbar:

---

[36] Die Primärpflichten ergeben sich unmittelbar aus dem Schuldverhältnis. Dies bedeutet, dass mit Entstehung des Rechtsverhältnisses die Pflichten bereits bestehen.

Pflichtverletzungen bei Leistungspflichten nach § 241 Abs. 1 BGB
- Unmöglichkeit: Der Schuldner kann die Leistung nicht mehr erbringen
- Verzögerung der Leistung
- sonstige Pflichtverletzung

Pflichtverletzung bei Schutzpflichten nach § 241 Abs. 2 BGB:
- bloße Verletzung von Sorgfaltspflichten durch den Schuldner
- Verletzung von Sorgfaltspflichten durch den Schuldner und die (Haupt-)Leistung ist dem Gläubiger nicht mehr zuzumuten

Die verschiedenen Pflichtverletzungen können zu folgenden Rechtsfolgen führen:

- Schadenersatz statt und neben der Hauptleistung
- Aufwendungsersatz statt und neben der Hauptleistung
- Freiwerden von der Hauptleistung
- Freiwerden von der Gegenleistung
- Rückgewähr von Leistungen

Klausurtipp: In einer Klausur wird nach Anspruchsgrundlagen und damit nach der Rechtsfolge gefragt. Um die richtige Anspruchsgrundlage zu finden, ist gleichzeitig im Sachverhalt festzustellen, welche Art der Pflichtverletzung vorliegt.

Am besten geht man in folgender Reihenfolge vor:
- Welche Art der Pflichtverletzung liegt vor? (Unmöglichkeit, Verzögerung der Leistung oder sonstige Pflichtverletzung)
- Welche Rechtsfolge wird angestrebt? (Freiwerden von der Leistungspflicht, Schadenersatz, Aufwendungsersatz)

Daher wurde für die Darstellung der Pflichtverletzungen folgender Aufbau gewählt:

- Zuerst werden die verschiedenen Pflichtverletzungen vorgestellt.
- Innerhalb der Pflichtverletzungen werden dann die einzelnen Rechtsfolgen mit deren Anspruchsgrundlagen erörtert.

Lektion 6: Die Unmöglichkeit

I. Allgemeines

Unmöglichkeit bedeutet, dass der Schuldner die Leistung nicht erbringen kann. § 275 BGB sieht vor, dass der Schuldner dann von seiner Leistungspflicht frei wird. Dies ist auch verständlich, da er ja nicht in der Lage ist, die Leistung zu erbringen. Ein gerechter Interessenausgleich wird mittels Schadenersatzanspruch des Gläubigers oder über die Gegenleistung hergestellt. Nachfolgend sollen die einzelnen Rechtsfolgen dargestellt werden. Folgende Rechtsfolgen der Unmöglichkeit sind nach § 275 Abs. 1 bis 4 BGB denkbar:

- Der Schuldner wird von der Leistung **frei,** § 275 Abs. 1 BGB oder hat ein Leistungsverweigerungsrecht, § 275 Abs. 2, 3 BGB.
- Der Gläubiger kann **Schadenersatz statt der Leistung** nach §§ 275 Abs. 4, 280 Abs. 1, 3, 283 BGB verlangen.
- Der Gläubiger kann **Aufwendungsersatz** nach §§ 275 Abs. 4, 280 Abs. 1, 3, 283, 284 BGB geltend machen.
- Der Schuldner ist zur **Herausgabe des Ersatzes** nach §§ 275 Abs. 4, 285 BGB verpflichtet.
- Der Gläubiger wird von seiner **Gegenleistung frei,** §§ 275 Abs. 4, 326 Abs. 1 BGB.
- Der Gläubiger ist weiterhin **zur Gegenleistung verpflichtet,** §§ 275 Abs. 4, 326 Abs. 2, 3 BGB.
- Der Gläubiger kann eine bereits erbrachte **Gegenleistung zurückfordern,** §§ 275 Abs. 4, 326 Abs. 4 BGB.
- Der Gläubiger hat ein **Rücktrittsrecht,** §§ 275 Abs. 4, 326 Abs. 5 BGB.

Das Vorliegen einer Unmöglichkeit lässt sich schnell erkennen. Die einzelnen Voraussetzungen ergeben sich dabei aus § 275 Abs. 1 bis 3 BGB. Schwieriger ist es, die einzelnen Rechtsfolgen zu unterscheiden.

Diese ergeben sich aus § 275 Abs. 4 BGB. Um hier die passende Anspruchsgrundlage zu finden, muss man trennen:

- Rechtsfolgen, die nur die **„gestörte Leistung"** betreffen und die Gegenleistung unberührt lassen. Diese ergeben sich aus §§ 275 Abs. 4, 280, 283 bis 285 BGB[37].

- Rechtsfolgen, die den **gesamten Vertrag** oder die **Gegenleistung** betreffen. Diese ergeben sich aus §§ 275 Abs. 4, 311 a und 326 BGB[38].

Beispiel 1: Anton (Käufer) hat mit Emil (Verkäufer) einen Kaufvertrag über ein gebrauchtes Fahrrad geschlossen. Kurz vor der Übergabe wird das Fahrrad bei einem Unfall total zerstört. Nach § 433 Abs. 1 i. V. m. § 275 Abs. 1 BGB besteht kein Anspruch des Anton auf Übergabe des Fahrrades gegen Emil.

Die Rechtsfolgen ergeben sich dann aus § 275 Abs. 4 BGB. So kann Anton bei Verschulden des Emil Schadenersatz nach §§ 280 Abs. 1, 3, 283 BGB verlangen. Anderseits entfällt der Anspruch des Emil gegen Anton auf Zahlung des Kaufpreises nach § 326 Abs. 1 BGB.

§ 275 BGB enthält drei Möglichkeiten der Unmöglichkeit bzw. des Unvermögens:

- **Abs. 1: tatsächliche Unmöglichkeit**
- **Abs. 2: faktische Unmöglichkeit**
- **Abs. 3: persönliches Unvermögen.**

---

[37] Merke: Vorschriften beginnend mit der „2".
[38] Merke: Vorschriften beginnend mit der „3".

II. Ausschluss der Leistung nach § 275 BGB

1. Die tatsächliche Unmöglichkeit nach § 275 Abs. 1 BGB

Eine tatsächliche Unmöglichkeit liegt vor, wenn die Leistung unter keinen Umständen erbracht werden kann. Ist die Leistung theoretisch möglich, so kommt nur eine Unmöglichkeit nach § 275 Abs. 2 und 3 BGB in Betracht.

Beispiel 2: Das Bild, das noch übereignet werden soll, wird durch einen Brand zerstört. Hier kann die Leistung nicht mehr erbracht werden, da das Bild nicht mehr existiert. Es liegt eine tatsächliche Unmöglichkeit nach § 275 Abs. 1 BGB vor.

Beispiel 3: Der Ring, der noch übereignet werden soll, fällt von Bord des Schiffes und sinkt auf den Grund des Sees. Hier kann die Leistung noch erbracht werden. Es muss nur der Ring gesucht werden. Damit liegt kein Fall der tatsächlichen Unmöglichkeit nach § 275 Abs. 1 BGB vor. In Betracht kommt eine faktische Unmöglichkeit, da die Suche auf dem Grund des Sees völlig unwirtschaftlich wäre.

Die tatsächliche Unmöglichkeit kann auf folgenden Gründen beruhen:

- tatsächliche Gründe: Der Gegenstand besteht physikalisch gesehen nicht mehr oder hat sich so verändert, dass es sich wirtschaftlich gesehen um eine andere Sache handelt.

    Beispiel 4: Die historische Lokomotive ist verbrannt. Es besteht nur noch ein Stahlskelett.

- zeitliche Gründe

    Regelfall für die Unmöglichkeit aus zeitlichen Gründen ist das **absolute** Fixgeschäft[39].

---

[39] Ein absolutes Fixgeschäft liegt vor, wenn die Parteien den Zeitpunkt der Leistung zum Bestandteil des Leistungserfolges gemacht haben und die Einhaltung der Leistungszeit so wesentlich ist, dass eine verspätete Leistung keine Erfüllung mehr darstellt.

Beispiel 5: Rudi bestellt eine Taxifahrt für 5:55 Uhr, um den Zug nach Hamburg um 6:22 Uhr zu erreichen. Der Taxifahrer kommt um 6:25 Uhr.

Beispiel 6: Hans bestellt einen Weihnachtsbaum, um am 24.12. Bescherung feiern zu können. Der Baum wird am 24.12. nicht mehr geliefert.

Hinweis: Fälle des relativen Fixgeschäftes fallen nicht unter die Unmöglichkeit, sondern unter den Verzug bzw. die Nichtleistung nach Fristsetzung[40].

§ 275 Abs. 1 BGB regelt die

- objektive
- subjektive
- nachträgliche und
- anfängliche Unmöglichkeit.

Im Gegensatz zu dem Recht vor der Schuldrechtsreform gilt § 275 Abs. 1 BGB für alle Arten der Unmöglichkeit. Eine Sonderregelung besteht in § 311 a BGB nur für die anfängliche Unmöglichkeit bei Verträgen.

a) Objektive Unmöglichkeit

Bei der objektiven Unmöglichkeit kann die Leistung von keinem Menschen erbracht werden.

Beispiel 7: Der verkaufte Gebrauchtwagen wird vor der Übereignung durch Blitzschlag vernichtet.

b) Subjektive Unmöglichkeit

Die Leistung kann zwar nicht vom Schuldner, aber von einem Dritten erbracht werden.

Beispiel 8: Der Kaufgegenstand (Stückschuld) wurde vor der Übereignung gestohlen. Der Dieb ist nicht feststellbar. Der Verkäufer kann die Kaufsache nicht übergeben, wohl aber der Dieb[41].

Hinweis: Die bloße Weiterveräußerung an eine andere Person als den Käufer stellt keine subjektive Unmöglichkeit nach § 275 Abs. 1 BGB dar, sondern ist ein Fall des § 275 Abs. 2 BGB.

Beispiel 9: Karl kauft bei dem Autohändler Anton einen gebrauchten Pkw. Die Übergabe des Fahrzeuges soll erst in einigen Tagen erfolgen. Anton verkauft und übereignet den Pkw am nächsten Tag an den Nett.

Hinweis: Hier greift die Sondervorschrift des § 275 Abs. 2 BGB ein, da keine wirkliche Unmöglichkeit vorliegt. Anton könnte leisten. Er müsste das Auto von Nett zurück erwerben. Sollte der Aufwand unverhältnismäßig sein, so ist § 275 Abs. 2 BGB zu prüfen. Anders als im Fall des Beispiels 8 weiß Anton, wo sich das Fahrzeug befindet. § 275 Abs. 2 BGB greift m. E. auch im Falle der Abwandlung des *Beispiels 8* ein, wenn die Sache gestohlen worden ist und der Dieb bekannt ist. In diesem Fall kann der bestohlene Eigentümer die Kaufsache übereignen, da er vom Dieb die Herausgabe des Eigentums verlangen kann.

c) Anfängliche Unmöglichkeit

Die Leistung kann bei Vertragsschluss schon nicht erbracht werden. Hier ist die Sonderregelung des § 311 a BGB zu beachten, die klarstellt, dass bei anfänglicher Unmöglichkeit ein wirksamer Vertrag ohne primäre Leistungspflichten zustande kommt.

Beispiel 10: Der Pferdehändler fährt nach Berlin, um dort das Pferd „Fury" zu verkaufen. Im Zeitpunkt des Vertragsabschlusses ist jedoch das Pferd, was der Pferdehändler nicht weiß, bereits bei einem Stallbrand ums Leben gekommen.

---

[40] Vgl. Lektion 7 Beispiel 11.
[41] Vgl. dazu Brox/Walker AS § 22 RN 7.

d) Nachträgliche Unmöglichkeit

Die Unmöglichkeit tritt erst nach Entstehung des Schuldverhältnisses ein.

Beispiel 11: Karl kauft bei dem Autohändler Anton einen gebrauchten Pkw. Die Übergabe des Fahrzeugs soll erst in einigen Tagen erfolgen. In der Nacht vor der geplanten Übergabe wird das Fahrzeug durch Blitzschlag zerstört. Hat Karl einen Anspruch auf Übereignung des Pkw nach § 433 Abs. 1 BGB?

Lösung: Durch den Abschluss des Kaufvertrages ist der Anspruch *entstanden*.

Der Anspruch auf Erfüllung ist nach § 275 Abs. 1 BGB *erloschen,* da die Lieferung des Pkw für jedermann unmöglich geworden ist.

2. Die faktische Unmöglichkeit nach § 275 Abs. 2 BGB

Die faktische Unmöglichkeit ist gegeben, wenn die Leistungserbringung zwar theoretisch möglich ist, aber einen unverhältnismäßigen Aufwand für den Schuldner erfordert.

Beispiel 12: Viktor verkauft sein gebrauchtes Modellsegelboot an Katharina. Er möchte aber noch an der jährlichen Regatta am Stausee teilnehmen. Unglücklicherweise versinkt das Boot an der tiefsten Stelle im See. Viktor kann die nach § 433 Abs. 1 BGB geschuldete Übergabe verweigern, wenn eine Bergung unverhältnismäßig wäre und ihm nicht zugemutet werden kann.

Nach § 275 Abs. 2 BGB steht dem Schuldner ein Leistungsverweigerungsrecht zu,
- wenn der Aufwand in einem groben Mißverhältnis zum Leistungsinteresse des Schuldners steht.
- Dabei sind der Inhalt des Schuldverhältnisses und das Gebot von Treu und Glauben zu beachten.

Wichtig: Neben den materiellen Interessen sind auch immaterielle Interessen zu berücksichtigen!

Allgemeine Beispiele: ideelle Werte wie Erinnerungsstück, Erbstücke aus Familienbesitz.

Ein grobes Missverhältnis i. S. d. § 275 Abs. 2 BGB liegt vor, wenn der Aufwand des Schuldners erheblich über dem Interesse des Gläubigers an der Leistung liegt[42].

Folgende Aspekte sind bei der Abwägung nach § 275 Abs. 2 Satz 1 BGB zu berücksichtigen:

- Inhalt des Schuldverhältnisses: Handelt es sich um ein Einzelstück oder um ein Stück einer Gattung? Hat der Schuldner ein besonderes Beschaffungsrisiko übernommen?

- Das Gebot von Treu und Glauben kann ein Leistungsverweigerungsrecht nach § 275 Abs. 2 BGB gewähren. Ausgehend von dem Grundsatz, dass abgeschlossene Verträge zu erfüllen sind, ist diese Ausnahme sehr eng auszulegen.

Vertretenmüssen nach § 275 Abs. 2 Satz 2 BGB

Besonders zu beachten ist, dass der Schuldner höhere Anstrengungen zu unternehmen hat, wenn er die Unmöglichkeit zu vertreten hat.

---

[42] Hk-BGB/Schulze, Bürgerliches Gesetzbuch, 5. Auflage, § 275 RN 21.

Beispiel 13: Der Tourist Thomas schließt am ersten Tag seines Kurzurlaubes in einem Dresdener Souvenirgeschäft einen Kaufvertrag mit dem Kaufmann Viktor über eine exklusiv nur in Meißen und Dresden erhältliche Vase aus Meißener Porzellan Modell „Albrechtsburg in Meißen". Die Ladenangestellte Angelika soll nach Vertragsschluss die Ware aus dem Lager holen. Infolge grober Unachtsamkeit stößt sie das Regal um, in dem die vorrätigen Vasen lagern. Kann der Tourist Thomas noch die Erfüllung des Kaufvertrages verlangen?

Lösung: Mit Abschluss des Kaufvertrages ist der Anspruch nach § 433 Abs. 1 BGB *entstanden.*

Der Anspruch ist *nicht* nach § 275 Abs. 1 BGB *erloschen*. Die Leistung ist nicht unmöglich geworden, da Viktor noch Vasen vom Hersteller nachkaufen kann.

Der Anspruch ist auch *durchsetzbar*. Viktor steht kein Recht auf Leistungsverweigerung nach § 275 Abs. 2 BGB zu, da kein grobes Missverhältnis zwischen dem Aufwand für Viktor und dem Leistungsinteresse des Touristen besteht. Bei der Abwägung ist besonders § 275 Abs. 2 Satz 2 BGB zu beachten. Das grobe Verschulden der Angestellten Angelika ist dem Viktor nach § 278 BGB zuzurechnen. Es sind Viktor überobligatorische Anstrengungen zuzumuten, um den Vertrag zu erfüllen. Das Leistungsinteresse des Touristen Thomas ist sehr hoch anzusehen, da er diese Vase nur in Meißen und Dresden erhalten kann.

3. Das persönliches Unvermögen nach § 275 Abs. 3 BGB

Persönliches Unvermögen ist gegeben, wenn dem Schuldner aufgrund einer Abwägung des seiner Leistung entgegenstehenden Hindernisses mit dem Leistungsinteresse des Gläubigers die Leistung nicht zugemutet werden kann.

Beispiel 14: Der Arbeitnehmer darf die Leistung verweigern, wenn er an einer fiebrigen Erkältung leidet. Schwieriger wird die Entscheidung, wenn der Arbeitgeber bei einer Messe ein neues Produkt vorstellen will und der Arbeitnehmer der (einzige) Entwickler in dem Unternehmen ist. Hier ist denkbar, dass trotz Erkältung kein Leistungsverweigerungsrecht nach § 275 Abs. 3 BGB besteht, wenn bei der Abwägung das Leistungsinteresse des Arbeitgebers überwiegt.

III. Rechtsfolge: Schadenersatz statt der Leistung nach §§ 280 Abs. 1, 3, 283 BGB

Ist die geschuldete Leistung unmöglich geworden, so hat der Gläubiger die Möglichkeit, Schadenersatz statt der geschuldeten Leistung zu verlangen. Die einzelnen Voraussetzungen ergeben sich aus nachfolgendem **Prüfungsschema:**

1. Bestehen eines wirksamen Schuldverhältnisses
2. Pflichtverletzung durch den Schuldner nach § 280 Abs. 1, 3, 283 BGB: Unmöglichkeit nach § 275 Abs. 1 bis 3 BGB
3. Die Pflichtverletzung durch den Schuldner muss schuldhaft erfolgt sein, § 280 Abs. 1 Satz 2 BGB. Nach § 280 Abs. 1 Satz 2 BGB wird das Verschulden des Schuldners vermutet. Schuldhaftigkeit liegt dann nicht vor, wenn sich der Schuldner exkulpieren kann.

Beispiel 15: Katharina tauscht mit der Studienkollegin Jolanda ihr Lehrbuch „Schuldrecht von A-Z" gegen das Ölgemälde „Pferdeglück". Die Übergabe des Buches soll erst am nächsten Tag erfolgen. Bei einer abendlichen Feier wird das Buch vollständig zerstört. Es lässt sich aber nicht mehr klären, ob Katharina an der Zerstörung des Buches ein Verschulden trifft. Kann Jolanda von Katharina Schadenersatz statt der Übergabe des Buches verlangen?

Lösung: Jolanda könnte einen Anspruch auf Schadenersatz gegen Katharina nach §§ 280 Abs. 1, 3, 283 BGB haben.
1. Zwischen Jolanda und Katharina besteht ein wirksamer Tauschvertrag nach §§ 480, 433 BGB.
2. Die Pflicht zur Übereignung des Buches nach §§ 480, 433 Abs. 1 BGB ist nach § 275 Abs. 1 BGB unmöglich geworden.
3. Die Pflichtverletzung nach §§ 280 Abs. 1, 283 BGB erfolgte schuldhaft. Nach § 280 Abs. 1 Satz 2 BGB wird das Verschulden der Katharina unterstellt. Katharina kann den Beweis, dass sie die Pflichtverletzung nach § 276 BGB nicht zu vertreten hat, nicht erbringen.

Dazu müsste sie darlegen, dass sie weder fahrlässig noch vorsätzlich gehandelt hat. Dies kann Katharina nicht.

Ergebnis: Jolanda hat gegen Katharina einen Schadenersatzanspruch statt der Leistung.

Die Höhe des Schadenersatzes lässt sich grundsätzlich nach zwei Methoden berechnen:
- Differenzmethode: Der ersatzfähige Schaden des Schuldners besteht in der Differenz zwischen Leistung und Gegenleistung[43].
- Surrogationsmethode: Der Gläubiger erbringt weiterhin die Gegenleistung und verlangt Schadenersatz wegen der vollen ausgebliebenen Leistung[44].

IV. Rechtsfolge: Aufwendungsersatz nach §§ 280 Abs. 1, 3, 283, 284 BGB

Anstelle eines Schadenersatzanspruches besteht auch die Möglichkeit für den Gläubiger, Ersatz seiner Aufwendungen zu verlangen.

Prüfungsschema
1. Bestehen eines wirksamen Schuldverhältnisses
2. Pflichtverletzung nach §§ 280 Abs. 1, 3, 283 BGB: Unmöglichkeit nach § 275 Abs. 1 bis 3 BGB
3. Die Pflichtverletzung muss schuldhaft erfolgt sein, § 280 Abs. 1 Satz 2 BGB. Nach § 280 Abs. 1 Satz 2 BGB wird das Verschulden des Schuldners vermutet. Schuldhaftigkeit liegt dann nicht vor, wenn sich der Schuldner exkulpieren kann.
4. Der Gläubiger hat Aufwendungen getätigt, die er in Vertrauen auf den Erhalt der Leistung gemacht hat und billigerweise machen durfte.

---

[43] Brox/Walker AS § 22 RN 58.
[44] Brox/Walker AS § 22 RN 59.

Beispiel 16: Katharina kauft von der Studienkollegin Alexandra eine Hauskatze zum Preis von 50,- EUR. Die Übergabe der Hauskatze soll erst am nächsten Tag erfolgen, da Katharina erst eine Transportkiste und Zubehör erwerben will. Am Abend verschenkt der Lebensgefährte der Alexandra die Hauskatze an seinen Bruder und übergibt sie ihm. Alexandra hatte vergessen ihrem Lebensgefährten vom Verkauf zu berichten. Der Bruder ist nicht zur Herausgabe bereit. Kann Katharina von Alexandra Ersatz für die nach Abschluss des Kaufvertrages erworbene Transportkiste verlangen?

Lösung: Katharina könnte gegen Alexandra einen Anspruch auf Aufwendungsersatz nach §§ 280 Abs. 1, 3, 283, 284 BGB haben.

1. Zwischen Alexandra und Katharina besteht ein wirksamer Kaufvertrag nach § 433 Abs. 1 BGB, woraus sich ursprünglich die Pflicht zur Übereignung der Katze ergab.
2. Die Pflicht zur Übereignung der Katze nach § 433 Abs. 1 BGB ist nach § 275 Abs. 2 BGB unmöglich geworden. Alexandra hat ein Leistungsverweigerungsrecht, da ein unverhältnismäßiger Aufwand erforderlich ist, um die Katze übereignen zu können.
3. Die Pflichtverletzung der Unmöglichkeit der Leistung erfolgte nach §§ 280 Abs. 1, 3, 283 BGB schuldhaft. Alexandra hat die Unmöglichkeit nach § 276 BGB fahrlässig verursacht.
4. Die Aufwendung für die Transportkiste wurde im Vertrauen auf den Erhalt der Katze gemacht.

Ergebnis: Nach § 284 BGB kann Katharina von Alexandra Ersatz dieser Aufwendungen verlangen.

V. Rechtsfolge: Der Schuldner ist zur Herausgabe des Ersatzes nach §§ 275 Abs. 4, 285 BGB verpflichtet

Ist die vom Schuldner geschuldete Leistung unmöglich geworden, so kann der Gläubiger nach § 275 Abs. 1 BGB nicht mehr den Anspruch auf die Leistung geltend machen. Gleiches gilt, wenn dem Schuldner nach § 275 Abs. 2, 3 BGB ein Leistungsverweigerungsrecht zusteht.

Erlangt der Schuldner aber für die nach § 275 Abs. 1 bis 3 BGB nicht zu erbringende Leistung einen Ersatzanspruch, so kann der Gläubiger

- Herausgabe des als Ersatz Empfangenen oder
- Abtretung des Ersatzanspruches verlangen.

Beispiel 17: Christopher verkauft an Mark seinen gebrauchten Kleinwagen zum Preis von 3.000,- EUR. Die Übergabe des Kleinwagens soll erst erfolgen, wenn an Christopher der bestellte Neuwagen ausgeliefert wird. Noch vor Übergabe wird der Kleinwagen durch einen Blitzschlag total zerstört. Von der Kaskoversicherung erhält Christopher die verbindliche Zusage, dass er 3.500,- EUR (Verkehrswert) als Versicherungsleistung erhalten werde. Kann Mark von Christopher die Abtretung des Anspruchs auf die Versicherungssumme an sich verlangen?

Lösung: Mark könnte gegen Christopher einen Anspruch auf Abtretung des Anspruchs der Versicherung nach § 285 Abs. 1 BGB haben.

Mit Abschluss des Kaufvertrages war Christopher verpflichtet, den Kleinwagen an Mark zu übereignen. Mit der Zerstörung des Fahrzeuges ist die Leistung nach § 275 Abs. 1 BGB unmöglich geworden. Christopher hat für den geschuldeten Kaufgegenstand, den Kleinwagen, einen Ersatzanspruch, die Versicherungssumme erhalten[45].

Die Versicherungssumme ist jedoch höher als der geschuldete Kaufpreis. Gleichwohl steht Mark die Abtretung der vollen Versicherungssumme zu. Er hätte ja auch zum Kaufpreis von 3.000,- EUR ein Fahrzeug mit einem Verkehrswert von 3.500,- EUR erhalten.

Ergebnis: Mark hat gegen Christopher einen Anspruch auf Abtretung des Anspruchs auf die Versicherungssumme.

---

[45] Als derartiges stellvertretendes commodum ist jeder Vermögensvorteil anzusehen, der beim Schuldner wirtschaftlich an die Stelle des ursprünglich geschuldeten Gegenstandes getreten ist. vgl. Hk-BGB/Schulze, § 285 RN 5.

VI. Rechtsfolge: Der Gläubiger wird von seiner Gegenleistungspflicht frei, § 326 Abs. 1 BGB

In den bisherigen Rechtsfolgen ging es allein um die Frage, welche Auswirkungen die Unmöglichkeit auf das gestörte Leistungsverhältnis hat. Nunmehr stellt sich die Frage, welche Auswirkung die Unmöglichkeit auf die **Gegenleistung** hat.

Prüfungsschema
1. Bestehen eines wirksamen Schuldverhältnisses
2. Unmöglichkeit nach § 275 Abs. 1 bis 3 BGB; auf ein Verschulden des Schuldners kommt es nicht an.
3. Der Gegenanspruch entfällt nach § 326 Abs. 1 BGB.
4. Kein Sonderfall der §§ 326 Abs. 2, 3, 446, 447 Abs. 1, 644 Abs. 1, 615 BGB

Beispiel 18: Ansgar kauft beim Händler Heinrich einen gebrauchten Sportwagen zum Preis von 12.000,- EUR. Die Abholung soll nach der Zulassung in einigen Tagen erfolgen. In der Nacht nach Vertragsschluss wird das Fahrzeug durch einen Großbrand im Autohaus infolge eines Gewitters zerstört. Hat Heinrich gegen Ansgar noch einen Anspruch auf Zahlung des Kaufpreises?

Lösung: Mit Abschluss des wirksamen Kaufvertrages ist der Anspruch nach § 433 Abs. 1 BGB auf Übereignung des Fahrzeugs *entstanden.*

Der Anspruch auf Zahlung des Kaufpreises nach § 433 Abs. 2 BGB könnte nach § 326 Abs. 1 BGB *erloschen* sein. Durch den Großbrand wurde das Fahrzeug zerstört. Damit ist die Leistung durch Heinrich nach § 275 Abs. 1 BGB unmöglich geworden. Der Anspruch des Heinrich gegen Ansgar ist erloschen.

Damit entfällt der Anspruch auf Gegenleistung nach § 326 Abs. 1 BGB.

Ergebnis: Heinrich hat gegen Ansgar keinen Anspruch auf Zahlung des Kaufpreises.

Wichtig: § 326 BGB hat nur Geltung, wenn Leistung und Gegenleistung in einem Gegenseitigkeitsverhältnis stehen (sog. Synallagma). § 326 BGB gilt nicht bei einfachen zweiseitigen Verträgen (z. B. Leihe) und bei einseitigen Verträgen (z. B. Schenkung).

VII. Rechtsfolge: Der Gläubiger ist weiterhin zur Gegenleistung verpflichtet, § 326 Abs. 2, 3 BGB

§ 326 Abs. 1 BGB regelt den Grundfall. Danach entfällt bei Unmöglichkeit der Leistung nach § 275 Abs. 1 BGB bzw. bei verweigerter Leistung nach § 275 Abs. 2, 3 BGB grundsätzlich die Pflicht zur Gegenleistung. Man sagt deshalb, der Schuldner trägt die sog. *„Preisgefahr"*, d. h. er hat das Risiko, die Gegenleistung zu verlieren. Sie wird auch treffender als *Vergütungsgefahr* bezeichnet[46]. Verdeutlicht am *Beispiel 18* bedeutet dies, dass Autohändler Heinrich dem Risiko ausgesetzt ist, bei Unmöglichkeit auch den Kaufpreis für das Fahrzeug zu verlieren.

Eine große Gefahr in der Klausur besteht darin, dass bei der Anwendung des § 326 BGB, insbesondere bei Absatz 2, die Begriffe Gläubiger und Schuldner verwechselt werden. Hier gilt: Die Begriffe Gläubiger und Schuldner beziehen sich auf die gestörte Leistung und nicht auf die Gegenleistung.

Beispiel 19: Viktoria verkauft an Karl ein gebrauchtes Lehrbuch zum Preis von 25,- EUR. Durch eine von Viktoria verursachte Überschwemmung in ihrer Wohnung wird das Lehrbuch zerstört. Frage: Hat Viktoria gegen Karl noch einen Anspruch auf den Kaufpreis von 25,- EUR?

Lösung: Der Anspruch auf Zahlung des Kaufpreises könnte nach §§ 433 Abs. 2, 326 Abs. 1 BGB entfallen sein.

1. Mit Abschluss des Kaufvertrages ist der Anspruch auf Zahlung nach § 433 Abs. 2 BGB *entstanden*.

---

[46] Hk-BGB/Saenger, § 446 RN 1.

Der Anspruch könnte nach § 326 Abs. 1 BGB *entfallen* sein, wenn nachfolgende Voraussetzungen erfüllt sind:

a) Die Schuldnerin der Kaufsache Viktoria braucht nach § 275 Abs. 1 BGB nicht zu leisten. Das Lehrbuch wurde durch die Überschwemmung zerstört. Damit ist der Anspruch auf Leistung nach § 275 Abs. 1 BGB ausgeschlossen.

b) Als Rechtsfolge der Unmöglichkeit der Leistung entfiele nach § 326 Abs. 1 BGB der Anspruch auf die Gegenleistung, den Kaufpreis.

2. Dem Erlöschen des Anspruchs auf die Gegenleistung nach § 326 Abs. 1 BGB könnte die Regelung des § 326 Abs. 2 BGB entgegenstehen, wenn der Gläubiger für den Umstand der Unmöglichkeit allein oder weit überwiegend verantwortlich ist. Es geht hier um die Frage, ob der Anspruch auf die Gegenleistung trotz Unmöglichkeit bestehen bleibt. Gläubiger i. S. d. Vorschrift des § 326 Abs. 2 BGB ist aber Karl. Das Gesetz verwendet den Begriff des Gläubigers in Zusammenhang mit der Unmöglichkeit und meint mit „Gläubiger" die Person, die Gläubiger der unmöglich gewordenen Leistung ist. Dies ist Karl.[47] Da Karl aber die Unmöglichkeit nicht verschuldet hat sondern Viktoria, ist § 326 Abs. 2 BGB nicht einschlägig. Der Anspruch auf die Gegenleistung ist nach § 326 Abs. 1 BGB entfallen.

Ergebnis: Viktoria hat keinen Anspruch auf Zahlung des Kaufpreises!

Das Gesetz kennt von der Grundregel des § 326 Abs. 1 BGB folgende Ausnahmen, mit der Rechtsfolge, dass der Gläubiger, obwohl er die Leistung nicht erhält, weiterhin zur Gegenleistung verpflichtet ist:

- § 326 Abs. 2 Satz 1 1. Alt. BGB: Verantwortlichkeit des Gläubigers für die Unmöglichkeit
- § 326 Abs. 2 Satz 1 2. Alt BGB: Annahmeverzug des Gläubigers
- § 446 BGB: Übergabe beim Kaufvertrag

---

[47] Ein grober Fehler wäre es, den Begriff des Gläubigers in Zusammenhang mit der geschuldeten Gegenleistung zu sehen. Dies wäre dann Viktoria. Ein falsches Klausurergebnis wäre vorprogrammiert!

- § 447 Abs. 1 BGB: Übergabe der Kaufsache an die Transportperson bei Schickschuld
- §§ 644, 645 BGB: Besonderheiten beim Werkvertrag
- § 615 BGB: Besonderheit beim Dienstvertrag
- § 326 Abs. 3 BGB: Der Gläubiger verlangt Herausgabe des Surrogats nach § 285 BGB

> **Klausurtipp:** Um dem Korrektor zu zeigen, dass man die Systematik des Gesetzes verstanden hat, sollte man immer zuerst **kurz** auf die Grundregel des § 326 Abs. 1 BGB eingehen, dass im Falle der Unmöglichkeit *grundsätzlich* der Anspruch auf die Gegenleistung entfällt. Danach ist dann auf die *Ausnahmeregeln* einzugehen!

Nachfolgend sollen diese Ausnahmeregeln von § 326 Abs. 1 BGB im Detail dargestellt werden.

1. Erste Ausnahme: § 326 Abs. 2 Satz 1 1. Alt BGB: (Überwiegende) Verantwortlichkeit des Gläubigers für den Untergang der Sache

Beispiel 20: Stefan kauft während einer Messe von Manfred ein Ausstellungsstück. Die Ware soll erst nach Beendigung der Messe übergeben werden. Als kurz nach Vertragsabschluss Stefan das Ausstellungsstück seiner Ehefrau zeigen will, fällt es ihm zu Boden und wird zerstört.[48] Frage: Hat Manfred gegen Stefan einen Anspruch auf Zahlung des Kaufpreises?

Lösung: Manfred könnte gegen Stefan einen Anspruch nach § 433 Abs. 2 BGB haben.
1. Zwischen Manfred und Stefan besteht ein wirksamer Kaufvertrag nach § 433 BGB. Der Anspruch ist also *entstanden*.
2. Der Anspruch könnte nach §§ 326 Abs. 1, 275 Abs. 1 BGB *erloschen* sein. Die Leistung, die Übergabe des Ausstellungsstücks, ist unmöglich geworden.

---

[48] Vergleiche dazu Prüfungsschema zu § 326 Abs. 1 BGB, unter VI.

3. Nach § 326 Abs. 1 BGB würde grundsätzlich der Anspruch auf die Gegenleistung entfallen.

4. Hier greift jedoch die Ausnahmevorschrift des § 326 Abs. 2 Satz 1, 1. Alt. BGB ein. Danach behält der Schuldner (der unmöglich gewordenen Leistung) seinen Anspruch auf die Gegenleistung, wenn der Gläubiger (der unmöglich gewordenen Leistung) für den Umstand der Unmöglichkeit allein oder weit überwiegend verantwortlich ist. Stefan ist als Käufer Gläubiger der unmöglich gewordenen Lieferpflicht des Manfred und für den Umstand der Zerstörung des Ausstellungsstücks, aufgrund dessen Manfred nicht zu leisten braucht, allein verantwortlich. Stefan hat das Ausstellungsstück zerstört.

Ergebnis: Damit behält Manfred seinen Anspruch auf die Gegenleistung. Er kann von Stefan die Zahlung des Kaufpreises verlangen.

Im Rahmen des § 326 Abs. 2 Satz 1 1. Alt BGB tauchen folgende Einzelprobleme auf:

- **Was heißt *weit überwiegend* i. S. d. Vorschrift?**

Mit dem Tatbestandsmerkmal „weit überwiegend" will der Gesetzgeber einen Grad der Verantwortung umschreiben, der gemäß § 254 BGB zum Ausschluss des Schadenersatzanspruches führen würde[49].

- **Die Unmöglichkeit ist *von beiden Seiten zu vertreten***

Dieser Fall ist im Gesetz nicht geregelt und dessen Lösung ist äußerst umstritten. Nach dem Wortlaut des § 326 Abs. 1, 2 BGB entfällt der Anspruch auf die Gegenleistung. Dem Gläubiger der Leistung steht aber ein Schadenersatzanspruch wegen des Entfallens der Gegenleistung zu.

---

[49] Brox AS § 22 RN 41 mit Hinweis auf BT-Drucksache 14/6040, S. 187, vgl. auch Lektion 10 II. 4

Beispiel 21: Der Autohändler Hans verkauft an Rudi einen gebrauchten Sportwagen zum Preis von 8.000,- EUR. Die Übergabe des Fahrzeuges soll erst nach Zulassung des Fahrzeugs durch den Autohändler erfolgen. Kurz nach Abschluss des Kaufvertrages bittet Rudi den Hans, ihm das Fahrzeug zu einer Vorführungsfahrt mit seiner Freundin zu überlassen.

Bei dem Versuch, eine Kurve mit maximaler Geschwindigkeit zu durchfahren, kommt Rudi von der Fahrbahn ab. Das Fahrzeug wird total zerstört. Ursächlich für den Unfall war jeweils zur Hälfte, dass Hans bei einer Durchsicht vergessen hatte, die Radmuttern festzuziehen und dass Rudi mit unangepasster Geschwindigkeit gefahren war.

Frage 1: Kann Hans von Rudi die Bezahlung des Kaufpreises verlangen?

Lösung: Mit Abschluss des Kaufvertrages ist der Anspruch nach § 433 Abs. 2 BGB *entstanden*. Er könnte nach § 326 Abs. 1 BGB *erloschen* sein. Die Voraussetzungen des § 326 Abs. 1 BGB sind erfüllt. Hans ist von der Lieferung des Sportwagens nach § 275 Abs. 1 BGB frei geworden. Damit entfällt grundsätzlich die Gegenleistung, also der Anspruch auf den Kaufpreis.

Die Sonderregelung des § 326 Abs. 2 BGB greift nicht ein, da Rudi für die Unmöglichkeit nicht allein oder weit überwiegend verantwortlich war. Für die Unmöglichkeit sind *beide gleichermaßen* verantwortlich.

Ergebnis: Hans kann von Rudi nicht die Bezahlung des Kaufpreises verlangen!

Frage 2: Kann Hans von Rudi Schadenersatz in Höhe der entgangenen Kaufpreissumme fordern?

Lösung: Ein Anspruch des Hans gegen Rudi könnte sich aus § 280 Abs. 1 BGB ergeben.

1. Zwischen Hans und Rudi besteht ein Schuldverhältnis, der abgeschlossene Kaufvertrag.

2. Rudi hat die Pflicht verletzt, sorgfältig mit der noch nicht übergebenen Kaufsache umzugehen und nicht die Übergabe zu vereiteln. Das Vertretenmüssen wird nach § 280 Abs. 1 Satz 1 BGB vermutet. Tatsächlich hat Rudi schuldhaft gehandelt.

3. Rudi ist zum Ersatz des Schadens verpflichtet, der durch seine Pflichtverletzung entstanden ist. Durch das Handeln des Rudi ist nach § 326 Abs. 1 BGB dem Hans der Anspruch auf den Kaufpreis von 8.000,- EUR entgangen. Im Rahmen der Höhe des Schadenersatzanspruches ist das hälftige Mitverschulden des Hans nach § 254 BGB zu berücksichtigen.

Ergebnis: Rudi schuldet Hans einen Schadenersatzanspruch in Höhe von 4.000,- EUR.

- **Die Verantwortlichkeit des Gläubigers für das Verhalten seiner Erfüllungsgehilfen oder seiner gesetzlichen Vertreter**

Nach Ansicht des BGH[50] gilt auch hier der Grundsatz der verschuldensabhängigen Haftung, so dass § 278 BGB analog[51] anzuwenden ist.

Beispiel 22: Der Einzelhändler Stefan kauft während einer Messe vom Hersteller Manfred ein Ausstellungsstück. Die Ware soll erst nach Beendigung der Messe übergeben werden. Als kurz nach Vertragsabschluss der Angestellte des Stefan das Ausstellungsstück für seinen Chef nochmals vermessen möchte, fällt es zu Boden und wird total zerstört.

Manfred behält hier nach § 326 Abs. 2 BGB den Anspruch auf den Kaufpreis, da das Verhalten des Angestellten dem Stefan zugerechnet wird.[52]

---

[50] BGHZ 90, 302, 309, 310.
[51] Eine direkte Anwendung des § 278 BGB scheidet aus, da § 326 Abs. 2 BGB den Begriff „verantwortlich" verwendet, während § 278 BGB von „Verschulden ... zu vertreten" spricht. Beachte aber die amtliche Überschrift von § 278 BGB! Zu § 278 vgl. Lektion 3.
[52] Zu den Einzelheiten im Aufbau der Lösung, vgl. Beispiel 20.

2. Zweite Ausnahme: § 326 Abs. 2 Satz 1 2. Alt BGB: Annahmeverzug des Gläubigers

Nach dieser Vorschrift bleibt der Gläubiger zur Gegenleistung verpflichtet, wenn er sich zum Zeitpunkt des Eintritts der Unmöglichkeit im Annahmeverzug befindet. Hier empfiehlt es sich, den Wortlaut des § 326 Abs. 2 BGB genau zu lesen. Die Unmöglichkeit darf vom Schuldner *nicht zu vertreten* sein[53].

Beispiel 23: Erik hat telefonisch an Corinna ein gebrauchtes Buch zum Preis von 30,- EUR verkauft. Beide haben vereinbart, dass Corinna das Buch am 02.02. abholt. Erik wartete vergeblich auf Corinna, die diesen Termin vergessen hatte. Am 04.02. wird das Buch durch einen unverschuldeten Wasserrohrbruch zerstört. Hat Erik noch einen Anspruch gegen Corinna auf Zahlung der 30,- EUR?

Lösung: Ein Anspruch des Erik gegenüber Corinna könnte sich aus § 433 Abs. 2 BGB ergeben.

1. Mit Abschluss des Kaufvertrages ist der Anspruch auf den Kaufpreis *entstanden*.

2. Der Kaufpreisanspruch könnte nach § 326 Abs. 1 BGB *erloschen* sein, da das Buch zerstört wurde und damit Erik (Schuldner) von seiner Lieferverpflichtung freigeworden ist.

3. Hier könnte die Ausnahmevorschrift des § 326 Abs. 2 Satz 1 2. Alt BGB greifen:

a) Corinna befindet sich in Annahmeverzug gemäß §§ 293, 294, 295 Satz 1 2. Halbsatz BGB.

b) Die Unmöglichkeit ist von Erik nicht zu vertreten, da der Wasserrohrbruch unverschuldet war.

c) Damit bleibt nach § 326 Abs. 2 BGB der Anspruch auf den Kaufpreis bestehen.

Ergebnis: Erik hat noch einen Anspruch gegen Corinna auf Zahlung des Kaufpreises nach § 433 Abs. 2 BGB.

---

[53] Vgl. Wortlaut in § 326 Abs.2 Satz 1 BGB „...tritt dieser vom Schuldner nicht zu vertretende Umstand...".

Beispiel 24: Mark hat telefonisch an Christopher ein gebrauchtes Buch verkauft. Beide haben vereinbart, dass Christopher es am 02.02. abholt. Mark wartete vergeblich auf Christopher, der diesen Termin vergessen hatte. Am 04.02. fällt das Buch infolge einfacher Fahrlässigkeit des Mark in die mit Wasser gefüllte Badewanne und wird total zerstört. Frage: Hat Mark noch einen Anspruch gegen Christopher auf Zahlung des Kaufpreises?

Lösung:

1. Mit Abschluss des Kaufvertrages ist der Anspruch nach § 433 Abs. 1 BGB *entstanden*.

2. Grundsätzlich *erlischt* im Falle der Unmöglichkeit der Lieferung des Buches der Anspruch auf Zahlung des Kaufpreises nach § 326 Abs. 1 BGB, soweit nicht die Sonderregelung des § 326 Abs. 2 BGB eingreift.

3. Die Voraussetzungen des § 326 Abs. 2 Satz 1 2. Alt BGB:

a) Annahmeverzug des Christopher liegt vor.

b) Die Unmöglichkeit darf nicht von Mark zu vertreten sein. Nach § 276 Abs. 1 BGB hat ein Schuldner Vorsatz und jede Art von Fahrlässigkeit zu vertreten. Hier greift aber die Sonderregelung des § 300 Abs. 1 BGB ein. Während des Annahmeverzuges hat Mark nur *Vorsatz und grobe Fahrlässigkeit* zu vertreten. Damit ist die Unmöglichkeit nicht von Mark zu vertreten.

Ergebnis: Mark hat noch einen Anspruch gegen Christopher auf Zahlung des Kaufpreises.

Hinweis: Hätte Mark im obigen Beispiel grob fahrlässig gehandelt, dann wäre dies der gesetzlich nicht geregelte Fall der *beiderseits zu vertretenden Unmöglichkeit* gewesen, vgl. dazu oben *Beispiel 21*.

3. Dritte Ausnahme: § 446 BGB: Übergabe beim Kaufvertrag

Nach § 326 Abs. 1 BGB trägt der Verkäufer einer Sache grundsätzlich die Preisgefahr (Vergütungsgefahr). Dies bedeutet, dass er beim Untergang der Kaufsache auch den Anspruch auf den Kaufpreis verliert. Erst wenn der Verkäufer die Kaufsache wirksam übereignet hat, wird er von seiner Verpflichtung nach §§ 433 Abs. 1, 362 Abs. 1 BGB frei. Solange würde der Verkäufer die Preisgefahr (Vergütungsgefahr) tragen. Dies würde in den Fällen des Kaufes unter Eigentumsvorbehalt zu ungerechten Ergebnissen führen.

Beispiel 25: Anton hat an Klara eine Waschmaschine verkauft. Dabei hat sich Anton nach § 449 Abs. 1 BGB das Eigentum bis zur Zahlung des Kaufpreises vorbehalten. Anton ist bis zur vollständigen Zahlung des Kaufpreises durch Klara noch Eigentümer der Waschmaschine und damit noch zur Verschaffung des Eigentums verpflichtet. Klara hat trotzdem die volle Einwirkungsmöglichkeit auf die Waschmaschine, während Anton noch die Preisgefahr (Vergütungsgefahr) bis zur Bezahlung des Kaufpreises und des damit einhergehenden Eigentumsübergangs tragen würde.

Der Gesetzgeber hat daher in Abweichung von § 326 Abs. 1 BGB den Zeitpunkt des Gefahrübergangs beim Kaufvertrag vom Zeitpunkt der Übereignung (Eigentumsverschaffung) auf den Zeitpunkt der Übergabe (Besitzverschaffung) vorverlegt.

Beispiel 26: Anton verkauft an Klara eine Waschmaschine unter Eigentumsvorbehalt. Er übergibt diese am 03.03. an Klara. Die letzte Rate des Kaufpreises soll erst am 06.06. bezahlt werden und dann das Eigentum an der Waschmaschine auf Klara übergehen. Am 04.04. zerstört eine unverschuldete Überschwemmung im Wäschekeller der Klara die Waschmaschine völlig. Frage: Kann Anton von Klara noch die Zahlung der (restlichen) Kaufpreisraten verlangen?

Lösung: Anton könnte einen Anspruch auf Zahlung der restlichen Raten nach § 433 Abs. 2 BGB haben.

1. Mit Abschluss des Kaufvertrages ist der Anspruch auf Zahlung des Kaufpreises nach § 433 Abs. 2 BGB *entstanden*. Mit Zerstörung der Waschmaschine könnte der Anspruch auf die (restlichen) Kaufpreisraten *erloschen* sein.
2. Grundsätzlich entfällt der Anspruch auf den Kaufpreis nach § 326 Abs. 1 BGB mit dem Untergang der Sache. Wird die Waschmaschine nach dem 03.03. zerstört, ist eine endgültige Eigentumsverschaffung durch Anton am 06.06. nicht mehr möglich.
3. Hier könnte § 446 Satz 1 BGB als Ausnahme zu § 326 Abs. 1 BGB eingreifen:
   a. Es handelt sich um einen Kaufvertrag
   b. Die Kaufsache wurde der Klara am 03.03. übergeben. Mit der Besitzverschaffung (Übergabe der Waschmaschine) geht die Gefahr des zufälligen Untergangs der Waschmaschine auf Klara über. Damit trägt Klara die Preisgefahr.

Ergebnis: Wegen § 446 Satz 1 BGB behält Anton den Anspruch auf den vollen Kaufpreis nach § 433 Abs. 2 BGB.

4. Vierte Ausnahme: § 447 Abs. 1 BGB: Übergabe der Kaufsache an die Transportperson bei Schickschuld

§ 447 BGB behandelt den Versendungsverkauf. Auch hier geht die Preisgefahr (Vergütungsgefahr) nicht erst mit der Übereignung der Sache, sondern bereits mit der Auslieferung an die Transportperson über. Das bedeutet, dass der Käufer den Kaufpreis zu zahlen hat, wenn die Sache auf dem Transportweg zerstört wird.

Prüfungsschema für die Kaufpreisschuld
1. Ist ein wirksamer Kaufvertrag entstanden und damit der Anspruch des Verkäufers auf Zahlung nach § 433 Abs. 2 BGB?
2. Braucht der Verkäufer die geschuldete Leistung nach § 275 Abs. 1 bis 3 BGB nicht zu erbringen und wäre der Anspruch nach § 326 Abs. 1 BGB untergegangen?
3. Greift der Sonderfall des § 447 BGB ein?
a) Es liegt **kein** Verbrauchsgüterkauf[54] vor oder es liegt ein Versendungskauf vor und nach § 474 Abs. 4 ist § 447 BGB anzuwenden.
b) Es liegt eine Schickschuld vor und damit ein Versendungskauf gemäß § 447 Abs. 1 BGB.
c) Wurde die Kaufsache bereits an den Transporteur ausgehändigt?

Rechtsfolge: Der Verkäufer braucht nicht zu leisten, behält aber nach § 447 Abs. 1 BGB den Anspruch auf den Kaufpreis!

Beispiel 27: Der Fliesenleger *Karl* kauft beim *Fliesengroßhändler Gustav* 100 Kartons Bodenfliesen aus der Serie „Terra" zum Preis von 200,- EUR. Karl bittet Gustav um Anlieferung der Fliesen. Gustav lässt aus den vorhandenen Beständen im Lager 100 Kartons auf den Lastkraftwagen des *Frachtführers Fridolin* verladen, mit dem Gustav einen Transportvertrag abgeschlossen hatte. Auf dem Weg zu Karl stößt ein anderer Lkw mit dem Fahrzeug des Frachtführers Fridolin zusammen. Die Fliesen werden zerstört.

Frage 1: Hat Karl noch Anspruch auf die Lieferung der Fliesen?

Frage 2: Hat Gustav noch Anspruch auf die Zahlung des Kaufpreises?

Hinweis zur Lösung: Wichtig ist hier wiederum die Trennung zwischen dem *Anspruch auf die Leistung* (Frage 1) und dem *Anspruch auf die Gegenleistung* (Frage 2). Diese Trennung ist besonders zu beachten,

---

[54] Es handelt sich nach § 474 Abs. 1 Satz 1 BGB um einen Kaufvertrag, bei dem ein Unternehmer i. S. d. § 14 Abs. 1 BGB einem Verbraucher i. S. d. § 13 BGB eine **bewegliche** Sache verkauft bzw. der nach § 474 Abs. 1 Satz 2 BGB zusätzlich die Erbringung einer Dienstleistung durch den Unternehmer zum Gegenstand hat.

wenn die Frage lautet: "Wie ist die Rechtslage?" In diesem Fall ist getrennt auf den *Anspruch auf Leistung* nach § 433 Abs. 1 BGB und den *Anspruch auf Gegenleistung* nach § 433 Abs. 2 BGB einzugehen.

Lösung zu 1: Karl könnte einen Anspruch gegen Gustav auf Lieferung der Fliesen nach § 433 Abs. 1 BGB haben.

1. Mit Abschluss des Kaufvertrages ist der Anspruch aus § 433 Abs. 1 BGB *entstanden*.

2. Der Anspruch könnte nach § 275 Abs. 1 BGB *erloschen* sein.

a) Die Leistung muss für Gustav unmöglich geworden sein. Unmöglichkeit liegt vor, wenn die Leistung von Gustav unter keinen Umständen erbracht werden kann.

b) Zwar hat Gustav noch Lagerware, doch beschränkte sich die Schuld des Gustav durch Konkretisierung nach § 243 Abs. 2 BGB (Holen aus dem Lager) auf die 100 Kartons, die sich auf dem Lastwagen befanden. Die Lieferung dieser 100 Kartons ist wegen der Zerstörung durch den Unfall unmöglich geworden.

Ergebnis: Der Anspruch des Karl gegen Gustav ist nach §§ 433 Abs. 1, 275 Abs. 1 BGB erloschen.

Lösung zu 2: Gustav könnte einen Anspruch auf Zahlung des Kaufpreises nach § 433 Abs. 2 BGB haben.

1. Mit Abschluss des Kaufvertrages ist der Anspruch aus § 433 Abs. 2 BGB *entstanden*.

2. Gustav muss seine Lieferung nach § 275 Abs. 1 BGB nicht mehr erbringen und damit wäre auch nach § 326 Abs. 1 BGB der Anspruch auf die Gegenleistung, den Kaufpreis, *erloschen*.

3. Es könnte die *Ausnahmevorschrift* des § 447 Abs. 1 BGB eingreifen.

a) Es liegt kein Verbrauchsgüterkauf nach § 474 Abs. 1 BGB vor. Zwar ist Gustav Unternehmer nach § 14 Abs. 1 BGB, doch Karl ist kein Verbraucher, sondern ebenfalls Unternehmer nach § 14 Abs. 1 BGB.

b) Karl hat Gustav um Anlieferung der Fliesen gebeten. Es handelt sich um eine Schickschuld und somit um einen Versendungskauf. Erfüllungsort ist der Wohnort oder die Niederlassung des Gustav. Es erfolgt die Versendung an einen anderen Ort als dem Erfüllungsort.

c) Die Fliesen wurden dem Frachtführer als Transportperson übergeben.

d) Die Voraussetzungen des § 447 BGB Abs. 1 BGB sind erfüllt. Die Preisgefahr geht mit Übergabe der Fliesen an den Frachtführer auf Karl über.

Ergebnis: Gustav hat noch einen Anspruch auf Zahlung des Kaufpreises nach § 433 Abs. 2 BGB, da der Kaufpreisanspruch wegen § 447 Abs. 1 BGB nicht erloschen ist.

> **Wichtig:** Beim **Verbrauchsgüterkauf** findet die Regelung des § 447 BGB Abs. 1 BGB nur eingeschränkt Anwendung! Verkauft ein Unternehmer einem Verbraucher eine bewegliche Sache (vgl. § 474 Abs. 1 Satz 1 BGB), so findet ein vorzeitiger Gefahrenübergang nach § 447 BGB nur statt, wenn der Käufer den Spediteur o. ä. selbst mit der Ausführung beauftragt hat und der Unternehmer dem Käufer diese Person nicht vorher benannt hat, vgl. § 474 BGB Abs. 4 BGB. Der Verkäufer (Unternehmer) trägt nach § 446 BGB bis zur Übergabe der Kaufsache **an den Käufer** (Verbraucher) die Preisgefahr.

Als Sonderregelung zu § 326 Abs. 1 BGB erfasst die Vorschrift des § 447 Abs. 1 BGB nur den Fall des **zufälligen** Untergangs der Kaufsache. Die Vorschrift greift nicht ein, wenn der Untergang der Kaufsache auf einem *Verschulden des Verkäufers* beruht.

Fraglich ist, ob der Transport durch **eigene Leute des Verkäufers** auch zum Übergang der Preisgefahr nach § 447 Abs. 1 BGB führt. Hier werden mehrere Ansichten vertreten. Die h. M. bejaht die Anwendung des § 447 Abs. 1 BGB[55]. Im *Beispiel 27* würde dies bedeuten: Hätte Gustav die Fliesen durch eigene Leute zu Karl bringen lassen, so wäre mit der Übergabe der Fliesen an seine Transportpersonen die Gefahr des zufälligen Untergangs der Fliesen auf den Karl übergegangen.

---

[55] Hk-BGB/Saenger, § 447 RN 4.

Die h. M. begründet ihre Auffassung damit, dass der Verkäufer beim Transport durch eigene Leute nicht schlechter gestellt werden dürfe.

Nach a. A. ist beim Transport durch eigene Leute nicht der § 447 Abs. 1 BGB, sondern nur der § 446 BGB anzuwenden[56]. Es wird auf die Übergabe an den Käufer abgestellt.

Bei Transport der Ware durch eine Transportperson anstelle des Verkäufers taucht ein weiteres beliebtes Klausurproblem auf: Die **„Drittschadensliquidation"**. Sie hat aber insoweit an Bedeutung verloren, als nach § 474 Abs. 4 BGB der § 447 BGB nur für den Fall Anwendung findet, dass der Käufer den Spediteur o. ä. selbst mit der Ausführung beauftragt hat. Damit bleiben für die Drittschadensliquidation in der Regel nur Fälle übrig, die nicht unter die Vorschriften des Verbrauchsgüterkaufs fallen. Aber bei Klausuren ist bei Vorliegen eines Verbrauchsgüterkaufs Vorsicht geboten. In Ausnahmefällen (Vorschrift genau lesen!) kann § 447 Abs. 1 BGB anwendbar sein und die Drittschadensliquidation eingreifen

Im *Beispiel 27* hat Karl keinen Anspruch auf die Fliesen. Er muss aber den Kaufpreis zahlen. Karl hat damit einen Schaden erlitten. Es fehlt aber ein Anspruch gegen den Frachtführer Fridolin, weil zwischen Karl und dem Frachtführer keine vertraglichen Beziehungen bestehen. Gustav hat zwar mit dem Frachtführer Fridolin einen Transportvertrag. Gustav hat aber keinen Schaden erlitten, da er von Karl den Kaufpreis bekommt.

---

[56] vgl. zum Ganzen: Wertenbruch JuS 2003, 625, 629.

Voraussetzungen für die Drittschadensliquidation[57]
1. Ein Vertragspartner hat einen Anspruch gegen den anderen Vertragspartner aus einer Pflichtverletzung. Er hat aber keinen Schaden erlitten.
2. Geschädigter ist ein Dritter, der aber keinen Anspruch auf Ersatz des Schadens hat.
3. Die Schadensverlagerung geschah zufällig.

Im *Beispiel 27* wird dieses Problem wie folgt gelöst:

- 1. Möglichkeit: Gustav kann den Schaden gegen Fridolin auch ohne Schaden geltend machen. Karl kann nach § 285 BGB die Herausgabe des Erlangten verlangen.
- 2. Möglichkeit: Karl kann nach § 285 BGB die Abtretung des Schadensersatzanspruchs verlangen und den Anspruch selbst gegen Fridolin geltend machen.

Hinweis: Liegt zwischen dem Verkäufer und der Transportperson ein Frachtvertrag nach §§ 407 ff. HGB vor, so greift § 421 Abs. 1 Satz 2 HGB ein. Der Empfänger (= Käufer) kann die Ansprüche bei Beschädigung der Ware im eigenen Namen gegen den Frachtführer geltend machen.

5. Fünfte Ausnahme: §§ 644, 645 BGB: Besonderheiten beim Werkvertrag

Wir erinnern uns:

- Wird bei einem Schuldverhältnis die geschuldete Leistung nach § 275 Abs. 1 BGB unmöglich oder hat der Schuldner nach § 275 Abs. 2, 3 BGB ein Leistungsverweigerungsrecht, so hat der Gläubiger keinen Anspruch auf die geschuldete Leistung.

---

[57] vertiefend: Brox/Walker AS § 29 RN 17 ff.

- Nach der Grundregel des § 326 Abs. 1 BGB verliert aber dann der Schuldner der unmöglichen Leistung auch den Anspruch auf die Gegenleistung.

Bei einem Werkvertrag nach § 631 BGB bedeutet dies: Geht das Werk vor der Übergabe an den Besteller unter und kann der Unternehmer das Werk auch nicht erneut neu herstellen, so verliert er auch den Anspruch auf die Gegenleistung. Der Besteller bekommt kein Werk, der Unternehmer keinen Lohn.

Von dieser Grundregel macht der Werkvertrag nachfolgende Ausnahmen:

- § 644 Abs. 1 Satz 1 BGB: Abnahme beim Werkvertrag
- § 644 Abs. 1 Satz 2 BGB: Annahmeverzug des Bestellers[58]
- § 644 Abs. 2 BGB: Versendung des Werkes an einen anderen Ort als den Erfüllungsort[59]
- § 645 BGB: Das Werk ist vor der Abnahme untergegangen,
  - weil der Besteller einen mangelhaften Stoff geliefert hat oder
  - weil der Besteller eine Anweisung erteilt hat.

  Der Unternehmer hat den Untergang nicht zu vertreten.

Beispiel 28: Anton lässt in seinem Garten vom Maurermeister Max eine Gartenmauer errichten. Nach Fertigstellung nimmt Anton das Werk ab. In der Nacht nach der Abnahme wird die Mauer durch einen Erdrutsch zerstört. Kann Max von Anton noch die Bezahlung der Errichtung der Gartenmauer verlangen?

Lösung: Max könnte gegen Anton einen Anspruch nach § 631 Abs. 1 Satz 1 2. HS BGB haben.

1. Mit Abschluss des Werkvertrages und Abnahme des Werkes ist nach § 641 Abs. 1 BGB der Vergütungsanspruch *entstanden* und die Ver-

---

[58] Diese Vorschrift entspricht inhaltlich dem § 326 Abs. 2 Satz 1 2. Alt. BGB.
[59] Hier gelten die Ausführungen zu § 447 Abs. 1 BGB entsprechend.

gütung zu entrichten. Mit der Abnahme des Werkes ist die Gefahr des zufälligen Untergangs auf Anton übergegangen.

2. Damit trägt Anton die Vergütungsgefahr. Die allgemeine Vorschrift des § 326 Abs. 1 BGB tritt hinter die Spezialregelung aus dem Werkvertrag zurück.

Ergebnis: Anton ist verpflichtet, den Werklohn zu zahlen.

Beispiel 29: Klaus weist den Malermeister Siegfried an, das Zimmer nicht mit der üblichen Farbe, sondern mit einer besonderen Naturfarbe zu streichen. Während der Arbeiten stellt sich heraus, dass die Farbe nach dem Trocknen abblättert.
Siegfried kann nach § 645 Abs. 1 Satz 1 BGB einen der geleisteten Arbeit entsprechenden Teil der Vergütung verlangen, wenn er den Umstand des Abblätterns der Farbe nicht zu vertreten hat. Beispielsweise, wenn er auf die Gefahr des Abblätterns hingewiesen hat, keine technischen Möglichkeiten bestanden, dies zu verhindern und Klaus auf dem Streichen mit dieser Farbe bestanden hat.

6. Sechste Ausnahme: § 615 BGB: Besonderheit beim Dienstvertrag

Eine besondere Regelung für die Gefahrtragung beim Dienstvertrag findet sich in § 615 BGB. Kommt danach der Dienstberechtigte mit der Annahme der Dienste in Verzug (Annahmeverzug), so kann der Verpflichtete für die infolge des Verzugs nicht geleisteten Dienste die vereinbarte Vergütung verlangen, ohne zur Nachleistung verpflichtet zu sein.

7. Siebte Ausnahme: § 326 Abs. 3 BGB: Der Gläubiger verlangt Herausgabe des Surrogats nach § 285 BGB

Einen weiteren Ausnahmefall der Grundregel des § 326 Abs. 1 BGB stellt die Vorschrift des § 326 Abs. 3 BGB dar:

Wir erinnern uns an die bereits besprochenen Rechtsfolgen der Unmöglichkeit (vgl. § 275 Abs. 4 BGB):

- Ist die vom Schuldner geschuldete Leistung unmöglich geworden, so ist nach § 275 Abs. 1 BGB der Anspruch auf die Leistung ausgeschlossen. Der Gläubiger kann die unmöglich gewordene Leistung nicht verlangen!
- Nach §§ 275 Abs. 4, 285 BGB kann der Gläubiger Herausgabe des Ersatzes, den der Schuldner für die untergegangene Sache erhalten hat, verlangen. Wahlweise kann der Gläubiger auch vom Schuldner die Abtretung eines erhaltenen Ersatzanspruches verlangen.

Verlangt der Gläubiger die Herausgabe des Surrogats, so bleibt er zur Gegenleistung verpflichtet.

Beispiel 30: Christopher verkauft an Mark seinen gebrauchten Kleinwagen zum Preis von 3.000,- EUR. Die Übergabe des Kleinwagens soll erst erfolgen, wenn an Christopher der bestellte Neuwagen ausgeliefert wird. Noch vor Übergabe wird der Kleinwagen durch einen Blitzschlag total zerstört. Von der Kaskoversicherung erhält Christopher die verbindliche Zusage, dass er 3.500,- EUR (Verkehrswert) als Versicherungsleistung erhalten werde. Mark verlangt nach § 285 BGB von Christopher die Abtretung des Anspruchs auf die Versicherungssumme an sich. Frage: Kann Christopher von Mark die Zahlung des Kaufpreises verlangen?

Lösung: Ein Anspruch des Christopher gegen Mark könnte sich aus § 433 Abs. 2 BGB ergeben[60].

1. Mit Abschluss des Kaufvertrages ist der Anspruch auf Zahlung des Kaufpreises nach § 433 Abs. 2 BGB *entstanden*.

2. Mit Zerstörung des Wagens muss Christopher nach § 275 Abs. 1 BGB die Lieferung des Wagens nicht mehr erbringen. Nach § 326 Abs. 1 BGB würde damit auch die Gegenleistung (Kaufpreisanspruch) *erlöschen*.

---

[60] Wichtiger Hinweis: § 326 Abs. 3 BGB selbst ist **keine** Anspruchsgrundlage, sondern nur eine klarstellende Norm. Dies ergibt sich aus der Formulierung in § 326 Abs. 3 BGB „so bleibt er zur Gegenleistung verpflichtet". Anspruchsgrundlage ist daher die Norm, die den Anspruch auf die Gegenleistung begründet; im Beispielsfall § 433 Abs. 2 BGB.

3. Hier könnte die Ausnahmevorschrift des § 326 Abs. 3 BGB eingreifen. Mark hat als Gläubiger nach § 285 BGB von Christopher die Abtretung des Ersatzanspruches verlangt, damit bleibt er nach § 326 Abs. 3 BGB zur Gegenleistung verpflichtet.

Ergebnis: Ein Anspruch des Christopher gegen Mark auf Zahlung des Kaufpreises ist gegeben.

Auf den ersten Blick mag das Ergebnis des Falles etwas umständlich anmuten, da einerseits Mark Geld von der Versicherung bekommt, anderseits aber an Christopher den Kaufpreis zahlen muss. Dieser Weg kann aber dann sinnvoll sein, wenn Mark an Christopher den Kaufpreis bereits bezahlt hat und eine Rückzahlung nach §§ 326 Abs. 4, 346 BGB dem Christopher mangels flüssiger Geldmittel nicht sofort möglich ist oder wenn Mark gegen den Kaufpreisanspruch des Christopher mit einer anderen Forderung aufrechnen könnte.

Beispiel 31: Mark und Christopher haben einen Kaufvertrag über den Kleinwagen zum Kaufpreis von 3.000,- EUR abgeschlossen. Kurz vor der Übergabe wird das Fahrzeug zerstört. Der Anspruch gegen die Versicherung beträgt 3.500,- EUR (Verkehrswert). Aus einem früheren Vertrag schuldet Christopher dem Mark noch einen Werklohn von 3.000,- EUR. - Mark verlangt von Christopher die Abtretung der Versicherungsleistung nach § 285 BGB und rechnet gegen den Kaufpreisanspruch des Christopher mit dem Werklohnanspruch auf.

VIII. Rechtsfolge: Der Gläubiger kann eine bereits erbrachte Gegenleistung zurückfordern, §§ 275 Abs. 4, 326 Abs. 4 BGB

Wir erinnern uns wieder an das Grundprinzip bei einer unmöglich gewordenen Leistung:

- Ein Anspruch auf die geschuldete Leistung ist nach § 275 Abs. 1 BGB ausgeschlossen.
- Der Anspruch auf die Gegenleistung nach § 326 Abs. 1 BGB entfällt!

Im Ergebnis sind sowohl die Leistung als auch die Gegenleistung nicht zu erbringen. Dies führt aber zu Schwierigkeiten, wenn die Gegenleistung bereits erbracht worden ist.

Beispiel 32: Herbert tauscht mit Franz seinen gebrauchten DVD-Player gegen einen gebrauchten BGB-Kommentar. Franz übergibt Herbert den Kommentar. Die Übergabe des DVD-Players soll erst nach einer Semesterabschlussparty erfolgen. Bei dieser Party wird der DVD-Player zerstört, da sich durch Unachtsamkeit von Sonja der Inhalt eines Bierglases in den DVD-Player ergießt. Kann Franz von Herbert die Rückgabe des BGB-Kommentars verlangen?

Lösung: Ein Anspruch des Franz gegen Herbert könnte sich aus §§ 326 Abs. 4, 346 BGB ergeben.

1. Zwischen Herbert und Franz besteht ein wirksamer Tauschvertrag nach §§ 480, 433 BGB.
2. Die von Herbert geschuldete Übergabe des DVD-Players ist unmöglich geworden. Nach § 275 Abs. 1 BGB ist ein Anspruch des Franz gegen Herbert ausgeschlossen. Nach § 326 Abs. 1 BGB entfällt damit auch der Anspruch des Herbert gegen Franz auf Übergabe des BGB-Kommentars.
3. Franz hat diese nach § 326 Abs. 1 BGB nicht geschuldete Gegenleistung bereits erbracht.

Ergebnis: Nach §§ 326 Abs. 4, 346 bis 348 BGB kann Franz die Rückgabe des DVD-Players fordern.

Schwieriger wird die Lösung eines Sachverhaltes, wenn die Unmöglichkeit vom Schuldner zu vertreten ist.

Beispiel 33: Herbert tauscht mit Franz, wie im *Beispiel 32* den DVD-Player gegen den BGB-Kommentar. Franz übergibt den BGB-Kommentar. Vor der Übergabe des DVD-Players wird dieser durch Unachtsamkeit des Herbert zerstört. Was kann Franz tun?

Möglichkeit 1: Franz macht von seinem Rückforderungsanspruch nach § 326 Abs. 4 BGB Gebrauch. Einen noch bestehenbleibenden Schaden macht er (nach der Differenzmethode) nach §§ 280 Abs. 1, 283 BGB geltend.

Möglichkeit 2: Franz macht von seinem Rückforderungsanspruch nach § 326 Abs. 4 BGB keinen Gebrauch[61] und belässt den BGB-Kommentar bei Herbert. Dann kann Franz nach §§ 280 Abs. 1, 283 BGB den Schadenersatzanspruch (nach der Surrogationsmethode) in voller Höhe statt des DVD-Players verlangen.

IX. Rechtsfolge: Der Gläubiger hat ein Rücktrittsrecht, §§ 275 Abs. 4, 326 Abs. 5 BGB

Es stellt sich bei dieser Vorschrift die Frage, weshalb der Gläubiger bei Unmöglichkeit der geschuldeten Leistung ein Rücktrittsrecht haben soll. Grundsätzlich ist bei Unmöglichkeit die geschuldete Leistung nicht zu erbringen und die Gegenleistung entfällt.

Sinnvoll ist das Rücktrittsrecht nach § 326 Abs. 5 BGB in folgenden Fällen:

- Der Schuldner hat eine Teilleistung erbracht. Die übrige Leistung ist unmöglich geworden. Nach §§ 326 Abs. 5, 323 Abs. 5 BGB kann der Gläubiger vom ganzen Vertrag zurücktreten. § 326 Abs. 5 BGB verweist auf § 323 BGB und damit auch auf § 323 Abs. 5 BGB. Für einen Rücktritt vom gesamten Vertrag ist erforderlich, dass der Gläubiger an der Teilleistung kein Interesse hat.

- Wird ein Kauf- oder Werkvertrag mangelhaft erfüllt, so steht beim Kaufvertrag dem Käufer nach §§ 437 Nr. 1, 439 Abs. 1 BGB bzw. beim Werkvertrag dem Besteller nach §§ 634 Nr. 1, 635 Abs. 1 BGB ein Anspruch auf Nacherfüllung zu. Ist die Nacherfüllung unmöglich, so entfällt nach § 326 Abs. 1 Satz 2 BGB der Anspruch auf Nacherfüllung nicht. Hier hat der Käufer bzw. Besteller die Möglichkeit, vom gesamten Vertrag zurückzutreten[62].

X. Zusammenfassung: Rechtsfolgen der Unmöglichkeit

1. Hauptleistungspflichten

a) Leistung, die unmöglich geworden ist
- § 275 Abs. 1 BGB: Ist die Leistung unmöglich geworden, braucht der Schuldner nicht zu leisten.
- § 275 Abs. 2 BGB: Ist die Leistung theoretisch möglich, aber erfordert sie für den Schuldner einen unverhältnismäßigen Aufwand, so steht dem Schuldner ein Leistungsverweigerungsrecht zu.
- § 275 Abs. 3 BGB: Ist die Leistung theoretisch möglich, aber für den Schuldner aus persönlichen Gründen unzumutbar, so steht dem Schuldner ein Leistungsverweigerungsrecht zu.

b) Gegenleistung
Ist die Leistung nach § 275 Abs. 1 bis 3 BGB nicht zu erbringen, so entfällt grundsätzlich nach § 326 Abs. 1 BGB die Gegenleistung.

Davon gibt es folgende Ausnahmen:
- § 326 Abs. 1 Satz 2 BGB: Bei einem mangelhaft erfüllten Kaufvertrag oder Werkvertrag ist der Anspruch auf Nacherfüllung unmöglich.
- § 326 Abs. 2 Satz 1 1. Alt. BGB: Der Gläubiger ist für die Unmöglichkeit allein oder weit überwiegend verantwortlich.

---

[61] Vgl. Wortlaut des § 326 Abs. 4 BGB: „kann ...zurückgefordert werden."
[62] Der Käufer bzw. der Besteller könnte aber auch die Teilleistung behalten und Minderung nach §§ 437 Nr. 2, 441 BGB bzw. §§ 634 Nr. 3, 638 BGB verlangen.

- § 326 Abs. 2 Satz 1 2. Alt BGB: Der Gläubiger ist in Annahmeverzug <u>und</u> die Unmöglichkeit ist vom Schuldner nicht zu vertreten.
- § 326 Abs. 3 BGB: Der Gläubiger macht die Herausgabe des Ersatzes nach § 285 BGB geltend.
- Spezialgesetzliche Sonderregelungen greifen:
  - §§ 446, 447 BGB für den Kaufvertrag
  - §§ 644, 645 BGB für den Werkvertrag
  - § 615 BGB für den Dienstvertrag

2. Sekundäransprüche

- bei anfänglicher Unmöglichkeit:
  § 311 a Abs. 2 BGB: Schadenersatz statt der Leistung[63] oder Aufwendungsersatz
- bei nachträglicher Unmöglichkeit: §§ 280 Abs. 1, 283: Schadenersatz statt der Leistung
- § 284 BGB Aufwendungsersatz[64]
- § 285 BGB Anspruch auf Herausgabe des Ersatzes
- § 326 Abs. 4 BGB: Die bereits erbrachte Leistung kann zurückgefordert werden.

3. Rücktrittsrecht

§§ 326 Abs. 5, 323 BGB: Der Gläubiger kann vom Vertrag zurücktreten. Dabei können nach § 325 BGB Rücktrittsrecht und Schadenersatz *nebeneinander* geltend gemacht werden.

---

[63] Da die Hauptleistung nicht erbracht werden muss, tritt der Schadenersatz an deren Stelle. Daher die zutreffende Bezeichnung „Schadenersatz **statt** der Leistung".

[64] Bei anfänglicher Unmöglichkeit findet § 284 BGB über die Verweisung des § 311 a Abs. 2 BGB Anwendung; bei nachträglicher Unmöglichkeit wird § 284 BGB direkt angewandt.

Lektion 7: Verzögerung der Leistung

I. Allgemeines

Als erste Gruppe der Pflichtverletzungen haben wir die Unmöglichkeit kennengelernt. Bei der Unmöglichkeit ist der Schuldner nicht in der Lage, die geschuldete Leistung zu erbringen.

Anders sieht es bei der Verzögerung der Leistung aus. Dort wird die geschuldete Leistung nicht rechtzeitig erbracht. Die Leistung könnte aber erbracht werden. Dabei lassen sich drei Rechtsfolgen unterscheiden:

- Schadenersatz statt der Leistung (§§ 280 Abs. 1, 3, 281 BGB)
- Rücktritt vom Vertrag (§ 323 BGB)
- Verzugsschaden (§§ 280 Abs. 1, 3, 286 BGB).

Welche Rechtsfolge eingreift, hängt davon ab, was der Gläubiger will:

- Der Gläubiger möchte die geschuldete Leistung nicht mehr, sondern stattdessen Schadenersatz. Man spricht in diesen Fällen vom Nichterfüllungsschaden.
  ⇨ Schadenersatz statt der Leistung (§§ 280 Abs. 1, 3, 281 BGB), siehe unter II.
- Der Gläubiger will nur den bestehenden Vertrag beenden.
  ⇨ Rücktritt vom Vertrag (§ 323 BGB), siehe unter III.
- Der Gläubiger möchte die geschuldete Leistung erhalten oder behalten und den erlittenen Schaden ersetzt erhalten. Man spricht in diesen Fällen vom *Verzögerungsschaden.*
  ⇨ Schadenersatz neben der Leistung (§§ 280 Abs. 1, 2, 286 ff BGB), siehe unter IV.

Beachte § 325 BGB, wonach bei einem gegenseitigen Vertrag durch Rücktritt der Anspruch auf Schadenersatz nicht ausgeschlossen wird!

II. Nichterfüllungsschaden

1. Der Anspruch auf Schadenersatz statt der Leistung nach §§ 280 Abs. 1, 3, 281 BGB

Prüfungsschema
1. Ein Anspruch aus dem Schuldverhältnis ist fällig.
2. Der Schuldner hat eine Pflichtverletzung begangen, indem er die Leistung nicht oder nicht wie geschuldet erbracht hat.
3. erfolglose Fristsetzung oder Fristsetzung ist nach § 281 Abs. 2 BGB entbehrlich[65]
4. keine Exkulpation nach § 280 Abs. 1 Satz 2 BGB

Rechtsfolge
- Anspruch auf Schadenersatz statt der Leistung nach §§ 280 Abs. 1, 3, 281 BGB
- Anspruch auf Aufwendungsersatz gemäß §§ 280 Abs. 1, 3, 284 BGB

Nachfolgend sollen die einzelnen Voraussetzungen dieses Prüfungsschemas dargestellt werden:

a) Fälliger Anspruch aus dem Schuldverhältnis

- Es muss ein Anspruch aus einem Schuldverhältnis bestehen. Dabei genügt jedes Schuldverhältnis. Es muss sich nicht um einen gegenseitigen Vertrag handeln. Dies ergibt sich aus der systematischen Stellung der §§ 280, 281 BGB, die für alle Schuldverhältnisse gelten.

- Der Anspruch muss nach § 281 Abs. 1 BGB fällig sein. Die Fälligkeit ergibt sich aus der Parteiabrede oder aus den sonstigen Umständen. Ansonsten kann der Gläubiger die Leistung gemäß § 271 Abs. 1 BGB sofort verlangen.

---

[65] Beachte § 281 Abs. 3 BGB: So tritt bei Verletzung von Unterlassungspflichten die Abmahnung an die Stelle der Fristsetzung.

- Der Anspruch muss durchsetzbar sein. Dies ergibt sich nicht aus den §§ 280, 281 BGB, sondern aus allgemeinen Grundsätzen. Steht dem Schuldner gegen den Anspruch des Gläubigers z. B. ein Zurückbehaltungsrecht nach § 320 BGB oder § 273 BGB zu, ist ein fälliger Anspruch nicht gegeben.

Ein Problem in einer Klausur stellt die Frage dar, ob ausnahmsweise **vor** Fälligkeit ein Anspruch auf Schadenersatz statt der Leistung nach §§ 280 Abs. 1, 3, 281 Abs. 1 BGB bestehen kann.

Beispiel 1: Herbert hat im Winter an Wolfgang sein gebrauchtes Rennrad verkauft. Als Liefertermin ist der 12.03. vereinbart. Herbert erklärt Mitte Februar, dass er den Kaufvertrag keinesfalls erfüllen wolle. Wegen der hohen Benzinpreise benötige er das Fahrrad noch. Frage: Kann Wolfgang bereits Mitte Februar Schadenersatz statt der Leistung nach §§ 280 Abs. 1, 3, 281 Abs. 1 BGB verlangen?

Hinweis: Es soll hier nur auf den ersten Punkt des Prüfungsschemas (fälliger Anspruch aus einem Schuldverhältnis) eingegangen werden.

Lösung: Liegt ein fälliger Anspruch aus dem Schuldverhältnis vor?

1. Zwischen Herbert und Wolfgang besteht durch den Abschluss des Kaufvertrages ein wirksames Schuldverhältnis. Wolfgang hat einen Anspruch auf Lieferung nach § 433 Abs. 1 BGB.
2. Dieser Anspruch muss nach § 281 Abs. 1 BGB fällig sein. Mitte Februar ist die Fälligkeit noch nicht gegeben, § 271 Abs. 2 BGB. Die Fälligkeit ist erst am 12.03. gegeben. Fraglich ist, ob der Anspruch auf Schadenersatz nach §§ 280 Abs. 1, 3, 281 BGB bereits vor Fälligkeit gegeben sein kann. § 281 BGB kennt eine solche Regelung nicht. Jedoch sieht § 323 Abs. 4 BGB im Falle des Rücktritts eine solche Regelung vor. Nach h. M. kann die Vorschrift des § 323 Abs. 4 BGB beim Schadenersatz statt der Leistung analog angewandt werden[66].
3. Es muss offensichtlich sein, dass die Voraussetzungen des Schadenersatzes statt der Leistung eintreten werden, § 323 Abs. 4 BGB analog. Dies ist hier gegeben, da Herbert einen vorweggenommenen

---

[66] Vgl. dazu Jaensch, NJW 2003, 3613, 3614.

Vertragsbruch begeht. Bereits Mitte Februar kündigt er an, dass er bei Fälligkeit am 12.03. nicht leisten werde.

4. Dem Anspruch des Wolfgang gegen Herbert nach § 433 Abs. 1 BGB steht auch keine Einrede entgegen.

Ergebnis: Die Voraussetzung eines fälligen Anspruchs ist erfüllt. Es wären dann noch die weiteren Voraussetzungen zu prüfen.

b) Der Schuldner hat eine Pflichtverletzung begangen, indem er die Leistung nicht oder nicht wie geschuldet erbracht hat

Die Vorschrift des § 280 Abs. 1 Satz 1 BGB regelt als allgemeine Voraussetzung die Pflichtverletzung. In § 281 Abs. 1 BGB wird die Pflichtverletzung dahingehend konkretisiert, dass die fällige Leistung „nicht" oder „nicht wie geschuldet" erbracht wird (vgl. Wortlaut des § 281 Abs. 1 Satz 1 BGB).

Eine Leistung ist nicht erbracht, wenn der Schuldner die geschuldete Leistung trotz Möglichkeit der Leistung und Durchsetzbarkeit des Anspruchs nicht erbringt[67].

Hier spielt die Abgrenzung des relativen vom absoluten Fixgeschäft eine Rolle. Beim absoluten Fixgeschäft ist die Leistung nicht mehr nachholbar. Es liegt eine Unmöglichkeit vor[68]. Ist die Leistung noch nachholbar, liegt Verzug vor[69].

Ist eine Leistung nicht wie geschuldet erbracht, so liegt eine *Schlechtleistung* vor. Hier ist zu beachten, dass für den Kaufvertrag und den Werkvertrag Sonderregelungen zu § 281 BGB eingreifen. Anspruchsgrundlage ist dann § 437 BGB bzw. § 634 BGB i. V. mit den jeweiligen Vorschriften. Insoweit wird auf die dortigen Ausführungen verwiesen.

---

[67] Brox/Walker AS § 23 RN 3, 37.
[68] Vgl. Lektion 6 Ziff. II 1.
[69] Brox/Walker AS § 23 RN 4.

c) Erfolglose Fristsetzung oder die Fristsetzung ist nach § 281 Abs. 2 BGB entbehrlich

§ 281 Abs. 1 BGB setzt voraus, dass der Gläubiger dem Schuldner erfolglos eine angemessene Frist zur Leistung gesetzt hat.

Hierzu ist erforderlich:

- Aufforderung, in der der Gläubiger vom Schuldner eine konkrete Leistung verlangt. Die Aufforderung an den Schuldner, zu erklären, ob er allgemein leistungsbereit sei, genügt nicht.[70]
- angemessene Frist: Die Angemessenheit bestimmt sich nach den Umständen des Einzelfalles, wobei die Interessen beider Vertragsparteien zu berücksichtigen sind.

Die Fristsetzung ist, wie die Mahnung, eine einseitige, empfangsbedürftige, geschäftsähnliche Handlung. Damit sind die Vorschriften über die Willenserklärungen, insbesondere die Geschäftsfähigkeit entsprechend anwendbar.

Die gesetzte Frist muss erfolglos abgelaufen sein. Die Frist ist gewahrt, wenn die Leistungshandlung innerhalb der Frist vorgenommen worden ist. Ein Leistungserfolg braucht nicht eingetreten zu sein.

Beispiel 2: Franz und Renate haben einen Kaufvertrag über einen PC vereinbart, den Franz nicht mehr benötigt. Franz hat sich bereit erklärt, Renate den PC zuzusenden. Als Liefertermin ist der 07.06. vereinbart. Als am 10.06. der PC bei Renate noch nicht eingetroffen ist, setzt diese dem Franz eine Frist bis 15.06. Am 14.06 übergibt Franz den PC einem Paketdienst, der den PC am 17.06. bei Renate abliefert. Frage: Kann Renate von Franz Schadenersatz statt der Leistung verlangen?

Lösung: Renate könnte gegen Franz einen Anspruch nach §§ 280 Abs. 1, 3, 281 BGB haben.

---

[70] BGHZ 142, 36, 42.

1. Zwischen Renate und Franz besteht ein wirksamer Kaufvertrag. Nach § 433 Abs. 1 BGB hat Renate einen fälligen Anspruch auf Übereignung des PC.
2. Renate muss Franz gemäß § 281 Abs. 1 BGB erfolglos eine Frist gesetzt haben. Die Fälligkeit war am 07.06. Renate hat am 10.06. dem Franz eine Frist bis zum 15.06. gesetzt. Die Frist war angemessen, da Franz den PC nur zu versenden brauchte. Er befand sich bei ihm und wurde nicht mehr benötigt. Franz hat die Frist eingehalten, da er seine Handlung innerhalb der Frist vorgenommen hat. Der Leistungserfolg musste nicht innerhalb der Frist eintreten. Die Frist war damit nicht erfolglos gesetzt.

Ergebnis: Mangels erfolgloser Fristsetzung steht Renate kein Anspruch gegen Franz zu.

Ein typisches Klausurproblem stellt die mangelhafte Erfüllung innerhalb der nach § 281 Abs. 1 BGB gesetzten Frist dar.

Beispiel 3: Daniela hatte mit Klaus einen Kaufvertrag über 100 Marmorplatten, Lieferung frei Haus, vereinbart. Als der vereinbarte Liefertermin verstrichen war, setzte Daniela eine angemessene Nachfrist bis zum 26.06. Am 24.06. liefert Klaus die Marmorplatten. Nach kurzer Zeit entstehen Spannungsrisse in den Marmorplatten und sie brechen. Frage: Kann Daniela nunmehr sofort Schadenersatz statt der Leistung verlangen oder bedarf es einer erneuten Fristsetzung?

Lösung: Entscheidend für die Lösung ist, ob die Lieferung mangelhafter Gegenstände eine Erfüllung darstellt und damit die Frist bis zum 26.06. **nicht erfolglos** gesetzt worden ist.

Nach der wohl h. M. wird dabei darauf abgestellt, ob vor Fristablauf die Preisgefahr (Vergütungsgefahr) auf Daniela übergegangen ist[71]. Dies ist hier geschehen. Nach h. M. ist damit die Frist bis 26.06. nicht erfolglos gesetzt. Daniela muss im Rahmen der Nacherfüllung nach § 437 BGB erneut eine Frist setzen.

Nach anderer Ansicht[72] muss Daniela nicht nochmals eine Frist setzen, wenn Daniela eine mangelhafte Leistung erhält und diese annimmt.

---

[71] So Palandt/Weidenkaff, § 434 RN 6.
[72] Hk-BGB/Schulze, § 281 RN 7.

§ 281 Abs. 2 BGB regelt, dass die Fristsetzung ausnahmsweise entbehrlich sein kann,

- wenn der Schuldner die Leistung ernsthaft und endgültig verweigert
- wenn besondere Umstände vorliegen, die unter Abwägung der beiderseitigen Interessen die sofortige Geltendmachung des Schadenersatzanspruches rechtfertigen.

Beispiel 4: Jens kauft von Birgit einen Terrier-Welpen zum Preis von 390,- EUR. Kurze Zeit nach der Übergabe erkrankt das Tier an einer durch Bakterien verursachten blutigen Durchfallerkrankung. Jens bringt das Tier zum Tierarzt Theodor, da eine Fahrt zur 30 km entfernt wohnenden Birgit zu gefährlich erschien. Für diese Behandlung stellt Theodor dem Jens 380,- EUR in Rechnung. Eine Fristsetzung, den Mangel (Erkrankung des Hundes) zu beseitigen ist nicht erfolgt.[73] Kann Jens von Birgit Ersatz der 380,- EUR verlangen?[74]

Lösung: Ein Anspruch des Jens gegen Birgit könnte sich aus §§ 437 Nr. 3, 280, 281 BGB ergeben.

1. Die Erkrankung des Hundes stellt einen Sachmangel nach § 434 BGB dar.

2. Nach § 437 Nr. 3 BGB kann Jens Schadenersatz verlangen, wenn die Voraussetzungen des §§ 280, 281 BGB erfüllt sind.

a) Birgit hat die geschuldete Leistung (Hund) nicht wie geschuldet (mangelfrei) erbracht. Jens kann statt der Leistung (Mangelbeseitigung durch Behandlung beim Tierarzt) Schadenersatz verlangen, wenn er eine angemessene Frist zur Nacherfüllung setzt.

---

[73] Vgl. dazu BGH NJW 2005, 3211.
[74] Da es sich um einen Kaufvertrag handelt, ergibt sich die richtige Anspruchsgrundlage nicht aus §§ 280, 281 BGB, sondern aus der speziellen Vorschrift des Kaufrechts. Das Hauptproblem der Fristsetzung nach § 281 BGB betrifft aber den Allgemeinen Teil des Schuldrechts!

b) Die Fristsetzung könnte nach § 281 Abs. 2 BGB entbehrlich sein[75], wenn besondere Umstände vorliegen, die eine sofortige Geltendmachung des Schadenersatzanspruches rechtfertigen. Solche Umstände sind gegeben. Es lag ein Notfall vor. Eine unverzügliche Inanspruchnahme tierärztlicher Hilfe war aus Gründen des Tierschutzes geboten. Ein Transport des Hundes zum Wohnort der Verkäuferin Birgit, damit diese die Untersuchungen selbst einleiten konnte, war Jens nicht zuzumuten. Unter Abwägung der beiderseitigen Interessen war eine Fristsetzung damit entbehrlich.

Ergebnis: Jens hat gegen Birgit einen Schadenersatzanspruch in Höhe von 380,- EUR nach §§ 437 Nr. 3, 280, 281 BGB.

Bei „Just-in-time-Verträgen" oder bei Arbeiten, die ein sofortiges Tätigwerden erforderlich machen, z. B. Notreparaturen, ist nach h. M. nach § 281 Abs. 2 2. Alt. BGB ebenfalls eine Fristsetzung entbehrlich[76].

d) Keine Exkulpation nach § 280 Abs. 1 Satz 2 BGB

§ 280 Abs. 1 Satz 1 BGB setzt voraus, dass der Schuldner eine Pflicht verletzt. Dabei wird das Verschulden des Schuldners unterstellt. Nur wenn der Schuldner nach § 280 Abs. 1 Satz 2 BGB nachweisen kann, dass er die Pflichtverletzung nicht zu vertreten hat, entfällt eine Haftung des Schuldners für die Pflichtverletzung. Dies gilt auch für den Sonderfall des Schadenersatzes statt der Leistung, da hier die allgemeinen Voraussetzungen erfüllt sein müssen.[77]

---

[75] Ein Entfallen der Fristsetzung nach § 440 BGB braucht nicht geprüft zu werden, da diese Vorschrift nicht einschlägig ist. Weder hat Birgit die Nacherfüllung verweigert noch ist sie fehlgeschlagen oder für Jens unzumutbar.
[76] Brox/Walker AS § 23 RN 43 mit Hinweis auf BT-Drucksache 14/6040 Seite 140.
[77] Vergleiche den Wortlaut des § 280 Abs. 3 BGB: „zusätzliche Voraussetzungen".

Die Pflichtverletzung ist darin zu sehen, dass die Leistung bzw. Nacherfüllung auch bei Fristablauf nicht erbracht wird.[78]

e) Rechtsfolge: Anspruch auf Schadenersatz statt der Leistung nach §§ 280 Abs. 1, 3, 281 BGB

Mit erfolglosem Ablauf der Frist ist der Erfüllungsanspruch noch nicht erloschen. Nach § 281 Abs. 4 BGB erlischt der Erfüllungsanspruch erst, wenn der Gläubiger Schadenersatz verlangt.

Beispiel 5: Alban bestellt bei Corinna 1 Tonne Kies frei Haus. Als am Fälligkeitstag Corinna den Kies nicht geliefert hat, setzt Alban eine angemessene Frist bis zum 20.08. Am 21.08. trifft Corinna mit dem Lkw bei Alban ein und will die Tonne Kies noch liefern. Kann Alban trotz Fristsetzung noch die Übereignung des Kieses verlangen?

Lösung: Ein Anspruch des Alban gegen Corinna auf Übereignung des Kieses könnte sich aus § 433 Abs. 1 BGB ergeben.

1. Mit dem wirksamen Kaufvertrag ist der Anspruch auf Übereignung des Kieses nach § 433 Abs. 1 BGB *entstanden*.

2. Der Anspruch könnte durch die Fristsetzung gemäß § 281 BGB *erloschen* sein. Nach § 281 Abs. 4 BGB ist der Anspruch auf Leistung erst ausgeschlossen, wenn der Gläubiger Schadenersatz statt der Leistung verlangt. Alban kann den Kies am 21.08. noch annehmen, da er nur gemäß § 281 Abs. 1 BGB eine Frist gesetzt hat. Einen Schadenersatzanspruch hat er nicht geltend gemacht. Der Fristablauf allein führt nicht zum Erlöschen des Erfüllungsanspruchs.

Ergebnis: Alban hat gegen Corinna noch einen Anspruch auf Übereignung des Kieses.

Beispiel 6: Wie im *Beispiel 5* hat Alban nach der Bestellung eine Frist bis 20.08. gesetzt. Als der Kies am 21.08. geliefert wird, will er den Kies nicht abnehmen und verlangt Schadenersatz. Muss Alban den Kies abnehmen? Kann er trotz Lieferung Schadenersatz statt der Leistung verlangen?

---

[78] Vgl. Münchener Kommentar, Ernst, § 281 RN 47.

Lösung: Corinna könnte einen Anspruch auf Abnahme des Kieses nach § 433 Abs. 2 BGB haben.

1. Mit Abschluss des Kaufvertrages ist der Anspruch auf Abnahme nach § 433 Abs. 2 BGB *entstanden.*
2. Der Anspruch könnte nach § 281 Abs. 4 BGB *erloschen* sein. Die Lösung ist umstritten. Am sinnvollsten erscheint folgende Lösung: Im Zeitpunkt der Lieferung hat Alban ein Wahlrecht: Er kann die Leistung annehmen. Er kann aber auch Schadenersatz statt der Leistung verlangen.[79]. Alban hat sein Wahlrecht ausgeübt.

Ergebnis: Mit der Geltendmachung von Schadenersatz ist nach § 281 Abs. 4 BGB der Anspruch auf Abnahme erloschen. Er kann Schadenersatz statt der Leistung verlangen.

Verlangt der Gläubiger Schadenersatz statt der Leistung nach §§ 280 Abs. 1, 3, 281 BGB, so erlischt der ursprüngliche Erfüllungsanspruch nach § 281 Abs. 4 BGB. Der Anspruch auf die Gegenleistung erlischt nach herrschender Meinung ebenfalls. Dies ergibt sich aus dem Gegenseitigkeitsverhältnis[80]. Ein gesonderter Rücktritt ist nicht erforderlich.

Beispiel 7: Wie in den *Beispielen 5 und 6* hat Alban mit Corinna einen Kaufvertrag über Kies abgeschlossen. Als am Fälligkeitstag Corinna den Kies nicht geliefert hat, setzt Alban eine angemessene Frist bis zum 20.08. Am 21.08. verlangt Alban von Corinna Schadenersatz, da trotz Nachfrist eine Kieslieferung nicht erfolgte. Frage: Kann Corinna von Alban noch die Abnahme des Kieses und die Bezahlung des Kaufpreises nach § 433 Abs. 2 BGB verlangen?

Lösung: Corinna könnte einen Anspruch auf Abnahme des Kieses und Bezahlung des Kaufpreises nach § 433 Abs. 2 BGB haben.

1. Mit Abschluss des Kaufvertrages ist der Anspruch auf Abnahme nach § 433 Abs. 2 BGB *entstanden.*

---

[79] Derleder/Hoolmans, NJW 2004, 2787, 2790.
[80] Brox/Walker AS § 23 RN 55.

2. Der Anspruch auf Erfüllung ist nach § 281 Abs. 4 BGB *erloschen,* da Alban Schadenersatz geltend gemacht hat. Der Anspruch auf die Gegenleistung ist damit ebenfalls erloschen.

Ergebnis: Corinna kann von Alban weder die Abnahme des Kieses noch die Bezahlung des Kaufpreises verlangen.

2. Anspruch auf Aufwendungsersatz gemäß §§ 280 Abs. 1, 3, 284 BGB

Wie bereits bei der Unmöglichkeit ausgeführt, kann der Anspruch auf Aufwendungsersatz nach § 284 BGB an die Stelle des Schadenersatzanspruches treten.

Prüfungsschema
1. Bestehen eines Schadenersatzanspruches statt der Leistung
a) Ein Anspruch aus dem Schuldverhältnis ist fällig.
b) Der Schuldner hat eine Pflichtverletzung begangen, indem er die Leistung nicht oder nicht wie geschuldet erbracht hat.
c) Erfolglose Fristsetzung oder Fristsetzung ist nach § 281 Abs. 2 BGB entbehrlich[81]
d) Keine Exkulpation nach § 280 Abs. 1 Satz 2 BGB
2. Vergebliche Aufwendungen, die der Schuldner im Vertrauen auf den Erhalt der Leistung gemacht hat und billigerweise machen durfte
3. Kein Ausschluss nach § 284 letzter Halbsatz BGB

Beispiel 8: Der Künstler Jörg schließt mit Ulrich einen Vertrag über die Lieferung von Rohstoffen zur Herstellung von „Müllkunst". Ulrich soll nicht benötigte Gegenstände nicht in den Müll werfen, sondern Jörg am 31.08. übereignen. Dieser will dann Müllkunst herstellen und verkaufen. Jörg mietet dafür ab dem 01.09. ein völlig abgelegenes Ladenlokal.

Ulrich ist trotz erfolgloser Fristsetzung nicht bereit, die Rohstoffe zu liefern, da er die Gegenstände lieber in seiner Wohnung sammelt, als sie

---

[81] Beachte § 281 Abs. 3 BGB: So tritt bei Verletzung von Unterlassungspflichten die Abmahnung an die Stelle der Fristsetzung.

Jörg zu übereignen. Jörg verlangt von Ulrich, die Aufwendungen für das Ladenlokal zu ersetzen. Ulrich ist nicht bereit die Aufwendungen zu ersetzen. Die Müllkunst ist unverkäuflich. Frage: Hat Jörg einen Anspruch auf Aufwendungsersatz?

Lösung: Der Anspruch auf Aufwendungsersatz könnte sich aus § 284 BGB ergeben:

1. Es besteht ein Schadenersatzanspruch statt der Leistung nach §§ 280 Abs. 1, 3, 281 Abs. 1 BGB. Die Lieferung der Rohstoffe war fällig. Jörg hat erfolglos eine Frist gesetzt. Ulrich hat eine Pflichtverletzung begangen, indem er trotz Fristsetzung nicht geliefert hat.

2. Jörg hat mit der Anmietung des Ladenlokals Aufwendungen getätigt, die er im Vertrauen auf den Erhalt der Rohstoffe gemacht hat und billigerweise machen durfte.

3. Ein Aufwendungsersatz scheidet jedoch nach § 284 letzter Halbsatz BGB aus, wenn der Zweck der Aufwendungen auch ohne die Pflichtverletzung nicht erreicht worden wäre. Die Einschränkung liegt hier vor. Jörg hat ein völlig abgelegenes Ladenlokal gemietet. Die Müllkunst ist unverkäuflich. Dies bedeutet, dass der Zweck der Aufwendungen (Ladenlokal zum **Verkauf** der Kunst) auch bei Lieferung durch Ulrich nicht erreicht worden wäre. Es wäre kein Kunde in das Ladenlokal gekommen. Damit scheidet ein Aufwendungsersatz aus.

Ergebnis: Jörg hat gegen Ulrich keinen Anspruch auf Aufwendungsersatz nach § 284 BGB.

III. Rücktritt vom Vertrag

1. Rücktrittsrecht nach § 323 Abs. 1 BGB

Wenn der Schuldner bei Fälligkeit nicht liefert, muss sich der Gläubiger sinnvollerweise aus dem (ersten) Vertrag lösen, um einen neuen Vertrag mit einem anderen Vertragspartner abschließen zu können. Sonst droht dem Gläubiger die Gefahr, dass beide Vertragspartner liefern wollen.

Beispiel 9: Lena kauft von Heinz eine Waschmaschine. Als verbindlicher Liefertermin ist der 15.03. vereinbart. Als Lena am 20.03. die Waschmaschine immer noch nicht erhalten hat, möchte sie wegen der Unzuverlässigkeit des Heinz die Waschmaschine beim zuverlässigen Andreas erwerben.

Würde sie einen weiteren Kaufvertrag mit Andreas abschließen, so hätten sowohl Heinz als auch Andreas aufgrund der wirksamen Verträge die Möglichkeit, eine Waschmaschine zu liefern. Lena muss sich daher vor Abschluss des Kaufvertrages mit Andreas aus dem Kaufvertrag mit Heinz lösen. Dies geschieht durch einen Rücktritt.

Die Regelung zum Rücktritt ergibt sich nicht aus den §§ 280 ff. BGB, sondern aus § 323 BGB[82], da nicht nur die Leistung, sondern auch die Gegenleistung betroffen ist. Durch den Rücktritt soll der **gesamte** Vertrag beseitigt werden!

Prüfungsschema
1. gegenseitiger Vertrag
2. fällige Leistung nicht oder nicht vertragsgemäß erbracht
3. erfolglose Fristsetzung oder Entbehrlichkeit nach § 323 Abs. 2 BGB
4. kein Ausschluss des Rücktrittsrechts nach § 323 Abs. 6 BGB

Rechtsfolge: Rücktrittsrecht

---

[82] Wir erinnern uns an die Merkregel: Geht es nur um die (gestörte) Leistung, findet sich die Rechtsfolge in den §§ **2**..; geht es auch um die *Gegenleistung,* findet sich die Rechtsfolge in den §§ **3**..!

a) Gegenseitiger Vertrag

Der Rücktritt nach § 323 BGB steht im Titel 2[83] „Gegenseitiger Vertrag" und enthält Sonderregelungen für gegenseitige Verträge, während die Grundregelungen der §§ 280 ff. BGB für alle Schuldverhältnisse gelten. Zur Wiederholung: Gegenseitige Verträge sind Verträge, bei denen sich Leistung und Gegenleistung in der Weise gegenüberstehen, dass die Leistung um der Gegenleistung willen erbracht wird[84].

b) Fällige Leistung nicht oder nicht vertragsgemäß erbracht

Die Vorschrift des § 323 Abs. 1 BGB spricht nur von der fälligen Leistung. Damit ist nicht erforderlich, dass die Leistung, die Gegenstand der Pflichtverletzung ist, im Gegenseitigkeitsverhältnis steht. Es genügt die Verletzung einer Hauptpflicht ebenso wie die Verletzung einer leistungsbezogenen Nebenpflicht. Es muss sich aber um eine durchsetzbare Pflicht handeln.

Beispiel 10: Peter hat von Daniela einen Elektrogrill erworben. Er weigert sich, den Grill abzunehmen, weil er doch lieber zu Feiern geht, als selbst dazu einzuladen. Kann Daniela vom Kaufvertrag zurücktreten?

Antwort: Ein Rücktrittsrecht für Daniela könnte sich aus § 323 Abs. 1 BGB ergeben.

1. Der Kaufvertrag ist ein gegenseitiger Vertrag.

2. Nach § 433 Abs. 2 BGB ist Peter verpflichtet, die Kaufsache abzunehmen. Da keine gesonderte Fälligkeit vereinbart ist, ist nach § 271 Abs. 1 BGB der Anspruch auf Abnahme sofort fällig. Die von Peter (als Käufer) verletzte Pflicht zur Abnahme steht in keinem direkten Gegenseitigkeitsverhältnis zu einer Pflicht der Daniela als Verkäuferin. Dies spielt aber nach dem Wortlaut des § 323 BGB keine Rolle.

---

[83] Um die Systematik des BGB zu verstehen, sollte man sich einmal die Gliederung des BGB ansehen. Dies trägt sehr zum Verständnis bei!
[84] Medicus, Schuldrecht I, 16. Auflage, § 40 RN 472.

Entscheidend ist, dass die Pflicht zur Abnahme Teil eines gegenseitigen Vertrages ist. Dies ist gegeben.

Ergebnis: Daniela kann nach erfolgloser Fristsetzung vom Kaufvertrag zurücktreten.

c) Erfolglose Fristsetzung oder Entbehrlichkeit nach § 323 Abs. 2 BGB

Die Vorschrift entspricht insoweit dem Aufbau des § 281 Abs. 1 BGB. Die Entbehrlichkeit der Fristsetzung nach § 323 Abs. 2 Nr. 1 BGB (ernsthafte und endgültige Erfüllungsverweigerung) entspricht der Regelung des § 281 Abs. 2 1. Alt. BGB. Die Regelung des § 323 Abs. 2 Nr. 3 BGB entspricht der Regelung des § 281 Abs. 2, 2. Alt. BGB. In § 323 Abs. 2 Nr. 2 BGB ist der Rücktritt wegen eines relativen Fixgeschäftes[85] geregelt. Eine entsprechende Formulierung fehlt in § 281 Abs. 2 BGB.

Beispiel 11: Aufgrund der erfolgreichen Vorpremiere verspricht der Trickfilm „Das zweite Buch des BGB" ein unerwarteter Kassenschlager zu werden. Der Spielzeughändler Roger erklärt dem Plüschtierhersteller Konrad, dass er „zum deutschlandweiten Kinostart am 10.10." 300 Plüschfiguren der Hauptfigur „Graf Para" benötige. Spätester Liefertermin soll der 10.10. sein. Konrad sagt zu. Als Konrad am 15.10. immer noch nicht geliefert hat, möchte Roger sofort vom Kaufvertrag zurücktreten. Weiter möchte er von Konrad Schadenersatz statt der Leistung verlangen! Zu Recht?

Lösung:

A. Ein sofortiges Rücktrittsrecht des Roger könnte sich aus § 323 Abs.1, 2 BGB ergeben.

1. Es handelt sich um einen gegenseitigen Vertrag.

---

[85] Nochmals zur Abgrenzung: *Relatives Fixgeschäft* bedeutet, dass der Vertrag deshalb eine Terminbestimmung enthält, weil eine Partei nur dann ein Erfüllungsinteresse hat, wenn der Termin eingehalten wird. Es wäre aber möglich, nach dem Termin zu erfüllen.
Absolutes Fixgeschäft bedeutet, dass bei Überschreiten des Termins eine Erfüllung unmöglich ist. Beispiel: Taxifahrt, um einen bestimmten Zug zu erreichen.

2. Die Leistung (Lieferung der Plüschtiere) war am 10.10. fällig.
3. Es muss erfolglos eine Frist gesetzt worden sein oder die Fristsetzung muss entbehrlich sein. Hier könnte die Fristsetzung nach § 323 Abs. 2 Nr. 2 BGB entbehrlich sein.

a) Konrad hat die Lieferung der Plüschfiguren nicht zum im Vertrag vereinbarten Termin am 10.10. geliefert.

b) **Zusätzlich**[86] muss aber die fristgerechte Leistung für den Gläubiger wesentlich sein

entweder nach einer Mitteilung des Gläubigers an den Schuldner vor Vertragsschluss
oder aufgrund anderer den Vertragsschluss begleitender Umstände.

Roger hat vor Vertragsschluss mitgeteilt, dass die fristgerechte Lieferung wesentlich ist. Er hat die Lieferung spätestens zum „Kinostart" vereinbart. Damit ist die Voraussetzung erfüllt.

Ergebnis: Die Fristsetzung ist entbehrlich. Ein Ausschluss des Rücktrittsrechts ist nicht gegeben. Roger hat ein sofortiges Rücktrittsrecht.

B. Ein Anspruch des Roger auf Schadenersatz statt der Leistung könnte sich aus §§ 280 Abs. 1, 3, 281 BGB ergeben.

1. Der Anspruch aus dem Kaufvertrag nach § 433 Abs. 1 BGB auf Lieferung der Plüschtiere ist fällig.

2. Konrad hat eine Pflichtverletzung begangen, indem er die Lieferung am Fälligkeitstag nicht erbracht hat.

3. Eine erfolglose Fristsetzung ist nicht erfolgt. Die Fristsetzung müsste nach § 281 Abs. 2 BGB entbehrlich sein. In § 281 Abs. 2 BGB fehlt die Regelung[87], dass die Fristsetzung entbehrlich ist, wenn der Liefertermin überschritten und die Parteien den Fortbestand des Leistungsinteresses von der rechtzeitigen Lieferung abhängig gemacht haben. Damit ist eine Fristsetzung erforderlich.

Ergebnis: Mangels Fristsetzung scheidet ein Schadenersatzanspruch statt der Leistung aus.

---

[86] Wichtig: Eine bloße kalendermäßige Bestimmung der Leistungszeit reicht für die Voraussetzung des § 323 Abs. 2 Nr. 2 BGB nicht aus.
[87] Bitte die Vorschrift des § 281 Abs. 2 BGB genau lesen und mit § 323 Abs. 2 BGB vergleichen!

d) Kein Ausschluss des Rücktrittsrechts nach § 323 Abs. 6 BGB

Ein Rücktritt ist ausgeschlossen,

- wenn für den Grund, der zum Rücktritt berechtigen würde, der Gläubiger allein oder weit überwiegend verantwortlich ist oder
- wenn der vom Schuldner nicht zu vertretende Umstand, der zum Rücktritt berechtigen würde, zu einer Zeit eintritt, zu welchem sich der Gläubiger in Annahmeverzug befindet.

2. Rücktritt bei Teilleistung (§ 323 Abs. 5 BGB)

Hat der Schuldner nur eine Teilleistung erbracht,

- so kann der Gläubiger insoweit teilweise vom Vertrag zurücktreten;
- so kann der Gläubiger nach § 323 Abs. 5 BGB vom gesamten Vertrag zurücktreten, wenn er an der Teilleistung kein Interesse hat und die Pflichtverletzung nicht unerheblich ist.

3. Rücktritt und Schadenersatz (§ 325 BGB)

Nach § 325 BGB können Rücktritt und Schadenersatz statt der Leistung nebeneinander geltend gemacht werden. Der Schadenersatz besteht aber nur aus der Differenz zwischen Leistung und Gegenleistung zuzüglich weiterer Schäden. Der Gläubiger ist so zu stellen, als hätte der Schuldner seine Vertragspflichten nicht verletzt[88].

---

[88] Brox/Walker AS § 23 RN 72.

IV. Verzögerungsschaden

Der Anspruch des Gläubigers auf Ersatz des Verzögerungsschadens ergibt sich aus §§ 280 Abs. 1, 2, 286 BGB. Voraussetzung ist das Vorliegen des Verzuges des Schuldners nach § 286 BGB.

Prüfungsschema
1. Anspruch aus einem Schuldverhältnis
2. Fälligkeit des Anspruchs
3. Mahnung
4. Der Schuldner hat die Nichtleistung zu vertreten

Rechtsfolge: Ersatz des Verzögerungsschadens

1. Anspruch aus einem Schuldverhältnis

Der Anspruch kann sich aus einem Vertrag oder aus dem Gesetz ergeben.

Beispiel 1: Der Kaufvertrag zwischen Jens und Michael ist nichtig. Gleichwohl hat Michael dem Jens die Kaufsache übergeben. Wegen des nichtigen Kaufvertrages schuldet Jens nach § 812 Abs. 1 1. Alt. BGB die Herausgabe der Kaufsache an Michael (gesetzlicher Herausgabeanspruch). Nach § 271 Abs. 1 BGB ist dieser Anspruch sofort fällig. Mit Mahnung durch Michael kommt Jens nach § 286 Abs. 1 BGB in Verzug.[89]

2. Fälligkeit des Anspruchs

Der Anspruch muss fällig sein. Die Fälligkeit der geschuldeten Leistung ergibt sich aus § 271 BGB. Wurde im Vertrag eine Leistungszeit bestimmt, so greift § 271 Abs. 2 BGB. Der Gläubiger kann die Leistung nicht vorher verlangen, sondern erst zur vereinbarten Zeit. Ist keine Zeit vereinbart, so greift § 271 Abs. 1 BGB. Die vereinbarte Leistung ist sofort fällig.

---

[89] Hinweis: Nach § 990 Abs. 2 BGB findet der Verzug auf den Herausgabeanspruch gegen den Besitzer Anwendung!

Beispiel 2: Der Student Dieter verkauft nach der letzten Vorlesung seinen Gesetzesband an die Studentin Stefanie. Stefanie verlangt die sofortige Übereignung des Gesetzesbandes. Dieter möchte seinen Gesetzesband erst zu Beginn des neuen Semesters übergeben, da er ihn noch für eine anstehende Hausarbeit nutzen will. Wie ist die Rechtslage?

Lösung: Ein Anspruch auf sofortige Übereignung könnte sich aus §§ 433 Abs. 1, 271 Abs. 1 BGB ergeben. Die Leistung ist im Vertrag nicht bestimmt. Auch aus den Umständen ist sie nicht zu entnehmen. Damit ist die Leistung sofort fällig. Stefanie kann die sofortige Übereignung verlangen!

Der fällige Anspruch muss auch durchsetzbar sein. In diesem Zusammenhang sind zwei wichtige Einreden zu prüfen:

- die Einrede des nichterfüllten Vertrages nach § 320 BGB
- die Einrede des Zurückbehaltungsrechts nach § 273 BGB.

a) Die Einrede des nichterfüllten Vertrages nach § 320 BGB

Hat der Schuldner ein Leistungsverweigerungsrecht nach § 320 BGB, so kommt er nicht in Verzug. Der Schuldner muss das Leistungsverweigerungsrecht aber nicht geltend machen. Es genügt, wenn es besteht und er sich später darauf beruft[90].

Der Schuldner kommt dann in Verzug, wenn der Gläubiger

- die ihm obliegende Leistung erbracht hat oder
- die ihm obliegende Leistung in einer den Annahmeverzug begründenden Weise angeboten hat.

---

[90] Hk-BGB/Schulze, § 286 RN 6 mit Hinweis auf BGH NJW RR 96, 854.

b) Die Einrede des Zurückbehaltungsrechts nach § 273 BGB

Im Gegensatz zur Einrede nach § 320 BGB muss die Einrede des § 273 BGB geltend gemacht werden, um den Verzug zu verhindern[91].

Merke:
Der Verzug des Schuldners tritt **nicht** ein, wenn
- ein Zurückbehaltungsrecht nach § 320 BGB **besteht**
- ein Zurückbehaltungsrecht nach § 273 BGB **geltend gemacht wird**.

3. Mahnung

Grundsätzlich muss nach § 286 Abs. 1 Satz 1 BGB der Gläubiger den Schuldner mahnen. Nach § 286 Abs. 1 Satz 2 BGB stehen die Erhebung der Klage auf Leistung sowie die Zustellung eines Mahnbescheides im Mahnverfahren einer Mahnung gleich.

Ausnahmen von dem Erfordernis der Mahnung:

- Entbehrlichkeit der Mahnung nach § 286 Abs. 2 BGB
- automatischer Verzug nach § 286 Abs. 3 BGB

a) Einzelheiten zur Mahnung nach § 286 Abs. 1 BGB

Die Mahnung ist die eindeutige und bestimmte Aufforderung des Gläubigers an den Schuldner, die Leistung zu bewirken.[92] Die Mahnung ist von ihrer Rechtsnatur her keine Willenserklärung, sondern eine empfangsbedürftige, einseitige, geschäftsähnliche Handlung. Auf sie sind die Vorschriften über Willenserklärungen, insbesondere der Geschäftsfähigkeit, entsprechend anwendbar.

---
[91] BGH NJW 2001, 3114, 3115.
[92] BGH NJW 1998, 2132; Hk-BGB/Schulze, § 286 RN 8.

Nach dem nunmehr klaren Wortlaut des § 286 Abs. 1 BGB[93] muss die Mahnung **nach** Eintritt der Fälligkeit erfolgen. Einer Mahnung vor Fälligkeit fehlt es an den gesetzlichen Erfordernissen. Sie ist wirkungslos. Sie entfaltet auch nach Eintritt der Fälligkeit keine Wirkung!

In der Mahnung muss der Schuldner zur Erbringung der geschuldeten Leistung aufgefordert werden. Fordert der Gläubiger zu wenig, so kommt der Schuldner nur mit dem geforderten Gegenstand in Verzug.

Beispiel 3: Aus einem Kaufvertrag schuldet Helmut dem Gläubiger Karl die Lieferung von 200 Erdbeerpflanzen. Karl mahnt nur die Lieferung von 100 Erdbeerpflanzen an. Ein Verzug entsteht hieraus nur für 100 Erdbeerpflanzen.

Mahnt der Gläubiger zu viel an, so ist die Mahnung auszulegen. Eine wirksame Mahnung liegt nur dann vor, wenn die Auslegung und der Grundsatz von Treu und Glauben ergeben, dass eigentlich die geschuldete Menge gemeint war und der Gläubiger diese Menge auch annehmen wird. Eine erhebliche Mehrforderung wird dazu führen, dass der Schuldner dies nicht als wirksame Mahnung ansehen muss.

b) Die Entbehrlichkeit der Mahnung nach § 286 Abs. 2 BGB

Die Ausnahmevorschrift des § 286 Abs. 2 BGB kennt folgende Einzelregelungen:

- Der Fälligkeitszeitpunkt ist nach dem Kalender bestimmt (§ 286 Abs. 2 Nr. 1 BGB).

---

[93] „Leistet der Schuldner auf eine Mahnung ... nicht, die **nach** Eintritt der Fälligkeit erfolgt".

- Der Leistung hat ein Ereignis vorauszugehen und die Leistungszeit ist von dem Ereignis an berechenbar, § 286 Abs. 2 Nr. 2 BGB;
- Der Schuldner verweigert die Leistung ernsthaft und endgültig, § 286 Abs. 2 Nr. 3 BGB;
- Aus besonderen Gründen ist unter Abwägung der beiderseitigen Interessen der sofortige Verzug gerechtfertigt, § 286 Abs. 2 Nr. 4 BGB.

aa) Der Fälligkeitszeitpunkt ist nach dem Kalender bestimmt, § 286 Abs. 2 Nr. 1 BGB

Beispiel 4: In einem Kaufvertrag ist als verbindlicher Liefertermin eingetragen: „26. Kalenderwoche." Der Verzug tritt dann mit Beginn der 27. Kalenderwoche ein.

bb) Der Leistung hat ein Ereignis vorauszugehen und die Leistungszeit ist von dem Ereignis an berechenbar, § 286 Abs. 2 Nr. 2 BGB

Beispiel 5: Jens schließt mit Birgit einen Kaufvertrag, in dem die Fälligkeit des Kaufpreises wie folgt geregelt ist: „Der Kaufpreis ist innerhalb von 2 Wochen nach Erhalt der Ware zu bezahlen." Die Ware wird am Dienstag, den 13.03., geliefert.

Das der Leistung vorauszugehende Ereignis ist der Erhalt der Ware. Nach § 187 Abs. 1 BGB[94] beginnt die Frist am 14.03. und endet nach § 188 Abs. 2 BGB mit dem Tag, der durch seine Benennung dem Tag entspricht, in den das Ereignis fällt. Das Ereignis ist in den Dienstag gefallen. Die Frist endet damit am Dienstag, 27.03. Verzug tritt am 28.03. ein.

---

[94] Zur Abgrenzung zwischen Ereignisfrist nach § 187 Abs. 1 BGB und Beginnfrist nach § 187 Abs. 2 BGB gilt: Liegt das Ereignis (wie hier: Erhalt der Ware) mitten im Tag, so handelt es sich um eine Ereignisfrist nach § 187 Abs. 1 BGB.

Die Bestimmung der berechenbaren Fälligkeit muss grundsätzlich im Vertrag erfolgen. Ist in dem Vertrag keine Bestimmung über den Zahlungstermin getroffen, so genügt die Übersendung der Rechnung mit der einseitigen Bestimmung eines Zahlungsziels durch den Gläubiger nicht.[95]

Probleme bereitet die Klausel: „Zahlung sofort nach der Lieferung". Nach herrschender Meinung[96] fehlt es hier an dem Setzen einer **angemessenen** Frist. M. E. fehlt es hier schon an einer Frist. Es handelt sich um einen Zeitpunkt. Wenn Ereignis und Leistungspflicht zusammenfallen, ist hierin lediglich eine Fälligkeitsbestimmung zu sehen und kein Fall des § 286 Abs. 2 Nr. 2 BGB. Es ist eine Mahnung erforderlich.

cc) Der Schuldner verweigert die Leistung ernsthaft und endgültig, § 286 Abs. 2 Nr. 3 BGB

In diesem Falle ist eine Mahnung ohnehin zwecklos und damit nicht erforderlich.

dd) Aus besonderen Gründen ist unter Abwägung der beiderseitigen Interessen der sofortige Verzug gerechtfertigt, § 286 Abs. 2 Nr. 4 BGB

Diese Ausnahme ist eine Kodifizierung der bisherigen Rechtsprechung, nach der der sofortige Verzug aus dem Grundsatz von Treu und Glauben nach § 242 BGB hergeleitet wurde. Diese Fälle sind seit dem Schuldrechtsmodernisierungsgesetz über § 286 Abs. 2 Nr. 4 BGB zu lösen.

Allgemeine Beispiele: Beauftragung eines Kfz-Pannendienstes, Fälle der Gefahrenabwehr.

---

[95] BGH NJW 2008, 50, 51 rechte Spalte.
[96] Vgl. z. B. Hk-BGB/Schulze, § 286 RN 15.

c) Automatischer Verzug nach § 286 Abs. 3 BGB

Nach § 286 Abs. 3 tritt Verzug ein, wenn

- der Schuldner einer Entgeltforderung
- nicht innerhalb von 30 Tagen nach Erhalt der Rechnung oder einer gleichwertigen Zahlungsaufstellung leistet
- und, sofern der Schuldner Verbraucher i. S. d. § 13 BGB ist, auf diese Rechtsfolgen hingewiesen worden ist.

aa) der Schuldner einer Entgeltforderung

Der Begriff der Entgeltforderung ist im Gesetz nicht definiert. Unter einer Entgeltforderung ist eine Geldleistung zu verstehen, die als Gegenleistung (Synallagma) erbracht wird.

Allgemeine Beispiele: Entgeltforderungen sind der Kaufpreisanspruch nach § 433 Abs. 2 BGB, der Werklohn nach § 631 Abs. 1 BGB.

Keine Entgeltforderungen sind damit

1. Ansprüche aus ungerechtfertigter Bereicherung,
2. Schadenersatzansprüche nach §§ 823 ff BGB.

In diesen Fällen liegt kein Entgelt für eine Leistung vor!

bb) nicht innerhalb von 30 Tagen nach Erhalt der Rechnung oder gleichwertigen Zahlungsaufstellung leistet

Eine Rechnung ist eine gegliederte Aufstellung über eine Entgeltforderung für eine Warenlieferung oder sonstige Leistung[97]. Sie muss zumindest in Textform nach § 126 b BGB erteilt werden[98]. Dabei muss der Anspruch genau bezeichnet werden.

---

[97] Palandt/Heinrichs, § 286 RN 28.
[98] Hk-BGB/Schulze, § 286 RN 22.

An die Stelle der Rechnung kann auch eine gleichwertige Zahlungsaufstellung treten. In der Regel werden dann auch die Voraussetzungen einer Rechnung erfüllt sein.

Die 30-Tage-Frist ist keine Monatsfrist oder 4-Wochenfrist. Damit greift für das Fristende § 188 Abs. 1 BGB und nicht § 188 Abs. 2 BGB. Die 30 Tage müssen einzeln ausgezählt werden.

Voraussetzung für den Fristlauf sind Fälligkeit **und** Zugang einer Rechnung. Dies bedeutet:
- Geht die Rechnung vor der Fälligkeit zu[99], so beginnt die Frist mit der Fälligkeit.
- Geht die Rechnung nach der Fälligkeit zu, so beginnt die Frist mit Zugang der Rechnung.

cc) Ist der Schuldner Verbraucher i. S. d. § 13 BGB, so muss er auf diese Rechtsfolgen hingewiesen worden sein

Nach dem Wortlaut des § 286 Abs. 3 Satz 1 2. HS BGB muss der Verbraucher **in der Rechnung oder Zahlungsaufstellung** auf diese Rechtsfolgen hingewiesen worden sein. Ein Hinweis in den Allgemeinen Geschäftsbedingungen reicht hierzu nicht aus.

§ 286 Abs. 3 BGB spricht davon, dass der Schuldner „spätestens" in Verzug kommt. Dies bedeutet, dass der Schuldner vor Ablauf der 30-Tages-Frist nach §§ 286 Abs. 1 oder 2 BGB in Verzug gesetzt werden kann.

4. Der Schuldner hat die Nichtleistung zu vertreten

Verzug liegt vor, wenn der Schuldner auf eine Mahnung des Gläubigers nicht leistet. Damit muss der Schuldner darlegen, dass er rechtzeitig geleistet hat oder dass ihn an der Nichtleistung kein Verschulden trifft (§ 286 Abs. 4 BGB).

---

[99] Dies ist nach dem Wortlaut des § 286 Abs. 3 BGB möglich!

Mit dem Begriff „leistet" ist nur die Vornahme der Leistungshandlung, nicht der Eintritt des Leistungserfolges gemeint. Bedeutung hat dies bei einer Schickschuld.

Beispiel 6: Georg schuldet Gunther aus einem Kaufvertrag ein Ersatzteil für einen Oldtimer. Georg hat sich bereit erklärt Gunther das Ersatzteil mittels Kurierdienst zu senden. Für eine Leistung i. S. d. § 286 BGB reicht es aus, wenn Georg die Ware rechtzeitig dem Kurierdienst aushändigt. Auf den Zeitpunkt der Ankunft bei Georg kommt es nicht an.

Nach § 286 Abs. 4 BGB tritt Verzug nicht ein, wenn die Leistung infolge eines Umstandes unterbleibt, den der Schuldner nicht zu vertreten hat. Nach § 276 BGB hat der Schuldner nur Vorsatz und Fahrlässigkeit zu vertreten. Für ein Verschulden seines Erfüllungsgehilfen hat der Schuldner nach § 278 BGB einzustehen.

Klausurtipp: In einer Klausur ist im Regelfall davon auszugehen, dass der Schuldner den Verzug zu vertreten hat. Nur wenn sich aus dem Sachverhalt Hinweise ergeben, dass ein Vertretenmüssen des Schuldners fraglich ist, sollte man auf diesen Punkt genauer eingehen.

Aus der Stellung des § 286 Abs. 4 BGB ergibt sich, dass es sich um eine Ausnahmevorschrift handelt. Damit trägt der Schuldner die Beweislast, wenn er sich auf diese Ausnahmevorschrift beruft.

5. Rechtsfolge: Ersatz des Verzögerungsschadens

Nach §§ 280 Abs. 1, 2, 286 BGB kann der Gläubiger als Rechtsfolge den Ersatz des Verzögerungsschadens verlangen. Voraussetzung ist, dass der Schaden nach den §§ 249 ff. BGB dem Schuldner adäquat kausal zurechenbar ist. Typische Verzögerungsschäden sind:

- Mehraufwendungen, die durch den Verzug entstehen
- entgangener Gewinn gemäß § 252 BGB

- Kosten der Rechtsverfolgung, z. B. Kosten, die dem Gläubiger durch Beiziehung eines Rechtsanwaltes entstehen
- Verzugszinsen.

Dabei ist § 288 Abs. 4 BGB zu beachten. Die Geltendmachung von Verzugszinsen schließt einen weiteren Schadenersatzanspruch nicht aus.

a) Schadenersatzansprüche i. S. d. § 288 Abs. 4 BGB

Beispiel 7: Marion bietet Jakob einen gebrauchten Schreibtisch zum Preis von 50,- EUR an. Jakob ist einverstanden und nimmt den Schreibtisch sofort mit. Da er seine Geldbörse vergessen hat, verspricht er, am nächsten Tag zu bezahlen. Als Jakob nach 10 Tagen den Kaufpreis noch nicht beglichen hat, sucht Marion einen Rechtsanwalt auf. Dieser schreibt sofort an Jakob im Namen seiner Mandantin Marion und mahnt den Betrag von 50,- EUR an. Marion verlangt von Jakob den Ersatz der angefallenen Rechtsanwaltskosten. Zu Recht?

Lösung: Marion könnte gegen Jakob einen Anspruch auf Ersatz der angefallenen Rechtsanwaltskosten nach §§ 280 Abs. 1, 2, 286 BGB haben.

1. Marion hat gegen Jakob einen Anspruch aus einem Schuldverhältnis. Sie kann nach § 433 Abs. 2 BGB von Jakob die Zahlung des Kaufpreises für den Schreibtisch verlangen.

2. Dieser Anspruch ist fällig. Im Kaufvertrag wurde keine gesonderte Fälligkeit vereinbart, so dass der Anspruch auf Zahlung des Kaufpreises nach §§ 433 Abs. 2, 271 Abs. 1 BGB sofort fällig ist.

3. Mahnung

a) § 286 Abs. 1 BGB fordert eine Mahnung des Schuldners durch den Gläubiger. Marion selbst hat Jakob nicht gemahnt. Die Voraussetzungen für das Entfallen einer Mahnung nach § 286 Abs. 2 BGB liegen nicht vor. § 286 Abs. 3 BGB ist nicht einschlägig, da im Zeitpunkt des Entstehens der Rechtsanwaltskosten die 30-Tage-Frist noch nicht abgelaufen ist.

b) Eine wirksame Mahnung könnte durch den Rechtsanwalt erfolgt sein. Nach § 281 Abs. 2 BGB müssen die Voraussetzungen des § 286 BGB erfüllt sein. Damit kann nur ein Schaden ersetzt verlangt werden, der nach Eintritt des Verzuges entstanden ist. Die Kosten des Rechtsanwalts sind mit der Fertigung des Schreibens entstanden. Der Verzug trat aber erst **danach** durch den Zugang des Schreibens ein.

Ergebnis: Marion hat gegen Jakob keinen Anspruch auf Ersatz der Rechtsanwaltskosten nach §§ 280 Abs. 1, 2, 286 BGB. Auf andere Anspruchsgrundlagen soll an dieser Stelle nicht eingegangen werden.

Wichtig: Der Verzögerungsschaden nach §§ 280 Abs. 1, 2, 286 BGB steht *neben* dem Erfüllungsanspruch. Wenn der Gläubiger Schäden geltend macht, die statt der Leistung entstehen, so sind diese ausschließlich nach §§ 280 Abs. 1, Abs. 3, 283 BGB ersetzbar.

Beispiel 8: Klaus hat zum Geburtstag eine Satellitenanlage geschenkt bekommen. Nun vereinbart er mit dem Elektriker Ludwig die Montage. Als Ludwig trotz Mahnung nicht tätig wird, beauftragt er Fritz mit der Montage, der diese prompt durchführt. Klaus möchte von Ludwig die angefallenen Mehrkosten nach §§ 280 ff. BGB ersetzt haben.

Lösung: Klaus könnte aus nachfolgenden Anspruchsgrundlagen einen Anspruch auf Ersatz der angefallenen Mehrkosten haben:

1. Schadenersatz nach §§ 280 Abs. 1, 2, 286 BGB (Verzögerungsschaden)
a) Zwischen Klaus und Ludwig besteht ein Schuldverhältnis.
b) Der Anspruch auf Montage (§ 631 Abs. 1 BGB) ist fällig.
c) Klaus hat Ludwig gemahnt.
d) Ludwig hat nach § 280 Abs. 1, 2, 286 BGB nur den Schaden, der durch die Verzögerung der Leistung entstanden ist, zu ersetzen. Ludwig hat keine Leistung mehr erbracht und auch nicht mehr erbringen können, weil die Satellitenanlage bereits montiert war. Es liegt keine Verzögerung der Leistung vor. Es fehlt an einem Schaden, der durch die **Verzögerung** der Leistung entstanden ist.

2. Schadenersatz wegen §§ 280 Abs. 1, 3. 283 BGB (Schadenersatz wegen Unmöglichkeit)
Ein Schadenersatz wegen Unmöglichkeit scheidet aus, da Ludwig die Unmöglichkeit nicht zu vertreten hat. Vielmehr hat Klaus durch Beauftragung des Fritz die Unmöglichkeit verursacht.

3. Schadenersatz wegen §§ 280 Abs. 1, 3, 281 BGB (Schadenersatz wegen Nichtleistung nach Fristsetzung)
Ein Schadenersatz wegen Nichtleistung nach Fristsetzung scheidet aus, da Klaus dem Ludwig keine Frist gesetzt hat. Die Entbehrlichkeit der Fristsetzung nach § 281 Abs. 2 BGB liegt nicht vor.

Ergebnis: Klaus hat gegen Ludwig keinen Anspruch auf Schadenersatz nach §§ 280 ff. BGB.

b) Verzugszinsen, § 288 Abs. 1 bis 3 BGB

Das Gesetz vermutet bei Verzug von Geldschulden einen Schaden durch Zinsverlust.

aa) Gesetzliche Vermutung, § 288 Abs. 1, 2 BGB

Bei Rechtsgeschäften, an denen ein Verbraucher (§ 13 BGB) beteiligt ist, beträgt der Zinssatz 5 Prozentpunkte über dem Basiszinssatz (§§ 288 Abs. 1, 247 BGB).

Beispiel 9: Privatmann Paul befand sich in der Zeit vom 02.02.2012 bis 22.02.2012 gegenüber dem Kaufmann Karl in Verzug. Der Zinssatz beträgt 5,12 %. Dies ergibt sich aus dem Basiszinssatz ab 01.01. von 0,12 %[100] zuzüglich der 5 Prozentpunkte über dem Basiszinssatz.

Bei Rechtsgeschäften, an denen ein Verbraucher nicht beteiligt ist, beträgt der Zinssatz 9 Prozentpunkte über dem Basiszinssatz.

Beispiel 10: Bestünde der Verzug zwischen den Kaufleuten Karl und Emil, so würde der Zinssatz nach §§ 288 Abs. 2, 241 BGB 9,12 % betragen.

---

[100] Vgl. Anmerkung zu § 247 BGB.

bb) Höherer (vereinbarter) Zinssatz nach § 288 Abs. 3 BGB

Gläubiger und Schuldner können auch höhere Zinsen für den Verzugsfall vereinbaren.

Beispiel 11: Die Kaufleute Karl und Ernst haben in dem Kaufvertrag ausdrücklich für den Fall des Verzuges einen Zinssatz von 12 % vereinbart.

c) Erweiterte Schuldnerhaftung nach § 287 BGB

Grundsätzlich haftet der Schuldner nach § 287 BGB nur für Fahrlässigkeit und Vorsatz. Für Schäden, die zufällig entstehen, haftet der Schuldner nicht.

Im Falle des Verzugs wird der *Verschuldensmaßstab* verschoben. Der Schuldner haftet dann nach § 287 Satz 2 BGB auch für den **Zufall.** Die Vorschrift des § 287 Satz 1 BGB, die Haftung des Schuldners für jede Fahrlässigkeit bei Verzug, hat nur für die Fälle Bedeutung, in denen der Schuldner ohne Verzug nicht für Fahrlässigkeit haften würde, wie in den Fällen der §§ 690, 708 BGB.

Beispiel 12: Sandro hat den Spitznamen „Bermudadreieck". Seine Habseligkeiten, wie Autoschlüssel, Geldbörse und sonstige wichtige Unterlagen sind grundsätzlich dauernd verschollen. Sandro übernimmt für 14 Tage unentgeltlich die Verwahrung einer Münze. Sein Haftungsmaßstab ergibt sich aus §§ 690, 277 BGB. Er haftet nur für die eigenübliche Sorgfalt. Er haftet also nur, wenn er weniger sorgfältig als üblich gehandelt hätte. Im Verzugsfalle haftet er aber für jede Fahrlässigkeit.

Lektion 8: Sonstige Pflichtverletzungen

Bisher haben wir folgende Pflichtverletzungen kennen gelernt:
- Unmöglichkeit (vgl. Lektion 6)
- Verzögerung der Leistung (vgl. Lektion 7).

Damit sind aber nicht alle Störungen in einem Schuldverhältnis abgedeckt. Es verbleiben noch folgende Fälle:

- Schlechtleistungen bei Verträgen, bei denen kein Gewährleistungsrecht geregelt ist
- sonstige Schäden, die weder unter Unmöglichkeit oder Verzögerung der Leistung fallen.

I. Schlechtleistung bei Verträgen, bei denen kein Gewährleistungsrecht geregelt ist

Übereignet ein Verkäufer die Kaufsache mangelhaft, so stehen dem Käufer nach §§ 437 ff. BGB Ansprüche aus Gewährleistung zu. Es greifen damit die Sonderregelungen aus dem Schuldrecht Besonderer Teil ein, die als Sondervorschriften die Regelungen aus dem Schuldrecht Allgemeiner Teil verdrängen bzw. auf diese verweisen.

Neben dem Kaufrecht, Werkvertragsrecht oder Mietrecht gibt es aber Vertragsarten, die keine speziellen Regelungen über die Schlechtleistung enthalten. Hier greift man auf die allgemeinen Regeln des Schuldrechts Allgemeiner Teil zurück.

Beispiel 1: Arbeits- oder Dienstverträge nach §§ 611 ff. BGB, Dienstverträge mit Geschäftsbesorgungscharakter nach §§ 675 ff. BGB. Wird bei einem solchen Vertrag die Leistung des Schuldners mangelhaft erbracht, so besteht ein Anspruch des Gläubigers nach § 280 Abs. 1 BGB auf Schadenersatz.

Hauptanwendungsfälle sind die Haftung der Ärzte, Rechtsanwälte und Banken (soweit kein Werkvertrag vorliegt).

Prüfungsschema
1. Schuldverhältnis
2. Schlechtleistung durch den Schuldner (= Pflichtverletzung)
3. Der Schuldner kann nicht nachweisen, dass er die Pflichtverletzung nicht zu vertreten hat.

Rechtsfolge: Schadenersatz neben der Leistung

Hinweis: Auch das Kaufrecht und das Werkvertragsrecht verweisen in den §§ 437 Nr. 3, 634 Nr. 4 BGB auf den § 280 Abs. 1 BGB. Damit soll im Falle eines Mangels der *Mangelfolgeschaden,* also der Schaden an anderen Rechtsgütern als der Kaufsache, abgedeckt werden.

II. Sonstige Pflichtverletzungen

In den bisherigen Lektionen haben wir die Folgen der Verletzung von Hauptpflichten abgehandelt. Daneben besteht aber die Möglichkeit, dass vertragliche Schutzpflichten im Sinne des § 241 Abs. 2 BGB verletzt werden.

Verletzungen von Schutzpflichten nach § 241 Abs. 2 BGB können folgende Rechtsfolgen haben:

- Schadenersatz (neben der Leistung) nach § 280 Abs. 1 BGB

- Schadenersatz statt der Leistung nach §§ 280 Abs. 1, 3, 282 BGB

- Rücktrittsrecht nach § 324 BGB, soweit ein gegenseitiger Vertrag vorliegt.

1. Schadenersatz nach § 280 Abs. 1 BGB

Soweit der Schuldner eine Hauptleistungspflicht verletzt, greift entweder das jeweilige Gewährleistungsrecht oder § 280 Abs. 1 BGB. Aber auch die Verletzung von Schutzpflichten i. S. d. § 241 Abs. 2 BGB kann zu einem Anspruch auf Schadenersatz führen.

Folgende Verletzungen von Schutzpflichten sind denkbar:
- Pflichtverletzungen im vorvertraglichen Schuldverhältnis[101]
- Pflichtverletzungen im vertraglichen Schuldverhältnis[102].

a) Pflichtverletzungen im vorvertraglichen Schuldverhältnis

Prüfungsschema
1. Schuldverhältnis im Sinne des § 311 Abs. 2 BGB (vorvertragliches Schuldverhältnis)
2. Schuldhafte Pflichtverletzung
3. Konkurrenzen

(1) Schuldverhältnis im Sinne des § 311 Abs. 2 BGB

Mit der Schuldrechtsreform wurde das vorvertragliche Schuldverhältnis kodifiziert. § 311 Abs. 2 BGB stellt nunmehr klar, dass ein Schuldverhältnis bereits vor Vertragschluss bestehen kann. In diesem Falle bestehen keine Hauptleistungspflichten, sondern nur Schutzpflichten gemäß § 241 Abs. 2 BGB.

§ 311 Abs. 2 BGB kennt drei Fallgruppen:
- Aufnahme von Vertragsverhandlungen nach § 311 Abs. 2 Nr. 1 BGB
- Vertragsanbahnung nach § 311 Abs. 2 Nr. 2 BGB
- ähnliche geschäftliche Kontakte nach § 311 Abs. 2 Nr. 3 BGB.

---

[101] Dies entspricht der früheren culpa in contrahendo (= Verschulden bei Vertragsschluss).
[102] Dies entspricht der früheren positiven Vertragsverletzung.

(a) Aufnahme von Vertragsverhandlungen nach § 311 Abs. 2 Nr. 1 BGB

Entscheidend ist der Beginn der Kommunikation zwischen den Parteien. Dabei ist eine einseitige Maßnahme eines Vertragsteils ausreichend[103].

(b) Vertragsanbahnung nach § 311 Abs. 2 Nr. 2 BGB

Vertragsanbahnung ist der Zeitraum **vor** der Kommunikation. Sobald die Kommunikation beginnt, ist damit § 311 Abs. 2 Nr. 1 BGB einschlägig.

Beispiel 2: Claudia betritt den Supermarkt der Viola, um einzukaufen. Im Eingangsbereich rutscht sie aus und stürzt. Die Angestellte Andrea hatte vergessen, den Boden zu reinigen, nachdem dort eine Salatölflasche ausgelaufen war. Für die „Musterangestellte" Andrea war dies der erste Fehler in ihrer 5-jährigen Tätigkeit. Viola hatte Andrea auch immer ausreichend überwacht. Durch ärztliche Behandlungskosten sowie Reinigungskosten entsteht Claudia ein Schaden. Kann Claudia von Viola diesen Schaden ersetzt verlangen?

Lösung:

I. Claudia könnte gegen Viola ein Schadenersatzanspruch nach **§ 280 Abs. 1 BGB** zustehen.

1. Schuldverhältnis zwischen Claudia und Viola.
   Ein Kaufvertrag ist zwischen beiden noch nicht abgeschlossen worden. Auch fand keine Kommunikation zwischen beiden statt. Im Eingangsbereich hatte keine der Vertragsparteien bereits ein Angebot abgegeben. In Betracht kommt eine Vertragsanbahnung i. S. d. § 311 Abs. 2 Nr. 2 BGB. Claudia hat das Ladenlokal der Viola betreten, um dort einen Kaufvertrag abzuschließen. Damit liegt ein Schuldverhältnis nach §§ 311 Abs. 2 Nr. 2, 241 Abs. 2 BGB vor.

2. Viola muss ihre Pflichten schuldhaft verletzt haben. Dabei wird ihr Verschulden nach § 280 Abs. 1 Satz 2 BGB vermutet. Viola hat zwar

---

[103] Hk-BGB/Schulze, § 311 RN 15.

nicht selbst gehandelt. Sie muss sich aber nach § 278 BGB das Verhalten ihrer Angestellten Andrea zurechnen lassen. Andrea hat fahrlässig gehandelt. Diese Fahrlässigkeit wird Viola zugerechnet. Viola kann sich nicht durch ihre ausreichende Überwachung freizeichnen. § 278 BGB sieht dies nicht vor.[104]

Ergebnis: Viola ist schadenersatzpflichtig nach § 280 Abs. 1 BGB.

II. Daneben könnte Claudia noch ein Anspruch gegen Viola nach **§ 831 Abs. 1 Satz 1 BGB** zustehen.[105] Ein Anspruch gegen Viola scheitert aber an § 831 Abs. 1 Satz 2 BGB. Viola hat Andrea ordnungsgemäß ausgewählt und überwacht. Damit kann sich Viola freizeichnen.

Ergebnis: Claudia steht kein Anspruch gegen Viola nach § 831 Abs. 1 BGB zu.

(c) Ähnliche geschäftliche Kontakte nach § 311 Abs. 2 Nr. 3 BGB

Damit sind solche Fälle gemeint, in denen die Parteien im Hinblick auf ein denkbares Geschäft noch im Vorfeld der Vertragsanbahnung in Berührung kommen[106]. Die Abgrenzung der einzelnen Fallvarianten voneinander ist im Einzelfall schwierig.

(2) Schuldhafte Pflichtverletzung

Folgende vorvertragliche Pflichtverletzungen sind denkbar:

- Abbruch von Vertragsverhandlungen
- Verletzung von Aufklärungs- und Hinweispflichten
- Verhinderung der Wirksamkeit eines Vertrages.

---

[104] Lesen Sie § 278 BGB und vergleichen Sie den Wortlaut mit § 831 Abs. 1 Satz 2 BGB (Exkulpation)! Vgl. auch Lektion 3.
[105] Denken Sie daran: Für einen Anspruch kann es **mehrere** Anspruchsgrundlagen geben! Gerade bei schuldhaftem Verhalten eines Angestellten sollten Sie in einer Klausur dem Korrektor die Freude machen und **beide** Anspruchsgrundlagen (§ 280 Abs. 1 und § 831 Abs. 1) prüfen!
[106] Hk-BGB/Schulze, § 311 RN 17.

(a) Abbruch von Vertragsverhandlungen

Das BGB kennt den Grundsatz der Vertragsfreiheit. Damit steht es jeder Vertragspartei frei, ein Vertragsangebot auch nach längeren Verhandlungen abzulehnen. Anders sieht es aus, wenn sich ein Vertragspartner treuwidrig verhält.

Eine vorvertragliche Pflichtverletzung stellt es dar, wenn

- die Vertragspartei Vertrauen auf das Zustandekommen eines Vertrages erweckt und dann
- die Verhandlungen ohne triftigen Grund abbricht.

Beispiel 3: Jörg möchte von Ingo eine Lagerhalle mieten. Beide verhandeln noch über den Mietpreis. Jörg stellt Ingo seine Einrichtungspläne für die Lagerhalle vor und wünscht einige Veränderungen an der Lagerhalle, die Ingo auch ausführt. Plötzlich und ohne Gründe zu nennen, nimmt Jörg vom Vertragsabschluss Abstand. Kann Ingo von Jörg den Ersatz der Kosten der Veränderung verlangen?

Lösung: Ingo könnte einen Anspruch gegen Jörg nach §§ 280 Abs. 1, 241 Abs. 2, 311 Abs. 2 Nr. 1 BGB haben.

1. Zwischen Jörg und Ingo besteht ein vorvertragliches Schuldverhältnis nach §§ 311 Abs. 2 Nr. 1, 241 Abs. 2 BGB. Jörg und Ingo haben Vertragsverhandlungen begonnen.

2. Jörg muss schuldhaft eine Pflichtverletzung begangen haben. Grundsätzlich steht es ihm frei, einen Vertrag nicht abzuschließen. Hier hat aber Jörg bei Ingo das Vertrauen erweckt, der Mietvertrag werde jedenfalls abgeschlossen. Er hat bereits Einrichtungspläne vorgestellt und einige notwendige Änderungen verlangt. Weiter hat er ohne ersichtlichen Grund die Vertragsverhandlungen abgebrochen. Dieses Verhalten stellt eine Pflichtverletzung dar. Nach § 280 Abs. 1 Satz 2 BGB wird das Verschulden vermutet. Eine Exkulpation des Jörg ist nicht erfolgt.

Ergebnis: Jörg ist Ingo zum Schadenersatz verpflichtet.

(b) Verletzung von Aufklärungs- und Hinweispflichten

Jeder Vertragspartner eines Schuldverhältnisses ist verpflichtet, die andere Vertragspartei über wesentliche Umstände, die in Zusammenhang mit dem Vertrag stehen, zu unterrichten. Diese Pflicht ergibt sich aus dem Grundsatz des § 242 BGB von Treu und Glauben. Danach ist vom idealen Vertragspartner auszugehen, der immer dann eine Aufklärung vornimmt, wenn der andere Vertragspartner eine solche erwarten kann und sie nach den Umständen erforderlich erscheint.

Die Aufklärungs- und Hinweispflicht ist verletzt, wenn aufgrund der allgemeinen Umstände ein ordnungsgemäß handelnder Beteiligter der anderen Partei einen solchen Hinweis gegeben hätte bzw. die andere Partei einen solchen Hinweis erwarten konnte.

Beispiel 4: Hans kauft beim Spielzeughändler Rudolf eine Startpackung einer Modelleisenbahn. Der Händler unterlässt den Hinweis, dass es sich um ein Auslaufmodell handelt und Ersatzteile sowie Zubehör nicht mehr erhältlich sind.

(c) Verhinderung der Wirksamkeit eines Vertrages

In einigen Fällen hängt die Wirksamkeit eines Vertrages von bestimmten Formvorschriften ab. So bedarf der Kaufvertrag über ein Grundstück nach §§ 311 b Abs. 1, 128 BGB der notariellen Beurkundung. Wird die Form nicht beachtet, so ist der Vertrag nach § 125 BGB wegen Formmangels nichtig.

Ist der fehlerhafte Vertragsabschluss auf ein schuldhaftes Verhalten einer Vertragspartei zurückzuführen, so kann ein Anspruch nach § 280 Abs. 1 BGB auf Schadenersatz gegeben sein.

Beispiel 5: Landwirt Alban möchte von Landwirt Ede ein Wiesengrundstück erwerben. Den Vertrag will Alban in „traditioneller Weise" wie bereits sein Urgroßvater mit Handschlag abschließen. Ede lässt Alban in dem Irrglauben und schließt den Kaufvertrag per Handschlag ab, um so keine wirksame Verpflichtung einzugehen. Der Kaufvertrag ist nach §§ 125, 128, 311 b Abs. 1 Satz 1 BGB wegen Formmangels nichtig. Eine Heilung nach § 311 b Abs. 1 Satz 2 BGB scheidet aus, da keine Eintragung im Grundbuch erfolgen wird. Der formunwirksame Vertragsabschluss ist auf das Verhalten des Ede zurückzuführen, da dieser wider besseres Wissens den Vertrag formlos geschlossen hat. Er hätte Alban auf den Fehler hinweisen müssen und auf einer notariellen Beurkundung bestehen müssen. Ein Schadenersatzanspruch des Alban ist gegenüber Ede gegeben.

Schwierigkeiten bereitet der Umfang des Schadenersatzes. Nach § 249 Abs. 1 Satz 1 BGB ist der Zustand herzustellen, der bestehen würde, wenn der zum Ersatz verpflichtende Umstand nicht eingetreten wäre.

Beispiel 6: Im Rahmen des Schadenersatzanspruches nach § 280 Abs. 1 BGB ist Alban so zu stellen, wie er stehen würde, wenn Ede die Pflichtverletzung nicht begangen hätte. In diesem Falle hätte Ede auf die Form hingewiesen. Ede hätte aber keinen wirksamen Vertrag abgeschlossen, da er nur einen nichtigen Vertrag und keinen wirksamen Vertrag abschließen wollte.

Der Schadenersatz besteht deshalb:

- regelmäßig im Ersatz der entstandenen Aufwendungen, wenn bei ordnungsgemäßer Aufklärung der Vertrag nicht zustande gekommen wäre;

- ausnahmsweise im Anspruch auf Abschluss eines wirksamen Vertrages, wenn bei ordnungsgemäßer Aufklärung der Vertrag zustande gekommen wäre.

(3) Konkurrenzen

Wichtiger Prüfungspunkt bei einer Pflichtverletzung im Rahmen eines vorvertraglichen Schuldverhältnisses ist die Prüfung der Konkurrenzen. Ein Anspruch auf Schadenersatz nach § 280 Abs. 1 BGB kann zu folgenden Sondervorschriften in Konkurrenz treten:

- Anfechtung nach §§ 119, 123 BGB: Nach h. M.[107] sind die Vorschriften über die Anfechtung neben dem Schadenersatzanspruch nach § 280 Abs. 1 BGB anwendbar, da die Vorschriften verschiedene Zielrichtungen haben.

- Gewährleistungsrechte: Bezieht sich die Pflichtverletzung auf einen Mangel, so gehen die Gewährleistungsrechte (z. B. § 437 BGB) als Spezialregelungen vor. Besteht zwischen der vorvertraglichen Pflichtverletzung und dem Mangel kein Zusammenhang, dann bestehen beide Ansprüche nebeneinander.

---

[107] Köster, JURA 2005, 145, 147 BGB.

b) Pflichtverletzungen im vertraglichen Schuldverhältnis

Prüfungsschema
1. Schuldverhältnis (vertragliches Schuldverhältnis)
2. Schuldhafte Pflichtverletzung
3. Konkurrenzen

(1) Schuldverhältnis

Durch Vertrag oder durch Gesetz kann ein Schuldverhältnis zwischen den Parteien entstehen. Dieses hat dann nach § 241 Abs. 1 BGB Leistungspflichten zur Folge. Daneben bestehen aber auch Nebenleistungspflichten nach § 241 Abs. 2 BGB.

Nach § 311 Abs. 3 Satz 1 BGB kann aber auch gegenüber Dritten ein Schuldverhältnis mit Nebenpflichten nach § 241 Abs. 2 BGB entstehen. In § 311 Abs. 3 Satz 2 BGB nennt das Gesetz einige Fallgruppen, wobei die Aufzählung nicht abschließend ist:[108]

- Der Dritte nimmt in besonderem Maße Vertrauen für sich in Anspruch

   Beispiel 7: Benjamin ist sich unsicher, ob er einen Vertrag mit der Fairness AG schließen und die von ihr angebotenen Berechtigungsscheine kaufen soll. Ein anwesender Vermögensberater, mit dem Benjamin keine vertraglichen Beziehungen unterhält, „legt für den Verkäufer die Hand ins Feuer".

   Im Einzelnen kommt es dabei sehr auf den Einzelfall an. Für die Klausur ist es dann wichtig, Einzelheiten aus dem Sachverhalt zu entnehmen und damit die besondere Vertrauensstellung zu untermauern. So zeigen Sie dem Korrektor, dass Sie subsumieren können und können mit guter Begründung eine vertretbare Lösung erzielen.

---

[108] Das Gesetz spricht von „insbesondere".

- Der Dritte hat ein besonderes wirtschaftliches Eigeninteresse[109]
- Prospekthaftung im Rahmen des Vertriebs von Kapitalanlagen[110].

(2) Schuldhafte Pflichtverletzung

Folgende Pflichtverletzungen kommen in Betracht:
- Verletzung von Aufklärungs- und Hinweispflichten
- Verletzung von Schutzpflichten
- Verletzung von Vertragstreuepflichten.

(a) Verletzung von Aufklärungs- und Hinweispflichten

Der Hauptanwendungsfall der Aufklärungspflichten wird das vorvertragliche Schuldverhältnis sein. Aber auch im vertraglichen Schuldverhältnis sind Aufklärungspflichten denkbar.

Beispiel 8: Hinweis des Handwerkers, dass die frisch gestrichene Treppe erst nach 24 Stunden betreten werden darf; Hinweispflicht eines Rechtsanwaltes auf drohende Verjährung eines Anspruchs.

(b) Verletzung von Schutzpflichten

Nicht nur vor dem Vertragsschluss, sondern auch nach dem Vertragsschluss ergeben sich gegenüber der Vertragspartei Schutzpflichten.

---

[109] Vgl. BGH NJW 1986, 586, 587.
[110] Vgl. dazu näher Hk-BGB/Schulze, § 311 RN 22.

Beispiel 9 (vgl. Beispiel 2 auf S. 111): Claudia hat in dem Supermarkt der Viola eingekauft. Als sie den Kassenbereich **nach** Bezahlen der Ware passiert hat, rutscht sie aus und stürzt. Die Angestellte Andrea hatte vergessen, den Boden zu reinigen, nachdem dort eine Salatölflasche ausgelaufen war. Für die „Musterangestellte" Andrea war dies der erste Fehler in ihrer 5-jährigen Tätigkeit dort. Viola hatte Andrea auch immer ausreichend überwacht. Durch ärztliche Behandlungskosten sowie Reinigungskosten entsteht Claudia ein Schaden. Kann Claudia von Viola diesen Schaden ersetzt verlangen?

Lösung:

I. Claudia könnte gegen Viola ein Schadenersatzanspruch nach § 280 Abs. 1 BGB zustehen.

1. Schuldverhältnis zwischen Claudia und Viola: Zwischen beiden ist ein Kaufvertrag abgeschlossen worden. Ein Schuldverhältnis liegt vor.

2. Viola muss ihre Pflichten schuldhaft verletzt haben. Dabei wird ihr Verschulden nach § 280 Abs. 1 Satz 2 BGB vermutet. Grundsätzlich hat ein Ladenbesitzer dafür zu sorgen, dass Käufer den Laden gefahrlos passieren können. Diese Pflicht ergibt sich neben der Hauptleistungspflicht aus § 241 Abs. 2 BGB. Viola hat zwar nicht selbst gehandelt. Sie muss sich aber nach § 278 BGB das Verhalten ihrer Angestellten Andrea zurechnen lassen. Andrea hat die Pflicht, den Boden sauber zu halten, fahrlässig verletzt. Diese Fahrlässigkeit wird Viola zugerechnet. Viola kann sich nicht durch ihre ausreichende Überwachung freizeichnen. § 278 BGB sieht dies nicht vor.

Ergebnis: Viola ist schadenersatzpflichtig nach § 280 Abs. 1 BGB.

II. Daneben könnte Claudia noch ein Anspruch gegen Viola nach § 831 Abs. 1 Satz 1 BGB zustehen. Ein Anspruch gegen Viola scheitert aber an § 831 Abs. 1 Satz 2 BGB. Viola hat Andrea ordnungsgemäß ausgewählt und überwacht. Damit kann sich Viola freizeichnen.

Ergebnis: Claudia steht kein Anspruch gegen Viola nach § 831 Abs. 1 BGB zu.

(c) Verletzung von Vertragstreuepflichten

Ein Vertragspartner hat nach § 241 Abs. 2 BGB Rücksicht auf Rechte, Rechtsgüter und Interessen des anderen Teils zu nehmen. Dazu gehört auch, sich so zu verhalten, wie sich ein treuer und redlicher Vertragspartner verhalten würde.

Beispiel 10: Michael ist Hersteller ferngesteuerter Modellautos. Peter will Ende Oktober 5.000 Modellautos für den im Dezember stattfindenden Weihnachtsmarkt ordern. Michael verschweigt, dass er bereits Anfang November eine neue Serie von Fahrzeugen mit leistungsfähigeren Prozessoren zu einem erheblichen günstigeren Preis auf den Markt bringen will. Michael ist verpflichtet, auf die kommende Neuheit hinzuweisen, da die alte Serie kaum verkäuflich sein wird.

(3) Konkurrenzen

Auch bei Verletzung von vertraglichen Nebenpflichten sind auftretende Konkurrenzen zu beachten:

- Anfechtung nach §§ 119, 123 BGB: Nach h. M.[111] sind die Vorschriften über die Anfechtung neben dem Schadenersatzanspruch nach § 280 Abs. 1 BGB anwendbar, da die Vorschriften verschiedene Zielrichtungen haben.

- Gewährleistungsrechte: Diese gehen gegenüber dem Anspruch aus § 280 Abs. 1 BGB vor. Es handelt sich dabei um Spezialvorschriften.

2. Schadenersatz statt der Leistung nach §§ 280 Abs. 1, 3, 282 BGB

Bisher wurde der Fall behandelt, dass neben der Leistung noch Schadenersatz begehrt wird, weil eine Nebenpflicht verletzt worden ist. Nunmehr soll der Fall erörtert werden, dass wegen der Verletzung einer Nebenpflicht Schadenersatz statt der Leistung begehrt wird.

Prüfungsschema
1. Schuldverhältnis
2. Schuldhafte Verletzung einer Pflicht nach § 241 Abs. 2 BGB
3. Unzumutbarkeit der Leistung

Rechtsfolge: Schadenersatz statt der Leistung

a) Schuldverhältnis

Zwischen den Beteiligten muss ein Schuldverhältnis bestehen.

b) Schuldhafte Verletzung einer Nebenpflicht nach § 241 Abs. 2 BGB

Hierzu wird auf die Ausführungen unter 1. a) (2) sowie unter 1 b) (2) verwiesen.

c) Unzumutbarkeit der Leistung

Die Verletzung der Nebenpflicht nach § 241 Abs. 2 BGB muss so stark sein, dass dem Gläubiger die Leistung nicht mehr zuzumuten ist. Die Pflichtverletzung muss daher das Verhältnis der Parteien derart beeinträchtigen, dass dem Gläubiger nach Treu und Glauben ein Festhalten an dem Vertrag nicht mehr zugemutet werden kann[112]. Wie in allen Fällen von Treu und Glauben ist dies eine Einzelfallentscheidung.

---

[111] Köster, JURA 2005, 145, 147 BGB.
[112] Hk-BGB/Schulze, § 282 RN 3.

> **Klausurtipp:** In Fällen, in denen auf den Einzelfall abgestellt wird, sollte man genau den Sachverhalt in Augenschein nehmen und alle Argumente, die für oder gegen eine Zumutbarkeit sprechen abwägen. Diese Abwägung sollte für den Korrektor nachvollziehbar sein. Oftmals bringt diese Entscheidungsfindung die Punkte in einer Klausur, nicht so sehr das Ergebnis.

Beispiel 11: Jonathan ist strikter Nichtraucher. Er beauftragt den Maler und Gewohnheitsraucher Roland mit dem Neuanstrich seiner Wohnzimmerwände. Schon nach wenigen Pinselstrichen zeigt sich das hohe Können des Roland. Trotz mehrfacher Abmahnung unterlässt Roland während der Arbeit das Rauchen nicht. Kann Jonathan wegen des Rauchens von Roland Schadenersatz verlangen und die Leistung ablehnen?[113]

Lösung: Ein Anspruch des Jonathan gegen den Roland könnte sich aus §§ 280 Abs. 1, 3, 282 BGB ergeben.

1. Es muss sich um die Verletzung einer Nebenpflicht handeln. Das Rauchen in einer Nichtraucherwohnung stellt eine Pflichtverletzung i. S. d. § 241 Abs. 2 BGB dar.

2. Die Pflichtverletzung des Rauchens muss das Vertragsverhältnis zwischen Jonathan und Roland derart beeinträchtigen, dass Jonathan nach Treu und Glauben das Festhalten an dem Vertrag nicht mehr zugemutet werden kann. Es handelt sich bei dem Werkvertrag nur um ein einmaliges Zusammenwirken für die Dauer des Wohnzimmeranstrichs und nicht um ein Dauerschuldverhältnis. Der Schaden besteht lediglich in einem Zimmer, das nach Rauch riecht. Andererseits hat Roland hervorragende Arbeit erbracht. Insgesamt ist die Leistung des Roland trotz Pflichtverletzung zumutbar.

Ergebnis: Jonathan hat kein Recht, die Leistung des Roland abzulehnen und Schadenersatz zu verlangen.

Hinweis: Im Hinblick auf die teilweise strengen Nichtraucherschutzgesetze der Länder erscheint eine andere Lösung gut vertretbar!

---

[113] Vgl. BT/Drucksache 14/7052, 186.

Beispiele für unzumutbare Pflichtverletzungen:
- schwerwiegende Unzuverlässigkeiten bei der Vertragsabwicklung
- Beleidigungen oder schwere Kränkungen des Gläubigers[114].

Beispiel 12: Janine hat eine stilvoll und exklusiv eingerichtete Wohnung. Sie beauftragt den Maler Konrad einige Wände in der Wohnung zu streichen. Konrad betritt mit Farbresten an den Schuhsohlen die Wohnung und beginnt, die Wände schwungvoll zu streichen, ohne den Boden und andere Möbelstücke abzudecken. Die Farbe spritzt durch den Raum. Hier ist die Leistung der Janine im Sinne des § 282 BGB nicht mehr zuzumuten. Janine hat das Recht, die Leistung des Konrad abzulehnen und Schadenersatz zu verlangen.

3. Rücktrittsrecht nach § 324 BGB, soweit ein gegenseitiger Vertrag vorliegt

Bisher haben wir nur die Fälle des Schadenersatzes statt bzw. neben der Hauptleistung wegen der Verletzung einer Nebenleistungspflicht behandelt. Die Gegenleistung spielte keine Rolle. Nunmehr soll eine Auswirkung auf die Gegenleistung behandelt werden. Diese Sachverhalte sind nicht in den §§ 280 ff. BGB, sondern in den §§ 320 ff. BGB, genauer in § 324 BGB geregelt.

Prüfungsschema
1. Gegenseitiger Vertrag
2. Pflichtverletzung nach § 241 Abs. 2 BGB
3. Das Festhalten am Vertrag ist dem Gläubiger nicht mehr zuzumuten.

Rechtsfolge: Der Gläubiger kann vom Vertrag zurücktreten.

Nach § 325 BGB kann das Rücktrittsrecht nach § 324 BGB mit dem Schadenersatz statt der Leistung nach §§ 280 Abs. 1,3, 281 BGB kombiniert werden[115].

---

[114] Vgl. Hk-BGB/Schulze, § 282 RN 3.
[115] Brox/Walker § 25 RN 20.

a) Gegenseitiger Vertrag

Es muss ein gegenseitiger Vertrag vorliegen.

b) Pflichtverletzung nach § 241 Abs. 2 BGB

Es muss lediglich eine Verletzung einer Nebenpflicht vorliegen. Ein Verschulden des Schuldners ist nicht erforderlich.[116]

c) Das Festhalten am Vertrag ist dem Gläubiger nicht mehr zuzumuten

Dieses Tatbestandsmerkmal dient dem Schutz des Schuldners. Ein Festhalten am Vertrag ist für den Gläubiger unzumutbar, wenn die Pflichtverletzung die Vertrauensgrundlage zwischen den Vertragsparteien schwerwiegend stört oder zerstört. Insoweit sind die gleichen Erwägungen anzustellen wie im Rahmen des § 282 BGB.

Eine Fristsetzung ist nach dem klaren Wortlaut des § 324 BGB nicht erforderlich. Streitig ist, ob vor einem Rücktritt eine Abmahnung erfolgen soll. Die wohl h. M. bejaht dies.[117]

Beispiel 13: Konrad ist Malermeister und soll das Wohnzimmer des Georg streichen. Weil Konrad den Boden nur unzureichend mit Zeitungspapier abdeckt, wird der teure Parkettboden erheblich beschädigt. Georg weist Konrad eingehend darauf hin, dass er bei einer weiteren Beschädigung des Bodens an der Fortführung der Arbeiten kein Interesse mehr habe. Konrad solle den Boden ordentlich mit Folie abkleben. Konrad macht weiter wie bisher. Der Boden wird weiter in Mitleidenschaft gezogen. Kann Georg nunmehr von Vertrag zurücktreten?

---

[116] Beachten Sie den Wortlaut des § 324 BGB: Dort fehlt der Begriff „schuldhaft".
[117] Vgl. Palandt/Grüneberg, § 324 RN 4; a. A. Hk-BGB/Schulze, § 324 RN 2

Lösung: Georg könnte ein Rücktrittsrecht nach § 324 BGB zustehen.

1. Bei dem Werkvertrag nach § 631 BGB handelt es sich um einen gegenseitigen Vertrag.
2. Konrad hat eine Nebenpflicht nach § 241 Abs. 2 BGB verletzt. Ein Maler ist verpflichtet, beim Streichen der Wände Rechtsgüter, die dem Besteller gehören, zu schützen und nicht zu beschädigen. Ein ordnungsgemäßer Schutz wäre durch das Abkleben mit Folie gegeben gewesen. Dieser Sorgfaltspflicht ist Konrad nicht nachgekommen. Eine Pflichtverletzung nach § 241 Abs. 2 BGB ist gegeben.
3. Georg darf ein Festhalten am Vertrag nicht mehr zuzumuten sein. Es handelt sich um eine erhebliche Pflichtverletzung. Die Schäden am Boden wären einfach zu verhindern gewesen. Es kann Georg nicht zugemutet werden, dass er zusieht, wie sein Eigentum zerstört wird.
4. Eine Abmahnung ist erfolgt. Georg hat Konrad auf sein Fehlverhalten hingewiesen und erklärt, dass er bei Fortsetzen des Fehlverhaltens kein Interesse mehr am Vertrag habe[118].

Ergebnis: Georg kann vom Vertrag zurücktreten.

Lektion 9: Der Annahmeverzug des Gläubigers

Das Gesetz spricht im Titel 2 vom „Verzug des Gläubigers". Die amtliche Überschrift des § 293 BGB lautet „Annahmeverzug". Im juristischen Sprachgebrauch ist auch die Bezeichnung „Gläubigerverzug" üblich.

Der Verzug des Gläubigers ist eine Pflichtverletzung auf der Gläubigerseite. Im Unterschied zur Pflichtverletzung auf Schuldnerseite (wie z. B. Unmöglichkeit und Schuldnerverzug) kennt der Verzug des Gläubigers kein Freiwerden von der Leistung und keinen Schadenersatz.

---

[118] Hinweis: Bei gravierenden Verstößen kann nach § 323 Abs. 2 Nr. 3 BGB analog ohne vorherige Abmahnung vom Vertrag zurückgetreten werden.

Prüfungsschema
1. Anspruch aus dem Schuldverhältnis
2. Angebot des Schuldners
   a) tatsächliches Angebot, § 294
   b) wörtliches Angebot, § 295
   c) Entbehrlichkeit des Angebots, § 296
3. Leistungsvermögen des Schuldners, § 297 BGB
4. Nichtannahme der Leistung durch den Gläubiger

Rechtsfolgen
- Haftungserleichterung nach § 300 Abs. 2 BGB
- Gefahrübergang nach § 300 Abs. 2 BGB
- Ersatz der Mehraufwendungen nach § 304 BGB[119]

I. Voraussetzungen des Annahmeverzuges

1. Anspruch aus dem Schuldverhältnis

Voraussetzung für den Verzug des Gläubigers ist ein wirksamer Anspruch. Der Schuldner muss leisten dürfen.

Prüfungsreihenfolge für die Erfüllbarkeit:

- Greifen vertragliche Regelungen ein?

- Ist keine Leistungszeit bestimmt, so ist die Leistungspflicht sofort erfüllbar, § 271 Abs. 1 BGB.

- Ist eine Leistungszeit bestimmt, kann der Schuldner im Zweifel nach § 271 Abs. 1 BGB sofort leisten.

2. Angebot des Schuldners

Der Verzug des Gläubigers setzt voraus, dass der Schuldner die Leistung anbietet. Dabei regeln die §§ 294 bis 296 BGB, in welcher Form der Schuldner das Angebot zu erbringen hat.

---

[119] Weitere Rechtsfolgen: siehe unter II. 1.

a) Grundsatz: tatsächliches Angebot nach § 294 BGB

Das Angebot der Leistung durch den Schuldner ist der Beginn der Leistungshandlung. Der Schuldner muss sich damit so verhalten, wie er sich bei ordnungsgemäßer Annahme durch den Gläubiger verhalten hätte. Das Angebot i. S. d. § 294 BGB ist daher kein zusätzliches Erfordernis.

Das Leistungsangebot muss so beschaffen sein, dass der Gläubiger nur noch zuzugreifen braucht. Der Schuldner muss also alles tun, was erforderlich ist.

Merke:
Der Schuldner muss die Leistung
- dem richtigen Gläubiger
- am rechten Ort
- zur rechten Zeit
- in rechter Beschaffenheit und Vollständigkeit anbieten[120].

Beispiel 1: Nach einer schwierigen Klausur bestellt sich der Student Christopher für das Wochenende beim Weinhändler Wilhelm 5 Flaschen Rotwein, um diese mit seiner Freundin zu trinken. Wilhelm ist bereit, den Wein am Freitag gegen 18:00 Uhr anzuliefern. Als Wilhelm zu diesem Termin mit den bestellten Rotweinflaschen erscheint, trifft er niemanden an, da Christopher den Termin vergessen hatte. Liegt Annahmeverzug des Christopher vor?

Lösung: Nach § 293 BGB liegt Annahmeverzug vor, wenn Christopher die angebotene Leistung nicht annimmt.

1. Christopher hat einen Anspruch gegen den Wilhelm auf Lieferung des Weines aus einem wirksamen Kaufvertrag. Diesbezüglich ist Wilhelm Schuldner.

2. Nach § 294 BGB muss Wilhelm die geschuldete Leistung tatsächlich angeboten haben. Dies hat er getan. Es handelte sich um eine Bring-

---

[120] Brox/Walker, AS, § 26 RN 5.

schuld. Wilhelm hat die Leistung zum vereinbarten Termin am richtigen Ort (Wohnsitz des Christopher) in der richtigen Art und Weise angeboten.

Ergebnis: Da auch die übrigen Voraussetzungen gegeben sind, befindet sich Christopher in Annahmeverzug.

Beispiel 2: Aus Enttäuschung über das mißglückte Wochenende ohne Rotwein bestellt sich Christopher für das nächste Wochenende beim Getränkehändler Gernot einen Kasten Weißbier, um diesen mit seinen Freunden zu trinken. Gernot ist bereit, den Kasten Bier am Freitag gegen 18:00 Uhr anzuliefern. Gernot erscheint zu diesem Termin aber mit einem Kasten Pils. Er trifft keinen an, da Christopher den Termin wegen eines Rendezvous mit seiner Freundin vergessen hatte. Liegt Annahmeverzug des Christopher vor?

Lösung: Nach § 293 BGB liegt Annahmeverzug vor, wenn Christopher die angebotene Leistung nicht annimmt.

1. Christopher hat einen Anspruch gegen Gernot auf Lieferung des Weißbieres aus einem wirksamen Kaufvertrag.
2. Nach § 294 BGB muss Wilhelm die geschuldete Leistung am richtigen Ort, zur richtigen Zeit und in rechter Beschaffenheit und Vollständigkeit angeboten haben. Dies hat Gernot nicht getan. Geschuldet war Weißbier, Gernot hat aber Pils geliefert. Die Ware war nach § 434 Abs. 3 BGB mangelhaft. Wird eine mangelhafte Ware geliefert, so kommt der Gläubiger nicht in Annahmeverzug. Das Leistungsangebot war nicht so beschaffen, dass Christopher nur noch hätte zugreifen müssen.

Ergebnis: Da kein ordnungsgemäßes Angebot erfolgt ist, befindet sich Christopher nicht in Annahmeverzug.

b) Ausnahme: wörtliches Angebot nach § 295 BGB

Nach § 295 BGB genügt ein wörtliches Angebot des Schuldners, wenn:

- der Gläubiger dem Schuldner (vorher) erklärt hat, dass er die Leistung nicht annehmen werde[121]

  Beispiel 3: Andreas hat mit Gerhard am Telefon einen Kaufvertrag über eine gebrauchte Sonnenbank abgeschlossen. Da er den Kauf bereut, ruft er Gerhard an und erklärt, dass er die Sonnenbank nicht abnehmen werde.

- oder wenn zur Bewirkung der Leistung eine Handlung des Gläubigers erforderlich ist.

  Beispiel 4: Zur Herstellung eines Maßanzuges fordert der Schneider den Kunden auf, zur Anprobe zu erscheinen.

  Besonders ist in § 295 Satz 1 2. HS BGB die Holschuld genannt.

  Beispiel 5: Der Kunde kommt in Annahmeverzug, wenn er die bestellte Ware nach einer telefonischen Benachrichtigung, die Ware sei abholbereit, nicht abholt.

c) Ausnahme: Entbehrlichkeit des Angebots nach § 296 BGB

Ist ein Angebot nach § 296 BGB entbehrlich, so kommt der Gläubiger auch ohne Angebot des Schuldners (automatisch) in Verzug.

Nach § 296 BGB ist ein Angebot entbehrlich, wenn:

- der Gläubiger die Handlung, für die eine Zeit nach dem Kalender bestimmt ist, nicht rechtzeitig vornimmt.

---

[121] Beachte die Parallele: Nach § 286 Abs. 2 Nr. 3 BGB ist beim Schuldnerverzug eine Mahnung des Gläubigers bei ernsthafter und endgültiger Leistungsverweigerung des Schuldners entbehrlich. Nach § 294 BGB braucht der Schuldner bei der vorherigen Erklärung des Gläubigers, er werde die Leistung nicht annehmen, kein tatsächliches Angebot zu erbringen.

Beispiel 6: Im Rahmen eines Werkvertrages muss der Bauherr bis zum 20.03. das Fundament für ein Gartenhaus selbst herstellen.

- der Gläubiger nach einem Ereignis eine Handlung vorzunehmen hat, für die eine angemessene Zeit nach dem Kalender berechenbar ist.

Beispiel 7: Bei einem Werkvertrag ist das Fundament für das Gartenhaus innerhalb von 4 Wochen nach Erhalt der schriftlichen Auftragsbestätigung herzustellen.

3. Leistungsvermögen des Schuldners

Der Verzug des Gläubigers tritt nach § 297 BGB nicht ein, wenn der Schuldner zur Leistung außerstande ist.

> **Klausurtipp:** Das Tatbestandsmerkmal des Leistungsvermögens des Schuldners ist bei Klausurenstellern ein beliebtes Betätigungsfeld, um den Annahmeverzug und die Unmöglichkeit zu kombinieren!

Der Schuldner kann ein wirksames Angebot nur dann abgeben, wenn die Leistung noch möglich ist. Damit schließen sich Annahmeverzug und Unmöglichkeit gegenseitig aus!

Man kann dabei mehrere Fallvarianten unterscheiden:

- Ist die Leistung dem Schuldner dauernd unmöglich, so gelten nur die Vorschriften der Unmöglichkeit nach § 275 BGB.

    Beispiel 8: Der Käufer Konrad soll die bestellte Ware am 26.06. beim Verkäufer Valentin abholen. In der Nacht vom 25. auf den 26.06. brennt das Warenlager des Valentin mit der gelagerten Abholware ab. Hier kann der Käufer Konrad nicht in Annahmeverzug kommen.

- Ist die Leistung durch den Schuldner nachholbar, so greifen nur die Vorschriften des Verzuges des Gläubigers.[122]

Beispiel 9: Der Bertram hat sich beim Gartenfachmarkt des Gustav ein Gartenhaus gekauft, das dieser auch aufstellt. Bertram soll das Fundament für das Gartenhaus bis 12.03. herstellen, was ihm nicht gelingt. Der „Gartenfachmarkt Gustav" (Schuldner der Kaufsache) kann erst am 13.03. das Gartenhaus liefern. Hier ist noch ab dem 13.03. ein Annahmeverzug des Gläubigers Bertram möglich.

- Ist die Leistung nicht nachholbar, so liegt nur Unmöglichkeit nach § 275 BGB vor.

Anwendungsbereich des § 297 BGB ist damit nur der Fall der vorübergehenden Unmöglichkeit. Während der Unmöglichkeit scheidet ein Annahmeverzug aus. Bei dauernder Unmöglichkeit verdrängen die Vorschriften über die Unmöglichkeit den Verzug des Gläubigers.

Beispiel 10: Die Studentin Ursula hat mit dem Dozenten Peter am 20.08. um 14:00 Uhr ein privates Repetitorium vereinbart. Statt an diesem Tag bei Peter in dessen Institut zu erscheinen, geht Ursula lieber ins Freibad, um die letzten schönen Sommertage zu genießen. An diesem Tag liegt aber Peter mit hohem Fieber im Bett und kann nicht sprechen. Hat Peter Anspruch auf die vereinbarte Vergütung?

Lösung: Ein Anspruch könnte sich aus §§ 611 Abs. 1, 615 BGB ergeben.

1. Zwischen Peter und Ursula besteht ein wirksamer Dienstvertrag.
2. Der Anspruch auf Vergütung könnte nach § 615 BGB trotz nicht erbrachten Repetitoriums bestehen, wenn sich Ursula in Annahmeverzug befand.
3. Ursula hat einen Anspruch auf die Leistungserbringung, da ein wirksamer Vertrag vereinbart worden war.

---

[122] Beachte aber die Sonderregelung des § 615 BGB bei Vorliegen eines Dienstvertrages!

4. Peter muss seine Leistung angeboten haben. Nach § 296 Satz 1 BGB war erforderlich, dass Ursula den Peter am 20.08. in seinem Institut aufsucht. Ein Leistungsangebot des Peter war entbehrlich.

5. Peter war nicht imstande, die Leistung zu erbringen. Er lag mit Fieber im Bett. Nach § 297 BGB ist daher Ursula nicht im Annahmeverzug.

Ergebnis: Peter hat keinen Anspruch auf Vergütung nach §§ 611, 615 BGB, da sich Ursula nicht in Annahmeverzug befand. Nach dem Grundsatz „Ohne Arbeit kein Lohn" entfällt der Anspruch auf die Gegenleistung.

4. Nichtannahme der Leistung durch den Gläubiger

a) Allgemeines

Nach § 293 BGB genügt für den Verzug die bloße Nichtannahme der angebotenen Leistung. Ein Verschulden des Gläubigers ist nicht erforderlich. Dies ergibt sich aus der Vorschrift des § 293 BGB, in der das Tatbestandsmerkmal des Verschuldens fehlt[123]. Der Grund liegt darin, dass die Abnahmepflicht des Gläubigers lediglich eine *Obliegenheit* (beachte die Ausnahmen im nachfolgenden Hinweis) ist. Damit liegt keine Pflichtverletzung vor. Nur die Pflichtverletzung erfordert Verschulden, die Verletzung einer Obliegenheit aber nicht.

Beachte: In einigen Fällen hat der Gesetzgeber die allgemeine Obliegenheit des Gläubigers, die Leistung abzunehmen als Pflicht ausgestaltet:

- § 433 Abs. 2 BGB: Abnahmepflicht des Käufers beim Kaufvertrag

- § 640 Abs. 1 Satz 1 BGB: Abnahmepflicht des Bestellers beim Werkvertrag.

---

[123] Vergleiche den Wortlaut des § 280 Abs. 1 BGB mit dem Wortlaut des § 293 BGB. Nach § 280 Abs. 1 Satz 2 BGB entfällt der Schadenersatzanspruch, wenn der Schuldner die Pflichtverletzung nicht zu vertreten hat. In § 293 BGB fehlt eine solche Einschränkung.

Um Schadenersatz wegen einer Pflichtverletzung nach §§ 280 ff. BGB verlangen zu können, ist Verschulden erforderlich.

Sind in einer Klausur Ansprüche zu prüfen, so ist genau darauf zu achten, ob Ansprüche gegen den *Gläubiger aus Annahmeverzug* oder Ansprüche gegen den *Schuldner aus Schuldnerverzug* geltend gemacht werden. Nachfolgendes Beispiel soll die Unterschiede aufzeigen:

Beispiel 11: Christopher hat von Wilhelm Wein bestellt, der zu Christopher nach Hause geliefert werden soll. Zum vereinbarten Liefertermin ist Christopher nachweisbar unverschuldet nicht anwesend.

1. Christopher ist Gläubiger des Anspruchs gegen Wilhelm nach § 433 Abs. 1 BGB.
2. Er ist aber auch Schuldner der Abnahmepflicht nach § 433 Abs. 2 BGB.
3. Wilhelm kann nach § 304 BGB Ersatz der Mehraufwendungen verlangen, da für den Annahmeverzug ein Verschulden des Christopher nicht erforderlich ist.
4. Schadenersatz wegen Verletzung der Abnahmepflicht nach §§ 280 Abs. 1, 433 Abs. 2 BGB scheidet mangels Verschuldens des Christopher aus.

b) Sonderfall des § 298 BGB

Einen Sonderfall für gegenseitige Verträge nach § 320 BGB und für Fälle eines Zurückbehaltungsrechtes nach § 273 BGB regelt § 298 BGB[124]. Ist der Gläubiger zwar bereit, die Leistung anzunehmen, bietet er aber nicht die Gegenleistung an, so kommt er dennoch in Annahmeverzug.

Beispiel 12: Nach Abschluss des Kaufvertrages ist der Käufer Karl zwar bereit, die gekaufte Sache abzunehmen, will aber den Kaufpreis nicht zahlen. Karl kommt trotz seiner Bereitschaft, die Kaufsache abzunehmen, nach § 298 BGB in Annahmeverzug.

c) Sonderfall des § 299 BGB

Einen weiteren praktischen Sonderfall regelt § 299 BGB. Danach kommt der Gläubiger bei vorübergehender Annahmeverhinderung nicht in Annahmeverzug,

- wenn eine Leistungszeit nicht bestimmt ist und der Schuldner unangekündigt leistet oder
- wenn eine Leistungszeit bestimmt ist und der Schuldner vor dieser Zeit unangekündigt leistet.

Beispiel 13: Daniela hat mit dem Möbelhändler Michael einen Kaufvertrag über ein Weinregal abgeschlossen, welches geliefert werden soll. Als Liefertermin ist der 07.06. vereinbart. Da Michael am 05.06. bereits beim Nachbarn einen Lehnstuhl ausliefert, läutet er an der Haustüre der Daniela, um das Weinregal zu liefern. Daniela ist aber gerade nicht zu Hause, weil sie sich auf Einkaufstour befindet.

Daniela befindet nach § 299 2. Alt. BGB nicht in Annahmeverzug.

Klausurtipp: Die Regelung des § 326 Abs. 2 BGB (keine Befreiung von der Gegenleistung bei Annahmeverzug) wird gerne mit den Problemen des Annahmeverzuges verknüpft.

Beispiel 14 (Kombination § 326 Abs. 2 BGB mit Problemen des Annahmeverzuges): Im Rahmen eines Internetchats bietet der Student Peter dem Studenten Georg sein kaum benutztes Lehrbuch „Grundbuchrecht" zum Preis von 25,- EUR an. Georg nimmt das Angebot an. Peter erklärt sich bereit, das Buch bei Gelegenheit vorbeizubringen. Als Peter am nächsten Tag bei Georg an der Wohnungstüre läutet, ist Georg gerade in einem freiwilligen Klausurenkurs. Auf dem Heimweg wird Peter plötzlich von einem Betrunkenen auf einer Brücke über eine Schnellstraße angerempelt und das Lehrbuch landet auf der Ladefläche eines darunter fahrenden ausländischen Lastkraftwagens und verschwindet so. Peter verlangt von Georg die Bezahlung des Kaufpreises von 25,- EUR. Zu Recht?

---

[124] Hk-BGB/Schulze, § 298 RN 1.

Lösung: Peter könnte gegen Georg einen Anspruch nach § 433 Abs. 2 BGB auf Zahlung von 25,- EUR haben.

1. Ist der Anspruch **entstanden?**

    Zwischen Peter und Georg ist durch Angebot und Annahme (§§ 145, 147 BGB) ein wirksamer Kaufvertrag zustande gekommen. Damit ist ein Anspruch auf Zahlung nach § 433 Abs. 2 BGB entstanden.

2. Ist der Anspruch **erloschen?**

    Der Anspruch auf Zahlung des Kaufpreises könnte nach § 326 Abs. 1 BGB durch die Unmöglichkeit der Übereignung der Kaufsache erloschen sein.

    a) Der Schuldner der Übereignung der Kaufsache müsste nach § 275 Abs. 1 bis 3 BGB von seiner Leistungspflicht frei geworden sein. Peter schuldet nach § 433 Abs. 1 BGB Georg die Übereignung des Buches „Grundbuchrecht". Diese Leistung müsste unmöglich geworden sein. Da das Buch nicht zerstört worden ist, scheidet eine Unmöglichkeit nach § 275 Abs. 1 BGB aus. Peter steht aber ein Leistungsverweigerungsrecht nach § 275 Abs. 2 BGB zu, da die Übereignung an Georg einen unverhältnismäßigen Aufwand bedeuten würde, denn der ausländische Lastkraftwagen ist kaum zu ermitteln.

    Mit dem Kaufpreisverlangen hat Peter konkludent sein Leistungsverweigerungsrecht ausgeübt. Er ist nicht mehr zu der Übereignung des Buches (Leistung) verpflichtet. Damit wäre der Anspruch auf den Kaufpreis (Gegenleistung) nach § 326 Abs. 1 BGB erloschen.

    b) Dem könnte aber § 326 Abs. 2 2. Alt BGB, ein Annahmeverzug des Georg entgegenstehen. In diesem Falle würde Peter den Anspruch auf den Kaufpreis (Gegenleistung) behalten. Es ist zu prüfen, ob sich Georg im Zeitpunkt der Unmöglichkeit im Annahmeverzug befand.

    (1) Der Anspruch des Georg war wirksam und erfüllbar (siehe oben).

    (2) Peter hat ein tatsächliches Angebot nach § 294 BGB erbracht, als er bei Georg an der Wohnungstüre läutete.

    (3) Peter war zu diesem Zeitpunkt auch in der Lage, zu leisten.

    (4) Georg hat die Leistung tatsächlich nicht angenommen. Hier greift aber die Sonderregelung des § 299 BGB ein. Eine Leistungszeit war nicht bestimmt, so dass Peter zu leisten berechtigt war. Georg war

aber wegen des Besuchs des freiwilligen Klausurenkurses vorübergehend an der Annahme der angebotenen Leistung verhindert. Peter hat die Leistung auch nicht angemessene Zeit vorher angekündigt. Damit kommt Georg nach § 299 BGB durch die unangemeldete Lieferung des Peter nicht in Annahmeverzug. § 326 Abs. 2 BGB ist nicht einschlägig.[125]

Ergebnis: Da kein Annahmeverzug gegeben ist, bleibt es bei der Regelung des § 326 Abs. 1 BGB. Mit dem Leistungsverweigerungsrecht nach § 275 Abs. 2 BGB erlischt der Anspruch auf die Gegenleistung. Peter hat keinen Anspruch gegen Georg auf Bezahlung des Kaufpreises.

II. Rechtsfolgen des Gläubigerverzuges

1. Überblick

Nachfolgend soll ein Überblick über die wichtigsten Rechtsfolgen des Annahmeverzuges gegeben werden:

- Haftungserleichterung nach § 300 Abs. 1 BGB

- Gefahrübergang bei Gattungsschulden nach § 300 Abs. 2 BGB

- Übergang der Preisgefahr nach § 326 Abs. 2 2. Alt. BGB

- Ersatz der Mehraufwendungen nach § 304 BGB.

Weiter sind noch diese Folgen denkbar:

- Der Schuldner ist berechtigt, die Sache nach §§ 372 ff. BGB zu hinterlegen.

- Bei Grundstücken ist der Schuldner berechtigt, nach Androhung den Besitz aufzugeben, § 303 BGB.

---

[125] Für die 1. Alternative des § 326 Abs. 2 BGB (alleiniges oder weit überwiegendes Verschulden des **Georg**) sind im Sachverhalt keine Anhaltspunkte ersichtlich.

- Der Schuldner braucht während des Annahmeverzuges des Gläubigers eine Geldschuld nicht zu verzinsen, § 301 BGB.

- Bei einer Herausgabepflicht einer Sache beschränkt sich die Herausgabe oder der Ersatz von Nutzungen auf die tatsächlich gezogenen Nutzungen.

2. Haftungserleichterung nach § 300 Abs. 1 BGB

Nach § 276 BGB hat der Schuldner grundsätzlich Vorsatz und Fahrlässigkeit zu vertreten. Während des Annahmeverzuges hat der Schuldner aber nur Vorsatz und grobe Fahrlässigkeit zu vertreten.

Beispiel 15: Paul hat Maria eine Schrankwand verkauft und sich verpflichtet, die von Maria gekaufte Schrankwand auch anzuliefern. Paul trifft Maria trotz vorheriger Ankündigung der Lieferung nicht an. Maria befindet sich damit nach §§ 293 ff. BGB in Annahmeverzug.

Beschädigt Paul auf der *Hinfahrt* zu Maria die Schrankwand fahrlässig, so muss er nach § 276 BGB für sein fahrlässiges Handeln einstehen.

Beschädigt Paul auf der *Rückfahrt* von Maria die Schrankwand fahrlässig, so muss er für sein Handeln nicht einstehen. Infolge des Annahmeverzuges der Maria hat Paul nach § 300 Abs. 1 BGB nur noch grobe Fahrlässigkeit und Vorsatz zu vertreten.

3. Gefahrübergang bei Gattungsschulden nach § 300 Abs. 2 BGB

Der Anwendungsbereich des § 300 Abs. 2 BGB ist gering. Soweit bei einer Gattungsschuld bereits Konkretisierung nach § 243 Abs. 2 BGB eingetreten ist, ist für § 300 Abs. 2 BGB kein Raum mehr. Anwendbar ist § 300 Abs. 2 BGB nur in den Fällen, in denen der Gläubiger in Annahmeverzug geraten ist und noch keine Konkretisierung eingetreten ist.

Beispiel 16: Annahmeverzug bei einer Bringschuld durch ein wörtliches Angebot, weil der Gläubiger die Abnahme abgelehnt hatte. Hier erfolgt noch keine Aussonderung nach § 243 Abs. 2 BGB.

4. Übergang der Preisgefahr nach § 326 Abs. 2 2. Alt. BGB

Nach § 326 Abs. 2 2. Alt BGB behält der Schuldner, dessen Leistung unmöglich ist, den Anspruch auf die Gegenleistung, wenn sich der Gläubiger der Leistung in Annahmeverzug befindet.[126] Zur Vertiefung vergleiche dazu in Lektion 6, Beispiele 23 und 24.

5. Ersatz der Mehraufwendungen nach § 304 BGB

Nach § 304 BGB kann der Schuldner den Ersatz der Mehraufwendungen verlangen, die er für das erfolglose Angebot, für die Aufbewahrung und die Erhaltung des geschuldeten Gegenstandes aufwenden musste.

Beispiel 17: Transportkosten, Lagerkosten.

Nicht unter § 304 BGB fallen Schadenersatzansprüche, wie ein entgangener Gewinn, weil die Ware Lagerkapazitäten versperrt[127].

---

[126] Wichtig ist bei § 326 BGB, dass sich die Bezeichnungen Schuldner und Gläubiger nur nach der gestörten Leistung richten! Studieren Sie dies nochmals ausführlich am Beispiel 19 in Lektion 6 (Seite 55 f.).
[127] Schadenersatzansprüche sind nur ersetzbar, wenn auch die Voraussetzungen des Schuldnerverzugs erfüllt sind. Dies ist beim Kaufvertrag denkbar. Hier ist der Käufer Gläubiger des Anspruchs nach § 433 Abs. 1 BGB und kann in Annahmeverzug geraten. Gleichzeitig ist der Käufer Schuldner der Abnahmepflicht nach § 433 Abs. 2 BGB und kann durch schuldhaftes Handeln zusätzlich auch in Schuldnerverzug geraten.

Lektion 10: Die Schadenersatzpflicht, §§ 249 ff.

I. Allgemeines

Der Begriff des Schadenersatzes taucht an vielen Stellen im BGB auf. So kann nach § 280 Abs. 1 BGB der „Gläubiger Ersatz des hierdurch entstehenden Schadens" verlangen. § 823 BGB normiert, dass der Schädiger „zum Ersatz des Schadens verpflichtet (ist)".

Die §§ 249 ff. BGB stellen allgemeine Regeln zum Inhalt des Schadenersatzes auf. Sie gelten für Schadenersatzansprüche

- aus dem Allgemeinen Teil des BGB

    Allgemeines Beispiel: Schadenersatz nach § 122 BGB[128]

- aus dem Schuldrecht des BGB

    Allgemeine Beispiele: Schadenersatz nach § 280 Abs. 1 BGB, nach § 823 Abs. 1 BGB

- aus den übrigen Büchern des BGB

    Allgemeines Beispiel: Schadenersatz nach §§ 989, 990 BGB

- aus spezialgesetzlichen Vorschriften

    Allgemeines Beispiel: Schadenersatz nach §§ 7, 18 StVG.

---

[128] Beachte aber die Begrenzung des Umfangs des Schadenersatzes nach § 122 Abs. 1 Satz 1 2. HS BGB.

Merke: § 249 ist keine Anspruchgrundlage!

Die Anspruchsgrundlage für einen Anspruch auf Schadenersatz ergibt sich aus anderen Vorschriften (z. B. § 280 Abs. 1 BGB). Die §§ 249 ff. BGB regeln nur den **Inhalt** des Schadenersatzanspruchs. Sie regeln, **wie** der Schaden zu beseitigen ist.

Beispiel 1: Der Großhändler Georg befindet sich mit der Lieferung der Ware im Verzug. Hierdurch entgeht dem Einzelhändler Emil ein Weiterverkauf an den Kunden Karl. Um die Ware veräußern zu können, muss Emil die Ware billiger verkaufen. Der Gewinn des Emil aus dem Verkauf an Karl hätte 100,- EUR betragen. Der anderweitige Verkauf erbringt lediglich einen Gewinn von 20,- EUR. Frage: Kann Emil von Georg den Ersatz der entgangenen 80,- EUR verlangen?

Lösung (verkürzte Darstellung): Emil könnte gegen Georg einen Anspruch auf 80,- EUR nach §§ 280 Abs. 1, 2, 286 BGB haben.

1. Georg hat durch den Verzug nach § 286 BGB eine Pflichtverletzung nach § 280 Abs. 1, 2 BGB begangen. Das Verschulden ist nach § 280 Abs. 1 Satz 2 BGB zu unterstellen, da keine Anhaltspunkte vorhanden sind, dass Georg die Pflichtverletzung nicht zu vertreten hat.

2. Der Umfang des Schadenersatzes richtet sich nach § 249 ff. BGB. Nach § 249 Abs. 1 BGB ist grundsätzlich der frühere Zustand wiederherzustellen. Nach § 249 Abs. 2 BGB kann Emil Geldersatz zur Wiederherstellung des früheren Zustandes verlangen. Nach § 252 BGB umfasst der Schaden auch den entgangenen Gewinn. (...)

Ergebnis: Emil kann den entgangenen Gewinn in Höhe von 80,- EUR von Georg verlangen.

Prüfungsreihenfolge
1. Prüfung der konkreten Schadenersatznorm (Anspruchsgrundlage)
2. Art und Inhalt des Schadenersatzes nach §§ 249 ff. BGB
a) Grundsatz der Naturalrestitution
b) Geldersatz nach §§ 249 Abs. 2, 250, 251 BGB
3. Schadensberechnung
4. Schadensminderung nach § 254 BGB

II.   Art und Umfang des Schadenersatzes nach §§ 249 ff. BGB

1.   Grundsatz der Naturalrestitution (§ 249 Abs. 1 BGB)

Naturalrestitution i. S. d. § 249 Abs. 1 BGB bedeutet, dass der Zustand wiederhergestellt werden muss, der ohne das schädigende Ereignis bestehen würde[129].

Beispiel 2: Bernd hat im Nachbargarten eine Grube gegraben. Er muss diese Grube wieder verfüllen.

Beispiel 3: Kevin hat durch eine falsche Behauptung eine Ehrverletzung begangen. Die Naturalrestitution erfolgt durch Widerruf der Behauptung.

Der Gläubiger des Schadenersatzanspruches kann verlangen:

- Wiederherstellung des früheren Zustandes, § 249 Abs. 1 BGB

- anstelle der Herstellung in Natur den dazu erforderlichen Geldbetrag, § 249 Abs. 2 BGB.

---

[129] Richtigerweise ist gemeint, dass ein wirtschaftlich gleichwertiger Zustand herzustellen ist. Geschehenes lässt sich nicht ungeschehen machen (Brox/Walker, AS, § 31 RN 2 mit Hinweis auf RGZ 165, 260).

Der Gläubiger des Schadenersatzanspruches hat nach § 249 Abs. 2 BGB dieses Wahlrecht[130] nur:

- bei Verletzung einer Person
- bei Beschädigung einer Sache.

Der Grund für diese Ersetzungsbefugnis liegt darin, dass der Gläubiger nicht gezwungen sein soll, die beschädigte Sache nochmals dem Schuldner des Schadenersatzanspruches zu überlassen.

Beispiel 4: Mit seinem Fahrrad beschädigt Ingo den neuen Pkw des Jürgen. Die Reparaturkosten betragen 3.000,- EUR. Kann Jürgen von Ingo direkt den Geldbetrag von 3.000,- EUR verlangen, um die Wiederherstellung in einer Fachwerkstatt durchführen zu lassen?

Lösung: Jürgen könnte einen Anspruch gegen Ingo auf Geldersatz nach § 823 Abs. 1 BGB haben.

1. Ingo hat schuldhaft rechtswidrig das Fahrzeug beschädigt und ist deshalb nach § 823 Abs. 1 BGB zum Ersatz des entstandenen Schadens verpflichtet.

2. Der Umfang des Schadens richtet sich nach §§ 249 ff. BGB.

a) Nach § 249 Abs. 1, 2 BGB hat Jürgen einen Anspruch auf Naturalrestitution (= Wiederherstellung des wirtschaftlich gleichwertigen Zustandes). Dabei hat er das Wahlrecht, ob er von Ingo die Wiederherstellung verlangt oder den Geldbetrag, der zur Wiederherstellung erforderlich ist. Durch das Geltendmachen des Anspruchs in Geld hat er konkludent sein Wahlrecht ausgeübt.

b) Der Schaden beträgt 3.000,- EUR.

Ergebnis: Jürgen hat einen Anspruch gegen Ingo auf Ersatz der 3.000,- EUR.

---

[130] Voraussetzung für das Wahlrecht ist auch, dass eine Naturalrestitution überhaupt noch möglich ist.

2. Geldersatz nach §§ 249 Abs. 2, 250, 251 BGB

Während Naturalrestitution die Wiederherstellung durch den Schädiger meint, versteht man unter Geldzahlung einen Anspruch des Geschädigten in Geld. Der Geldbetrag muss so bemessen sein, dass der Geschädigte dadurch in die Lage versetzt wird, den Schaden in vollem Umfang auszugleichen[131].

Die §§ 249 bis 251 BGB regeln folgende Ausnahmen von der Naturalrestitution:

- § 249 Abs. 2 BGB: Verletzung einer Person oder Sachbeschädigung

- § 250 BGB: fruchtloser Ablauf einer Frist zur Naturalrestitution

- § 251 Abs. 1 BGB: Unmöglichkeit der Naturalrestitution

- § 251 Abs. 2 BGB: unverhältnismäßig aufwendige Naturalrestitution

- § 253 Abs. 1 BGB: bestimmte immaterielle Schäden.

Beispiel 5: Henriette hat aus Unachtsamkeit das Fahrzeug des Paul beschädigt. Die Reparaturkosten betragen 1.000,- zzgl. 19 % Umsatzsteuer; insgesamt 1.190,- EUR. Nach § 249 Abs. 2 BGB kann Paul Geldersatz verlangen. Hier ist aber § 249 Abs. 2 Satz 2 BGB zu beachten. Umsatzsteuer kann Paul nur verlangen, wenn diese tatsächlich angefallen ist. Verzichtet Paul auf eine Reparatur, kann er lediglich 1.000,- EUR verlangen.

Beispiel 6: Klaus hat aus Unachtsamkeit den Teppich der Nina verschmutzt. Nina verlangt von Klaus die Reinigung nach § 249 Abs. 1 BGB. Als Klaus sich weigert, setzt Nina nach § 250 BGB eine angemessene Frist. Nach Ablauf der Frist verlangt Nina Geldersatz in Höhe der Reinigungskosten.

---

[131] Brox/Walker, AS, § 31 RN 4.

Beispiel 7: Ute hat aus Unachtsamkeit das Fahrzeug des Georg beschädigt. Das Fahrzeug hat einen technischen Totalschaden[132] erlitten. Es kann nicht mehr repariert werden. Der Wiederbeschaffungswert beträgt 1.000,- EUR. Nach § 251 Abs. 1 BGB hat Georg nur einen Anspruch auf Geldersatz in Höhe des Wiederbeschaffungswertes.

Beispiel 8: Ute hat aus Unachtsamkeit das Fahrzeug des Georg beschädigt. Die Reparaturkosten würden 4.000,- EUR betragen. Der Wiederbeschaffungswert beträgt 1.000,- EUR. Nach § 251 Abs. 2 BGB[133] hat Georg nur einen Anspruch auf Geldersatz in Höhe des Wiederbeschaffungswertes.

3. Schadensberechnung

a) Allgemeines

Der Schaden besteht in der Differenz zweier Güterlagen des Geschädigten: Der tatsächlichen Lage durch das schädigende Ereignis und der (hypothetischen) Lage *ohne* das schädigende Ereignis[134]. Dabei wird auf den Wert abgestellt, den der Geschädigte zur Wiederherstellung des wirtschaftlich gleichwertigen Zustandes aufwenden müsste.

Beispiel 9: Gerhard besitzt vier Vasen aus Meißener Porzellan, die nicht mehr erhältlich sind. Diese stellen die Serie „Vier Jahreszeiten" dar. Jede Vase hat einen Verkehrswert von 1.000,- EUR. Die vollständige Serie (4 Vasen) hat einen Verkehrswert von insgesamt 5.000,- EUR. Durch Unachtsamkeit zerstört Martin die Vase „Sommer" vollständig.
Die übrigen 3 Vasen sind nur noch 3.000,- EUR wert. Der Schaden des Gerhard beträgt 2.000,- EUR[135].

---

[132] Ein *technischer* Totalschaden liegt vor, wenn das Fahrzeug aus technischen Gründen nicht mehr repariert werden kann, z. B. bei einem Brand. Ein *wirtschaftlicher* Totalschaden liegt vor, wenn eine Reparatur zwar technisch möglich ist, die Reparaturkosten aber höher sind als der Wiederbeschaffungswert.
[133] Beachte die Sonderregelung des § 251 Abs. 2 Satz 2 BGB bei Verletzung eines Tieres.
[134] Hk-BGB/Schulze, Vor §§ 249-253 RN 6.
[135] Vgl. dazu auch Brox/Walker, AS, § 31 RN 13.

Der persönliche Liebhaberwert ist nicht ersatzfähig. Insofern fehlt es an einem berechenbaren Vermögenswert.

Beispiel 10: Im Fotolabor geht der Film der Cornelia über den ersten gemeinsamen Urlaub mit ihrem Freund verloren. Ersatzpflicht besteht nur in Höhe des Materialwertes.

Hat sich aber für solche Gegenstände, die einen persönlichen Liebhaberwert haben, ein Markt gebildet, so besteht eine Ersatzpflicht in Höhe des Marktwertes[136].

Beispiel 11: Ein Zug einer Modellbahnfirma wurde in limitierter Auflage hergestellt. Der Materialwert beträgt 500,- EUR. Auf Sammlerbörsen wird dieser Zug regelmäßig mit 1.000,- EUR gehandelt. Ersatzpflicht besteht hier in Höhe von 1.000,- EUR.

b) Entgangener Gewinn

Bisher sind wir davon ausgegangen, dass ohne das schädigende Ereignis der Wert des Vermögens unverändert geblieben wäre. Beim entgangenen Gewinn wäre der Wert des Vermögens aber ohne schädigendes Ereignis gestiegen.

Beispiel 12: Julius verletzt den freiberuflichen Sportfotografen Fritz bei einem Verkehrsunfall. Infolgedessen kann dieser keine Fotos vom samstäglichen Bundesligaspiel machen. Für diese Fotos hätte Fritz voraussichtlich einen Gewinn von 500,- EUR erzielt.

Da es für den Geschädigten in diesen Fällen sehr schwierig ist, den entgangenen Gewinn zu beweisen, schafft § 252 Satz 2 BGB eine Beweiserleichterung. Der Geschädigte muss die Umstände dartun, aus denen der Gewinn mit Wahrscheinlichkeit erwartet werden konnte[137].

---

[136] Palandt/Heinrichs, § 251 RN 10.
[137] Brox/Walker, AS, § 31 RN 16 mit Hinweis auf BGH NJW 1964, 661.

Beispiel 13: Damit müsste Fritz im obigen *Beispiel 12* nur darlegen, dass er bei diesem Fussballspiel fotografiert hätte und die 500,- EUR der zu erwartende Gewinn gewesen wären. Belegen könnte dies Fritz durch die Vorlage von Zahlen aus anderen vergleichbaren Fussballspielen.

Es handelt sich bei § 252 Satz 2 BGB um eine **nachträgliche** Prognose. Es kommt damit **nicht** auf den Zeitpunkt des schädigenden Ereignisses, sondern im Prozessfall auf den Zeitpunkt der letzten mündlichen Verhandlung an. Die Vermutung des § 252 Satz 2 BGB ist widerlegbar. Der Schädiger könnte nachweisen, dass der Gewinn aus anderen Gründen nicht gemacht worden wäre.

Beispiel 14: Julius weist im obigen Beispiel nach, dass Fritz wegen einer Familienfeier an diesem Samstag nicht fotografiert hätte.

c) Sonderfall der abstrakten Schadensberechnung

Grundsätzlich wird der Schaden nach den besonderen Umständen des Einzelfalls berechnet (konkrete Schadensberechnung). Ausnahmsweise sieht das Gesetz eine abstrakte Berechnungsweise[138] des Schadens vor:

- § 288 Abs. 1 BGB: Verzugszinsen

- § 376 Abs. 2 HGB: Börsen- oder Marktpreis beim Fixhandelskauf

d) Vorteilsausgleichung

In manchen Schadensfällen bringt der Schaden dem Geschädigten nicht nur Nachteile, sondern auch Vorteile. Nach dem Sinn und Zweck des Schadenersatzrechtes soll der erlittene Schaden ausgeglichen werden. Eine Besserstellung des Geschädigten durch das schädigende Ereignis soll aber nicht erfolgen.

Das Gesetz nimmt zur Problematik der Anrechnung von Vorteilen auf den Schadenersatzanspruch keine Stellung.

Nach der Rechtsprechung findet eine Anrechnung des Vorteils unter zwei Gesichtspunkten statt:

- Zwischen schädigendem Ereignis und Vorteil muss ein adäquater Zusammenhang bestehen.
- Die Anrechnung muss dem Zweck des Schadenersatzes entsprechen und darf den Schädiger nicht unbillig entlasten.

Ein Vorteil für den Geschädigten kann sich in folgenden Fällen ergeben:

- der Geschädigte erhält aufgrund des Schadensfalles Leistungen von Dritten
- der Geschädigte erspart sich Aufwendungen
- Ersatz neu für alt.

aa) Der Geschädigte erhält aufgrund des Schadensfalles Leistungen von Dritten

Beispiel 15: Bei einem Pferderennen überanstrengt der Jockey das Pferd, obwohl der Eigentümer dies ausdrücklich untersagt hatte. Er gewinnt das Rennen, das Pferd verstirbt. Der Jockey hat den Wert des Pferdes abzüglich der dem Eigentümer zufließenden Siegesprämie zu ersetzen[139].

Folgende Leistungen sollen den Schädiger nicht entlasten:

- Unterhalt an den Geschädigten, vgl. § 843 Abs. 4 BGB
- Entgeltfortzahlungsansprüche
- Leistungen aus der Sozialversicherung

---

[138] Damit wird nicht auf den Einzelfall, sondern auf den gewöhnlichen Lauf der Dinge abgestellt.
[139] Es handelt sich um ein altbekanntes Schulbeispiel, vgl. Brox/Walker, AS, § 31 RN 21.

- Leistungen aus Sachversicherungen, z. B. Diebstahlsversicherung
- Leistungen aus privaten Lebens- oder Unfallversicherungen
- Freiwillige Leistungen Dritter, die nach deren Willen nur dem Geschädigten zu Gute kommen sollen.

Beispiel 16: Durch Verschulden des Anton brennt die Werkstatt des Schreiners Stefan ab. Spontan spenden Handwerkskollegen einige Gerätschaften und Holz. Die Spenden werden bei der Schadensberechnung nicht berücksichtigt, da sie nur dem Geschädigten Stefan zugute kommen und nicht den Schädiger Anton entlasten sollten.

Beispiel 17: Infolge des Bisses durch den Hund des Steven ist der Arbeitnehmer Herbert für drei Tage arbeitsunfähig und erhält vom Arbeitgeber Peter Entgeltfortzahlung nach § 3 Abs. 1 EntgeltfortzahlungsG. Diese Zahlung soll den Schädiger Steven nicht entlasten. Nach § 6 EntgeltfortzahlungsG geht aber der Anspruch des Herbert gegen Steven auf den Arbeitgeber Peter über.

bb) Der Geschädigte erspart sich Aufwendungen

Erspart sich der Geschädigte Aufwendungen, die er ohne diesen Schadensfall hätte tätigen müssen, so sind diese beim Schadenersatz abzuziehen.

Beispiel 18: Der Geschädigte mietet während der Reparaturzeit seines Pkw einen Ersatzwagen. Er muss sich die ersparten Aufwendungen durch die Nichtnutzung seines eigenen Pkw entgegenhalten lassen. In der Praxis wird dies durch den Ersatz der Mietwagenkosten für ein kleineres Fahrzeug berücksichtigt.

cc) Ersatz neu für alt

Erhält der Geschädigte im Wege des Schadenersatzes eine neue Sache an Stelle der alten Sache, so hat dieser einen Vermögensvorteil, der ihm nach dem Schadenersatzrecht nicht zustehen würde.

Beispiel 19: Der Postzusteller Dietmar wird von dem Hund des Rüdiger ins Bein gebissen. Dabei wird die gebrauchte Hose zerrissen. Rüdiger ist nach § 833 BGB zum Schadenersatz verpflichtet. Im Wege der Naturalrestitution nach § 249 Abs. 1 BGB könnte Dietmar von Rüdiger eine neue Hose verlangen. Hierdurch hätte Dietmar einen Vorteil, da er nunmehr eine neue Hose hat. Andererseits kann Rüdiger keine gebrauchte Hose übereignen.

Entscheidet sich Dietmar nach der Zerstörung seiner Hose durch den Hund des Rüdiger für einen Anspruch auf Geldersatz, so hat Rüdiger den Wert der **gebrauchten** Hose zu ersetzen. Den Differenzwert zum Preis für eine neue Hose muss Dietmar selbst tragen.

e) Besonderheiten bei der Schadensberechnung

aa) Ersatz von entgangenen Gebrauchsvorteilen

Wird eine Sache beschädigt und muss diese repariert werden, so kann der Geschädigte in dieser Zeit die Sache nicht nutzen. Es liegt ein immaterieller Schaden vor, der nach § 253 Abs. 2 BGB nicht ersatzfähig[140] ist.

Hier greift der „Kommerzialisierungsgedanke". Wenn der Schaden messbar ist, so liegt gleichwohl ein materieller Schaden vor. Dies ist dann gegeben, wenn die Nutzung einen objektiven Marktwert hat. Dabei wird der Kommerzialisierungsgedanke[141] von der Rechtsprechung sehr restriktiv gehandhabt.

Beispiel 20: Bei der Pkw-Nutzung ist der Nutzungsausfall sowohl für Privatfahrzeuge als auch für gewerblich genutzte Fahrzeuge anerkannt[142].

---

[140] § 253 Abs. 2 BGB lesen; dort ist die „Sache" nicht genannt!
[141] Nach der Rechtsprechung des BGH ist das Ergebnis, den Nutzungsausfall als Schaden anzuerkennen Ergebnis richterlicher Rechtsfortbildung; Palandt/Heinrichs, § 249 RN 20, BGH GrZS NJW 1987, 50.
[142] BGH NJW 1971, 1692; BGH NJW 1985, 2471.

In einer Grundsatzentscheidung hat der Große Senat für Zivilsachen[143] entschieden, dass bei Sachen, auf deren ständige Verfügbarkeit der Geschädigte angewiesen ist, die entgangene Nutzungsmöglichkeit einen materiellen Vermögensschaden darstellt.

bb) Vorsorgekosten

Vorsorgekosten sind Aufwendungen, die schon vor der Schädigung zwecks Vermeidung oder Verringerung des Schadens gemacht werden.

Beispiel 21: Kosten für die Bereithaltung einer Ersatzstraßenbahn bei öffentlichen Verkehrsbetrieben.

Vorsorgekosten sind immer nur dann ersatzfähig, wenn sie im Interesse des Schädigers zur Verringerung der Schadenshöhe gemacht werden.

Beispiel 22: Die Kosten für die Anstellung eines Ladendetektives sind nicht ersatzfähig. Die „Fangprämie" nur dann, wenn sie sich im Rahmen des Üblichen bewegt[144].

4. Schadensminderung nach § 254 BGB

Ist die konkrete Anspruchsgrundlage einschlägig und steht die Schadenshöhe fest, so ist zu prüfen, ob der Geschädigte den ganzen Schaden ersetzt verlangen kann oder ob der Schadenersatzanspruch nach § 254 BGB zu mindern ist.

Wichtig: Die Vorschrift des § 254 BGB stellt **keine** Anspruchsgrundlage dar, sondern ist eine Einwendung des Schädigers.

---

[143] BGH GrZS NJW 1987, 50, 52.
[144] Vgl. dazu Brox/Walker, AS, § 31 RN 35.

§ 254 BGB kennt folgende Fälle des Mitverschuldens:
- allgemeines Verschulden des Geschädigten nach § 254 Abs. 1 BGB
- Verschulden des Geschädigten durch Unterlassen eines Hinweises auf einen ungewöhnlich hohen Schaden, § 254 Abs. 2 1. Alt. BGB
- Verschulden des Geschädigten durch Unterlassen einer Schadensabwendung oder -minderung, § 254 Abs. 2 2. Alt. BGB

Ein Verschulden des Geschädigten führt regelmäßig zu einer Minderung des Schadenersatzanspruches. Die Quote der Minderung hängt dabei von den Gesamtumständen ab. In Ausnahmefällen kann der Schadenersatzanspruch wegen des Mitverschuldens des Geschädigten auch ganz entfallen. Dies ist dann gegeben, wenn ein Grad des Mitverschuldens erreicht ist, der das Verschulden des Schädigers in den Hintergrund treten lässt.

Prüfungsschema
1. Liegt ein allgemeines Verschulden des Geschädigten gegen sich selbst vor?
2. Liegt ein Sonderfall einer anzurechnenden Sach- oder Betriebsgefahr vor?
3. Liegt ein Sonderfall des § 254 Abs. 2 BGB vor?
4. Ist Verschuldensfähigkeit des Geschädigten gegeben?
5. Ist die Kausalität gegeben?

a) Mitverschulden nach § 254 Abs. 1 BGB

Das Mitverschulden nach § 254 BGB meint ein Verschulden des Geschädigten gegen sich selbst.

Beispiel 23: Fritz läuft bei winterlicher Witterung mit glatten Sommerschuhen herum und kommt auf dem ungeräumten Gehweg des Eugen zu Fall. Fritz hat die im Verkehr erforderliche Sorgfalt außer Acht gelassen, dass man bei winterlicher Witterung rutschfeste Schuhe trägt.

Eine Besonderheit ist die von einem Geschädigten ausgehende Sach- oder Betriebsgefahr. Diese wird gemäß § 254 Abs. 1 BGB berücksichtigt.

Beispiel 24: Bei einem Unfall auf einer Straßenkreuzung wird durch das Verschulden des Fahrradfahrers Fred das Auto der Alina beschädigt. Nach § 823 Abs. 1 BGB hat Alina einen Schadenersatzanspruch gegen Fred. Alina muss sich die vom Pkw ausgehende Betriebsgefahr nach §§ 254 Abs. 1 BGB, 7 Abs. 1 StVG anrechnen lassen.

Beispiel 25: Anrechnung der von einem Tier nach § 833 BGB ausgehenden Tiergefahr.

b) Mitverschulden durch Unterlassen nach § 254 Abs. 2 1. Alt. BGB

Ein Mitverschulden des Geschädigten kann dadurch gegeben sein, dass er den Schädiger auf die Gefahr eines ungewöhnlich hohen Schadens nicht aufmerksam macht, den der Schädiger weder kannte noch kennen musste.

Beispiel 26: Der Kunde beauftragt den Messebauer, den Stand bereits einen Tag vor der Eröffnung der Messe fertigzustellen. An diesem Tag erwartet er Besucher aus Fernost, die einen Großauftrag abschließen wollen. Hierzu muss der Messestand bereits fertiggestellt sein. Hier besteht zwar die Gefahr eines ungewöhnlich hohen Schadens. Ein Messebauer muss aber nicht damit rechnen, dass bereits vor Messebeginn große Aufträge abgeschlossen werden.

Unterlässt der Geschädigte den Hinweis, so kann er nicht den vollen Schaden ersetzt verlangen. Die Höhe des Schadenersatzanspruches hängt vom Einzelfall ab.

c) Mitverschulden durch Unterlassen nach § 254 Abs. 2 2. Alt. BGB

Der wichtigere Tatbestand im Rahmen des § 254 Abs. 2 BGB ist das Unterlassen der Schadensminderung. Danach ist der Ersatzanspruch zu kürzen, wenn der Geschädigte Maßnahmen unterlassen hat, die ein gewissenhafter und verständiger Mensch zur Verhinderung oder Begrenzung des Schadens ergriffen hätte.[145]

Allgemeine Beispiele: Unterlassen des Anlegens des Sicherheitsgurtes, Unterlassen von zumutbaren Umschulungsmaßnahmen nach Arbeitsunfähigkeit.

d) Verschuldensfähigkeit und Kausalität

Ein Mitverschulden des Geschädigten nach § 254 BGB liegt nur vor, wenn Verschuldensfähigkeit gegeben ist. §§ 827, 828 BGB sind entsprechend anzuwenden.[146]

Beispiel 27: Der 6-jährige Julius klettert übermütig auf ein ungesichertes Regal im Möbelmarkt. Beim Umstürzen des Möbelstücks wird Julius verletzt. Ein Mitverschulden des Julius scheidet aus, da er nach § 828 Abs. 1 BGB deliktsunfähig ist. Eine andere Frage ist das Mitverschulden der Eltern des Julius, die im folgenden *Beispiel 28* behandelt wird.

Das Verschulden gegen sich selbst muss bei der Mitverursachung der Verletzung kausal gewesen sein.

e) Sonderfall: Mitverschulden des gesetzlichen Vertreters oder des Erfüllungsgehilfen

Nach der unglücklichen Formulierung des § 254 Abs. 2 Satz 2 BGB findet § 278 BGB entsprechende Anwendung.

---

[145] Hk-BGB/Schulze, § 254 RN 8.
[146] Hk-BGB/Schulze, § 254 RN 4 mit Hinweis auf BGHZ 24, 327.

Gemeint ist damit, dass der Geschädigte im Rahmen seiner Schadensminderungspflicht auch für das Verschulden seines gesetzlichen Vertreters oder seines Erfüllungsgehilfen einzustehen hat. Die Vorschrift des § 254 Abs. 2 Satz 2 BGB ist eigentlich als 3. Absatz des § 254 BGB zu verstehen und auf die Absätze 1 und 2 anzuwenden. Nach h. M. stellt die Vorschrift des § 254 Abs. 2 Satz 2 BGB eine Rechtsgrundverweisung[147] auf § 278 BGB dar. Damit muss beim Schadensfall bereits eine rechtliche Sonderverbindung zwischen Geschädigtem und Schädiger bestehen[148].

Die Vorschrift lässt sich am Besten an dem nachfolgenden Beispiel verdeutlichen.

Beispiel 28: Die Eltern des 6-jährigen Julius beabsichtigen im Möbelmarkt des Maximilian eine Kommode für das Wohnzimmer zu erwerben. Julius klettert dort übermütig auf ein ungesichertes Regal. Die Eltern sehen dies, rufen aber Julius nicht zurück. Das Regal stürzt um. Hierdurch erleidet Julius eine Platzwunde. Die Eltern verlangen im Namen ihres Kindes den Ersatz der vollen Arztkosten von Maximilian.

Im Rahmen der Ermittlung der Schadensursache stellt sich heraus, dass der stets zuverlässige und regelmäßig überwachte Angestellte Elmar ausnahmsweise vergessen hatte, das Regal zu sichern.

Hinweis: Es soll in der Lösung nicht auf den Anspruch aus § 831 BGB eingegangen werden, da dieser wegen der Exkulpationsmöglichkeit des Maximilian nach § 831 Abs. 1 Satz 2 BGB keinen Erfolg verspricht.

---

[147] Liegt eine Rechtsgrundverweisung vor, so müssen sowohl die Tatbestandsvoraussetzungen der Norm als auch die Rechtsfolge der Norm erfüllt sein.
[148] Hk-BGB/Schulze, § 254 RN 9.

Lösung: Julius könnte einen Anspruch auf Ersatz der Arztkosten nach §§ 280 Abs. 1, 241 Abs. 2, 311 Abs. 2 Nr. 2 Abs. 3 BGB haben.

1. Zwischen den Eltern und dem Maximilian ist ein vorvertragliches Schuldverhältnis zustande gekommen, da sich der Schadensfall vor einem Vertragsabschluss ereignet hat. Mit dem Umsehen im Möbelhaus nach einem geeigneten Möbelstück sollte ein Vertrag angebahnt werden.

2. Geschädigt wurden nicht die Eltern, sondern das Kind. Dieses wird nach den Grundsätzen des Vertrages mit Schutzwirkung zugunsten Dritter (vgl. § 311 Abs. 3 BGB) in die Schutzwirkung dieses vorvertraglichen Schuldverhältnisses einbezogen.

3. Die Eltern vertreten ihr Kind bei der Geltendmachung des Anspruches nach § 1629 Abs. 1 BGB.

4. Die Eltern können nach § 249 Abs. 2 BGB Schadenersatz in Geld fordern.

5. Der Schaden beläuft sich auf die Höhe der angefallenen Arztkosten.

6. Der Anspruch könnte aber durch ein Mitverschulden gemindert sein.

a) Ein Mitverschulden des Julius selbst scheidet aus, da dieser nach § 828 Abs. 1 BGB noch nicht deliktsfähig ist.

b) Zu prüfen ist ein Mitverschulden nach §§ 254 Abs. 2 Satz 2, 278 BGB durch eine Aufsichtspflichtverletzung der Eltern. Zwischen dem Kind (Geschädigter) und Maximilian (Schädiger) bestand bereits vor der Schädigung eine Sonderverbindung (vorvertragliches Schuldverhältnis mit Schutzwirkung Dritter). Damit muss sich Julius eine eventuelle Aufsichtspflichtverletzung der Eltern als Mitverschulden zurechnen lassen.

c) Die Eltern haben ihre Aufsichtspflicht verletzt, da sie Julius beim Klettern beobachtet haben. Sie hätten ihn zurückrufen bzw. zurückholen müssen.

Ergebnis: Julius hat einen Anspruch gegen Maximilian auf Ersatz der Arztkosten. Dieser Anspruch ist aber in Höhe der Quote des Mitverschuldens der Eltern (Aufsichtspflichtverletzung) zu kürzen.

Lektion 11: Allgemeine Geschäftsbedingungen

I. Allgemeines

Beim Entstehen eines Schuldverhältnisses durch Vertrag ist der Gesetzgeber davon ausgegangen, dass beide Vertragsparteien gleich stark[149] sind und durch gegenseitiges Nachgeben eine Einigung erzielen. Dies ist der Grund für die Vertragsfreiheit im BGB.

Ist dieses Stärkeverhältnis zu Gunsten einer Vertragspartei durch das „Diktieren" von Vertragsbedingungen verschoben, muss der Gesetzgeber die unterlegene Partei schützen. Dies ist in den §§ 305 ff. BGB[150] geschehen, die die Zulässigkeit von sog. Allgemeinen Geschäftsbedingungen[151] (im Folgenden AGB genannt) regeln.

Klausurtipp: Die §§ 305 ff. BGB sind im Rahmen des Entstehens eines Anspruchs zu prüfen.

Beispiel 1: Die Studentin Klara verkauft an den Studenten Christopher einen Gebrauchtwagen. Dabei verwendet Klara erstmalig einen Vertragsvordruck, den sie sich von der Internetseite eines Automobilclubs heruntergeladen hatte. Dort ist unter Klausel 7 vermerkt: „Die Gewährleistung ist ausgeschlossen!" Nach drei Wochen tritt ein Mangel am Fahrzeug auf. Kann Christopher Nacherfüllung verlangen?

---

[149] Denken Sie an das Symbol der Waage in der Hand der Justizia.
[150] Vor der Schuldrechtsreform waren diese Vorschriften im AGB-Gesetz geregelt. Mit der Schuldrechtsreform hat der Gesetzgeber diese Vorschriften nahezu unverändert in die §§ 305 ff. BGB übernommen. Verfahrensvorschriften wurden in das Unterlassungsklagengesetz (UKlaG) übernommen.
[151] Im Volksmund auch „Kleingedrucktes" genannt.

Lösung: Christopher könnte einen Anspruch auf Nacherfüllung nach §§ 437, 439 BGB haben.

1. Es liegt ein Mangel nach § 434 BGB vor.
2. Der Anspruch auf Nacherfüllung könnte durch die Klausel 7 ausgeschlossen sein. Dazu müsste Klausel 7 wirksam sein. Nunmehr würde dann eine eingehende Prüfung der §§ 305 ff. BGB erfolgen. Auf die Einzelheiten soll nicht an dieser Stelle, sondern im Laufe dieser Lektion eingegangen werden.

II. Die Prüfung der AGB

Prüfungsschema
1. Sind nach § 310 Abs. 4 Satz 1 BGB die Vorschriften der §§ 305 ff. BGB auf die Vertragsbedingungen anwendbar?
2. Liegen AGB nach § 305 Abs. 1 BGB vor?[152]
3. Sind diese nach §§ 305 Abs. 2, 3 BGB, 305 a, 305 b, 305 c BGB wirksam Bestandteil des Vertrages geworden?[153]
4. Sind die AGB nach §§ 309, 308, 307 BGB (in dieser Reihenfolge!) wirksam, sog. Inhaltskontrolle?

1. Anwendbarkeit der §§ 305 ff. BGB

Nach § 310 Abs. 4 Satz 1 BGB finden die §§ 305 ff. BGB keine Anwendung auf:

- Verträge auf dem Gebiet des Erbrechts
- Verträge auf dem Gebiet des Familienrechts
- Verträge auf dem Gebiet des Gesellschaftsrechts
- Tarifverträge, Betriebs- und Dienstvereinbarungen.

---

[152] Beachte die Fiktion in § 310 Abs. 3 Nr. 1 BGB
[153] Beachte: § 310 Abs. 1, 2, 4 Sätze 2, 3 BGB schränken den Anwendungsbereich der §§ 305 ff. BGB ein. § 310 Abs. 3 Nr. 2 und 3 BGB sieht bei Verbraucherverträgen geänderte Tatbestandsmerkmale vor.

Auf Verträge auf dem Gebiet des Sachenrechts finden die §§ 305 ff. BGB Anwendung, obwohl die Regelungen über AGB sich nicht im Allgemeinen Teil des BGB befinden. Die Vorschriften wurden in die §§ 305 ff. BGB und nicht in den Allgemeinen Teil des BGB eingeordnet, weil damit nur der Schwerpunkt des Anwendungsbereichs betont werden sollte.[154]

Nach § 310 Abs. 4 Satz 2 BGB sind bei der Anwendung der §§ 305 ff. BGB auf Arbeitsverträge die im Arbeitsrecht geltenden Besonderheiten angemessen zu berücksichtigen. § 305 Abs. 2 und 3 BGB ist auf Arbeitsverträge nicht anzuwenden. Weitere Regelungen zum Anwendungsbereich der AGB finden sich in § 310 Abs. 1 bis 3 BGB.

2. Der Begriff der AGB

Folgende Voraussetzungen müssen nach § 305 Abs. 1 BGB erfüllt sein:

- Vertragsbedingungen
- für eine Vielzahl von Fällen vorformuliert
- vom Verwender gestellt.

a) Vertragsbedingungen

Es muss sich um Bestimmungen handeln, die Inhalt des Vertrages werden sollen. Dabei ist es unerheblich, ob es sich um fast den gesamten Vertragsinhalt oder nur um einzelne Klauseln handelt[155].

---

[154] BT-Drucksache 14/6040, Seite 149.
[155] Vgl. Brox/Walker, AS, § 4 RN 29.

b) Für eine Vielzahl von Fällen vorformuliert

Es muss sich um Klauseln handeln, die in mehreren Fällen angewendet werden sollen. Wer diese Klauseln formuliert[156] hat, ist unerheblich. Zu den Einzelheiten sollten Sie § 305 Abs. 1 Sätze 2 und 3 BGB lesen.

Beispiel 2: Bei dem Vertragsvordruck aus *Beispiel 1* handelt es sich um AGB, auch wenn Klara diese nur einmal verwendet. Es sind von einem Automobilclub für eine Vielzahl von Fällen vorformulierte Vertragsbedingungen.

Bei Verbraucherverträgen (Verträgen zwischen einem Unternehmer nach § 14 BGB und einem Verbraucher nach § 13 BGB) ist die Besonderheit des § 310 Abs. 3 Nr. 2 BGB zu beachten. Auch wenn die AGB zur einmaligen Verwendung bestimmt waren und der Verbraucher aufgrund der Vorformulierung keinen Einfluss nehmen konnte, finden die §§ 305c Abs. 2, 306 und 307 bis 309 BGB Anwendung.

c) Vom Verwender gestellt

Die Vertragsbedingungen müssen zwar nicht vom Verwender formuliert sein, müssen aber vom Verwender einseitig der anderen Partei gestellt werden, also quasi diktiert werden.

Das Merkmal ist nach § 305 Abs. 1 Satz 3 BGB nicht erfüllt, wenn die Vertragsbedingungen zwischen den Vertragsparteien im Einzelnen ausgehandelt werden.

---

[156] Streitig ist, ob Klauseln, die ein Notar aus einem Formularbuch entnimmt und die eine Vertragspartei sich einseitig zu ihren Gunsten zunutze macht, AGB darstellen. Dafür: BGHZ 74, 204, 210; dagegen: BGH NJW 1991, 843.

Bei Verbraucherverträgen gelten nach § 310 Abs. 3 Nr. 1 BGB die AGB als vom Unternehmer gestellt, es sei denn dass sie durch den Verbraucher in den Vertrag eingeführt wurden.

3. Sind die AGB Bestandteil des Vertrages geworden?

Damit die AGB Bestandteil eines Vertrages werden, müssen sie wirksam in den Vertrag einbezogen werden.

Voraussetzungen für die Einbeziehung

(Hinweis: Die Voraussetzungen müssen kumulativ vorliegen!)
- Der Verwender muss nach § 305 Abs. 2 Nr. 1 BGB die andere Vertragspartei bei Vertragsschluss ausdrücklich auf die AGB hingewiesen haben. Ausnahmsweise genügt ein sichtbarer Aushang mit Hinweis auf diese AGB, wenn wegen der Art des Vertragsschlusses der ausdrückliche Hinweis nur unter unverhältnismäßigen Schwierigkeiten möglich ist.

  Allgemeine Beispiele: AGB bei chemischen Reinigungsbetrieben, AGB in Parkhäusern.

- Der Vertragspartner muss nach § 305 Abs. 2 Nr. 2 BGB in zumutbarer Weise von dem Inhalt der AGB Kenntnis nehmen können.[157]

- Der Vertragspartner muss mit der Geltung der AGB einverstanden sein. Dabei kann das Einverständnis ausdrücklich, aber auch konkludent erklärt werden.

  Beispiel 3: Der Verwender weist ausdrücklich auf die umseitig abgedruckten und gut lesbaren AGB hin. Der Vertragspartner unterschreibt den Vertrag. Die AGB sind wirksam in den Vertrag einbezogen.

---

[157] Dabei wird auf den Durchschnittskunden abgestellt. Erkennt der Verwender eine Behinderung des Vertragspartners, so muss er angemessene Maßnahmen ergreifen, § 305 Abs. 2 2. HS BGB.

Ausnahmen von § 305 Abs. 2 BGB:

- § 305 a BGB regelt die Einbeziehung in besonderes Fällen.
- Nach § 305 c BGB werden überraschende und mehrdeutige Klauseln trotz formaler Einbeziehung nicht Vertragsbestandteil.

Beispiel 4: In einem Vertragsformular über die Veröffentlichung von Anzeigen in einer monatlich erscheinenden Zeitschrift heißt es in großen Buchstaben auf der Vorderseite „Auftragsdauer 1 Jahr = 12 Ausgaben". Auf der Rückseite des Formulars ist **zwischen** anderen Klauseln die (überraschende) Klausel enthalten, dass sich die Vertragsdauer automatisch verlängert, wenn nicht gekündigt wird[158].

4. Inhaltskontrolle

Die Vorschriften über die Inhaltskontrolle finden sich in den §§ 307 bis 309 BGB. Dabei stellt § 307 BGB die Auffangregelung dar.

Deshalb gilt folgende **Prüfungsreihenfolge:**

- Ist die Klausel nach § 309 BGB (Klauselverbot ohne Wertungsmöglichkeit) unwirksam?

    Damit ist eine dort genannte Klausel immer unwirksam, wenn der dort genannte Tatbestand erfüllt ist.

    Allgemeine Beispiele: Gewährleistungsausschluss bei neu hergestellten Sachen (vgl. § 309 Nr. 8 b aa) BGB); Haftungsausschluss für grobe Fahrlässigkeit bei sonstigen Schäden (vgl. § 309 Nr. 7 b BGB)[159].

Beispiel 5: Klara verkauft Christopher einen Gebrauchtwagen. Dabei verwendet Klara erstmalig einen Vertragsvordruck, den sie sich von der Internetseite eines Automobilclubs herunter geladen hatte. Der Vertragsvordruck wird von beiden am Ende des Textes unterschrieben. Dort ist

---

[158] Vgl. BGH NJW 1989, 2255.
[159] Beachte aber die Ausnahme für bestimmte genehmigte Beförderungsbedingungen, vgl. § 309 Nr. 7 am Ende BGB.

unter Klausel 7 vermerkt: „Die Gewährleistung ist ausgeschlossen!". Nach 3 Wochen tritt ein Mangel am Fahrzeug auf. Christopher verlangt Nacherfüllung. Zu Recht?

Lösung: Christopher könnte einen Anspruch auf Nacherfüllung nach §§ 437, 439 BGB haben.

1. Zwischen Klara und Christopher liegt ein wirksamer Kaufvertrag vor.

2. Es liegt ein Mangel nach § 434 BGB vor.

3. Der Anspruch auf Nacherfüllung könnte durch die Klausel 7 ausgeschlossen sein.

a) Die §§ 305 ff. BGB sind auf die Vertragsbedingungen der Klara anwendbar, § 310 Abs. 4 Satz 1 BGB.

b) Es handelt sich um AGB nach § 305 Abs. 1 BGB. Die Vertragsbedingungen wurden von dem Automobilclub für eine Vielzahl von Fällen vorformuliert. Die Vertragspartei Klara stellt sie der anderen Vertragspartei Christopher bei Abschluss des Kaufvertrages.

c) Klara hat im Rahmen der Unterschrift des Christopher am Ende des Vertragsformulars ausdrücklich auf die AGB hingewiesen. Gleichzeitig hat Christopher damit auch sein Einverständnis zu den AGB gegeben. Damit sind die AGB nach § 305 Abs. 2 Nr. 1 BGB wirksam Vertragsbestandteil geworden.

d) Die Klausel 7 könnte gegen § 309 Nr. 8 b aa) BGB verstoßen. Voraussetzung dieses Klauselgebotes ist aber, dass die Gewährleistung für **neu hergestellte** Sachen ausgeschlossen ist. Klara hat aber einen Gebrauchtwagen verkauft, so dass das Klauselverbot des § 309 Nr. 8 b aa) BGB nicht eingreift.

4. Da weder ein arglistiges Verschweigen des Mangels durch Klara noch eine Übernahme einer Garantie ersichtlich ist, greift § 444 BGB nicht ein. Ein wirksamer Haftungsausschluss liegt vor. Die Gewährleistung ist wirksam ausgeschlossen[160].

---

[160] In einer Klausur könnte man noch auf die §§ 474, 475 BGB eingehen. § 475 Abs. 1 BGB steht dem Gewährleistungsauschluss nicht entgegen, da es sich nicht um einen Verbrauchsgüterkauf nach § 474 BGB handelt. Beide Vertragsparteien sind Privatleute.

Ergebnis: Christopher hat keinen Anspruch auf Nacherfüllung.

- Ist die Klausel nach § 308 BGB (Klauselverbot mit Wertungsmöglichkeit) unwirksam?

  Die in § 308 BGB enthaltenen Klauselverbote enthalten im Gegensatz zu § 309 BGB unbestimmte Rechtsbegriffe, wie „unangemessen", „besondere Bedeutung". Damit muss die Klausel bezogen auf den Einzelfall geprüft werden.

- Ist die Klausel nach § 307 BGB (Generalklausel) unwirksam?

  Danach ist eine Klausel unwirksam, wenn sie den Vertragspartner unangemessen benachteiligt. Für eine unangemessene Benachteiligung nennt § 307 Abs. 2 BGB zwei Beispiele:

  ➢ Durch eine Klausel in den AGB wird von einer gesetzlichen Regelung abgewichen. Diese Abweichung ist aber nicht mit dem Grundgedanken der gesetzlichen Regelung zu vereinbaren.

  Beispiel 6: Nach den AGB eines Mäklervertrages entsteht ein Mäklerlohn auch dann, wenn der durch die Vermittlung des Mäklers angebahnte Vertrag mit dem Dritten nicht zustande kommt. Diese Regelung verstößt gegen den gesetzlichen Leitgedanken des § 652 BGB, wonach gerade der erfolgreiche Vertragsabschluss den Anspruch auf den Mäklerlohn auslösen soll.

  ➢ Durch eine Klausel werden die wesentlichen Rechte oder Pflichten, die sich aus der Natur des Vertrages ergeben, so eingeschränkt, dass die Erreichung des Vertragszwecks gefährdet ist.

  Beispiel 7: Ein Sachverständigenbüro vereinbart in den AGB einen Haftungsausschluss für Fehler aufgrund von Fahrlässigkeit.

Es gehört zu den Kardinalpflichten eines Sachverständigen, ein ordnungsgemäßes Gutachten zu erstellen[161].

Als unangemessen ist nach § 307 Abs. 1 Satz 2 BGB auch ein Verstoß gegen das Transparenzgebot anzusehen. Dies liegt vor, wenn eine Bestimmung nicht klar und verständlich ist.

Um ein Umgehen der Klauselverbote zu verhindern, hat der Gesetzgeber in § 306 a BGB ein sog. Umgehungsverbot geregelt. Danach genügt eine objektive Umgehung der Klauselverbote[162].

5. Rechtsfolgen bei Nichteinbeziehung oder Unwirksamkeit

Die Rechtsfolgen sind in § 306 BGB geregelt:

- Entgegen § 139 BGB bleibt bei ganzer oder teilweiser Nichteinbeziehung oder Unwirksamkeit der übrige Vertrag wirksam. Eine Ausnahme regelt insoweit § 306 Abs. 3 BGB.

- Die durch die Nichteinbeziehung oder Unwirksamkeit von Klauseln entstandene Lücke wird nach § 306 Abs. 2 BGB durch die Anwendung der gesetzlichen Vorschriften geschlossen.

6. Gerichtliche Geltendmachung der Unwirksamkeit von AGB

- Die Unwirksamkeit von AGB kann im Rahmen eines normalen Zivilrechtsstreits zwischen den Vertragspartnern festgestellt werden.
- Bestimmte Verbände und Kammern haben ein eigenes Klagerecht und können die Unwirksamkeit von Klauseln feststellen lassen[163].

---

[161] Vgl. Hübner NJW 1988, 441, 443.
[162] Brox/Walker, AS, § 4 RN 54.
[163] Vgl. im Einzelnen §§ 3, 11 UklaG.

Lektion 12: Das Erlöschen des Schuldverhältnisses

Wir erinnern uns an das Prüfungsschema für einen Klausurfall:

1. **Ist der Anspruch entstanden?**
2. **Ist der Anspruch erloschen?**
3. **Ist der Anspruch durchsetzbar?**

Im ersten Schritt werden die einzelnen Voraussetzungen der Anspruchsgrundlage geprüft. Kommt man zu dem Ergebnis, dass alle Voraussetzungen gegeben sind, so folgt im zweiten Schritt die Prüfung, ob der einmal entstandene Anspruch noch besteht oder bereits *erloschen* ist. Dieser Prüfungspunkt wird im Folgenden näher betrachtet.

Das Erlöschen eines Anspruchs ist in folgenden Fällen denkbar:

- Erfüllung nach §§ 362 ff. BGB
- Hinterlegung nach §§ 372 ff. BGB
- Aufrechnung nach §§ 387 ff. BGB
- Erlass nach § 397 BGB.

I. Erfüllung nach § 362 BGB

Nach § 362 BGB erlischt das Schuldverhältnis, wenn

- die geschuldete Leistung
- am richtigen Ort
- zur richtigen Zeit
- an den richtigen Gläubiger erbracht wird.

1. Die geschuldete Leistung

§ 362 Abs. 1 BGB fordert nicht, dass der Schuldner selbst die geschuldete Leistung erbringt. Dies stellt § 267 Abs. 1 BGB nochmals klar, wonach auch Dritte die Leistung bewirken können.

a) Leistung durch Dritte

Grundsätzlich kann eine Leistung auch durch Dritte erfolgen. Eine Leistung durch Dritte ist nur gegeben, wenn der Dritte auf eine fremde Schuld eine eigene Leistung erbringt.

Voraussetzungen für eine Leistung durch Dritte
- Der Dritte muss willentlich auf eine Schuld des Schuldners leisten
- Eine Einwilligung des Schuldners ist nicht erforderlich (§ 267 Abs. 1 Satz 2 BGB)
- keine Ablehnung des Gläubigers nach § 267 Abs. 2 BGB
- kein persönliches Leistungsrecht des Schuldners.

Beispiel 1: Nora hat in der Boutique das Angebot der Inhaberin Veronika auf Kauf eines Abendkleides angenommen. An der Kasse bezahlt ihr Freund Alexander den Kaufpreis, obwohl Nora widerspricht. Ist Erfüllung des Kaufvertrages nach § 362 Abs. 1 BGB eingetreten, ist also der Anspruch der Veronika aus § 433 Abs. 2 BGB auf Kaufpreiszahlung erloschen?

Lösung: Erfüllung nach § 362 Abs. 1 BGB ist dann eingetreten, wenn die geschuldete Leistung am richtigen Ort, zur richtigen Zeit, an den richtigen Gläubiger geleistet worden ist.

I. Problematisch ist die Zahlung durch Alexander. Nach §§ 362, 267 BGB hat die Leistung durch Alexander Erfüllungswirkung, wenn die Voraussetzungen erfüllt sind.

a) Alexander hat willentlich auf die Schuld der Nora geleistet.

b) Eine Einwilligung der Nora ist nicht erforderlich. Ein Widerspruch der Nora ist unbeachtlich. Nach § 267 Abs. 2 BGB führt das nur dazu, dass die Gläubigerin Veronika die Leistung durch den Dritten (Alexander) ablehnen könnte.

c) Die Gläubigerin Veronika hat die Leistung nach § 267 Abs. 2 BGB nicht abgelehnt.

d) Die Schuldnerin Nora ist nicht verpflichtet in Person zu leisten. Die §§ 433 ff. BGB sehen keine persönliche Leistungspflicht des Käufers vor.

Ergebnis: Da die Leistung am richtigen Ort, zur richtigen Zeit an den richtigen Gläubiger erbracht worden ist, ist Erfüllung eingetreten. Der Anspruch der Veronika aus § 433 Abs. 2 BGB auf Kaufpreiszahlung ist erloschen.

b) Persönliche Leistungspflicht des Schuldners

Der gesetzliche Regelfall ist, wie unter a) angeführt, dass eine Leistung nicht durch den Schuldner persönlich, sondern auch durch Dritte erbracht werden kann.

Typischer Anwendungsfall in der Praxis ist der Erfüllungsgehilfe nach § 278 BGB.

Ausnahmsweise besteht eine persönliche Leistungspflicht des Schuldners, wenn

- eine vertragliche Vereinbarung besteht
- das Gesetz eine persönliche Leistungspflicht des Schuldners vorsieht.

Beispiel 2: Ursula verlangt beim Friseur Arthur an der Empfangstheke einen „Chefschnitt". Arthur willigt ein. Hier liegt eine vertragliche Vereinbarung vor, dass eine persönliche Leistungspflicht des Geschäftsinhabers Arthur besteht.

Oftmals wird die vertragliche Vereinbarung auszulegen sein, inwieweit eine persönliche Leistungspflicht des Schuldners vereinbart war.

Beispiel 3: Andreas vereinbart mit dem Bauunternehmer Gunther einen Vertrag über die Errichtung einer Garage. Gunther lässt die Fundamentarbeiten durch den Subunternehmer Volker ausführen. Zu Recht?

Lösung: Nach § 631 Abs. 1 BGB ist Gunther zur Herstellung der Garage verpflichtet. Er kann diese Pflicht nach § 267 Abs. 1 BGB auch (teilweise) durch Volker erbringen, soweit keine persönliche Leistungspflicht besteht. Vertragliche Vereinbarungen liegen insoweit nicht vor. Die Vorschriften der §§ 631 ff. BGB sehen keine persönliche Leistungspflicht vor. Damit bleibt es bei dem Grundsatz, dass auch Dritte die Leistung erbringen können.

Beispiel 4: Peter hat einen Arbeitsvertrag abgeschlossen. An einem sonnigen Sommertag soll seine Ehefrau Manuela die arbeitsrechtlichen Pflichten erfüllen, da sich Peter auf seiner Terrasse sonnen möchte. Die Übertragung der Dienstpflicht auf Manuela ist nach § 613 BGB nicht möglich, da im Zweifel der zur Dienstleistung Verpflichtete (Arbeitnehmer Peter) in Person zu leisten hat.

c) Einzelprobleme bei der Erbringung der geschuldeten Leistung

- Die Leistung muss in der richtigen Art und Weise erbracht werden. Es ist genau zu prüfen, ob der Schuldner nur eine Handlung vorzunehmen hat oder auch einen Erfolg schuldet.

    Beispiel 5: Der Bauunternehmer Bernd soll im Garten des Georg ein Schwimmbecken errichten. Das Becken ist nicht richtig abgedichtet und das Wasser versickert.

Erfüllung ist erst eingetreten, wenn der geschuldete Erfolg (ein mangelfreies Werk) übergeben wird. Die Vornahme der Handlung allein (Errichtung des Schwimmbeckens allein) genügt nicht.

Beispiel 6: Gerhard schuldet die Bezahlung des Kaufpreises aus einem Kaufvertrag. Dafür ist erforderlich, dass der Gläubiger das Geld endgültig zur freien Verfügung übereignet oder überwiesen erhält[164].

Beispiel 7: Bei einem Kaufvertrag ist Erfüllung durch den Verkäufer nur dann eingetreten, wenn er die Kaufsache mangelfrei übergibt. Nimmt der Käufer trotzdem eine mangelhafte Kaufsache an, so beschränken sich die Ansprüche des Käufers auf die Gewährleistungsrechte nach §§ 437 ff. BGB. Der Käufer kann aber auch die Abnahme der Kaufsache verweigern ohne in Annahmeverzug zu geraten.

- **subj. Erfüllungswille oder Zweckbestimmung**

Ein subjektiver Erfüllungswille des Schuldners ist nicht erforderlich. Nach neuerer Auffassung ist noch eine Zweckbestimmung des Leistenden erforderlich[165].

- **Erfordernisse bei Geldschulden**

Eine Barzahlung stellt eine Erfüllung nach § 362 Abs. 1 BGB dar. Nach inzwischen h. M. stellt auch die Banküberweisung eine Erfüllung dar, wenn sich durch Auslegung ergibt, dass der Gläubiger mit dieser Zahlweise einverstanden ist (z. B.: Angabe einer Kontoverbindung auf der Rechnung). Die Erfüllung tritt ein, wenn der Geldbetrag dem Konto des Gläubigers gutgeschrieben wird und dieser über den Betrag verfügen kann.

Gleiches gilt m. E. bei Zahlung einer Geldschuld mittels Bankkarte und durch Eingabe der PIN. Der Verkäufer erklärt sich durch das entsprechende Symbol mit dieser Zahlungsweise einverstanden.

---

[164] BGH NJW 1996, 1207.
[165] Vgl. Muscheler/Bloch, JuS 2000, 729, 732.

Keine Erfüllung nach § 362 BGB, sondern nur eine Leistung *erfüllungshalber* (siehe dazu unten II.) tritt bei Bezahlung mit *Scheck, Wechsel* oder *Kreditkarte* ein.

2. Am richtigen Ort

In diesem Zusammenhang sind die Vorschriften der §§ 269, 270 BGB zu prüfen[166].

3. Zur richtigen Zeit

Hier ist § 271 BGB zu prüfen. Ein besonderes Problem ergibt sich beim absoluten Fixgeschäft[167]. Wird die Leistung nicht zum vereinbarten Zeitpunkt vorgenommen, so ist ein Fall der Unmöglichkeit nach § 275 Abs. 1 BGB gegeben. Damit scheidet eine Erfüllung aus.

4. An den richtigen Gläubiger

Nach dem Wortlaut des § 362 Abs. 1 BGB muss die Leistung „an den Gläubiger" bewirkt werden. Damit ist anders als beim Schuldner nur eine Erfüllung an den Gläubiger möglich.

Ausnahmen:

- eine andere Person hat die Empfangszuständigkeit (z. B. Insolvenzverwalter)

- der Dritte ist zur Empfangnahme berechtigt (§§ 362 Abs. 2, 185 Abs. 1 BGB)

- nachträgliche Genehmigung durch den Gläubiger (§§ 362 Abs. 2, 185 Abs. 2 BGB)

- bei Vertrag zu Gunsten Dritter nach § 328 Abs. 1 BGB.

---

[166] Vgl. dazu Lektion 4 I 4.

II. Annahme an Erfüllungs statt und Annahme erfüllungshalber

Nach § 364 Abs. 1 BGB erlischt das Schuldverhältnis auch, wenn der Gläubiger eine andere als die geschuldete Leistung an Erfüllungs statt annimmt. Dies liegt vor, wenn sich Gläubiger und Schuldner einig sind, dass der Gläubiger eine andere Leistung als die geschuldete Leistung als Erfüllung annimmt. Im Einzelfall ist der Wille des Gläubigers mittels Auslegung nach §§ 133, 157 BGB zu ermitteln.

Beispiel 8: Jens hat beim Händler Hubert einen Kaufvertrag über den Fernseher der Firma ABC Modell 2515 abgeschlossen. Da Hubert das Gerät nicht vorrätig hat, muss er dieses beim Großhändler einkaufen. Es wird vom Großhändler das gleichwertige Gerät der Firma XY Modell 1010 geliefert. Jens erklärt sich gegenüber dem Händler Hubert einverstanden, das Gerät der Firma XY abzunehmen, da er dringend ein Fernsehgerät für die beginnende Bundesligasaison benötigt.

Wichtig ist die Abgrenzung der Leistung an Erfüllungs statt von der Leistung erfüllungshalber.

Erfüllungs statt	erfüllungshalber
Der Gläubiger nimmt eine andere Leistung an Stelle der ursprünglich geschuldeten Leistung als Erfüllung an.	Der Gläubiger begründet eine neue Verbindlichkeit neben der alten Verbindlichkeit, die bestehen bleibt. Erfüllung tritt ein, wenn der Gläubiger aus einer der Verbindlichkeiten befriedigt wird.

---

[167] Vgl. dazu Lektion 4 I 5.

Die Leistung erfüllungshalber ergibt sich nur mittelbar aus § 364 Abs. 2 BGB. Diese Vorschrift stellt eine Auslegungsregel dar. Dies bedeutet, dass zuerst nach den allgemeinen Grundsätzen der §§ 133, 157 BGB auszulegen ist. Ergibt sich kein klares Ergebnis, so ist § 364 Abs. 2 BGB heranzuziehen.

Beispiel 9: Eberhard kauft im Geschäft des Christopher ein. Da Eberhard nicht ausreichend Bargeld mit sich führt, „zahlt" er mit seiner Kreditkarte. Wann tritt das Erlöschen des Kaufpreisanspruches ein?

Lösung: Ein Erlöschen des Kaufpreisanspruches könnte nach § 364 Abs. 1 BGB mit der Bezahlung durch die Kreditkarte eingetreten sein. Dann müßte die Bezahlung durch Kreditkarte die Annahme an Erfüllungs statt darstellen. Ausdrückliche Vereinbarungen zwischen den Parteien liegen nicht vor. Damit greift die Auslegungsregel des § 364 Abs. 2 BGB. Eberhard geht eine neue Verbindlichkeit ein. Die Zahlung mittels Kreditkarte stellt eine Annahme erfüllungshalber dar. Die ursprüngliche Kaufpreisforderung ist nicht erloschen, sondern hierdurch nur gestundet. Sobald die kontoführende Bank das Geld an Christopher überweist, tritt auch ein Erlöschen des Kaufpreisanspruches ein.

III. Hinterlegung nach §§ 372 ff. BGB

Die Hinterlegung stellt ein sog. Erfüllungssurrogat dar. Sie ist für den Fall vorgesehen, dass der Schuldner zur Leistung bereit ist, ein Grund, der in der Person des Gläubigers liegt, aber eine Erfüllung verhindert.

Hinterlegungsgründe:

- Annahmeverzug des Gläubigers (§ 372 Satz 1 BGB)

- ein anderer in der Person des Gläubigers liegender Grund (§ 372 Satz 2 1. Alt BGB)

- Ungewissheit über die Person des Gläubigers (§ 372 Satz 2 2. Alt. BGB).

Nach § 372 Satz 1 BGB sind nur Geld, Wertpapiere, sonstige Urkunden und Kostbarkeiten hinterlegungsfähig.

Ist nach § 378 BGB die Rücknahme der hinterlegten Sache ausgeschlossen, so wird der Schuldner durch die Hinterlegung von der Verbindlichkeit frei.

IV. Aufrechnung nach §§ 387 ff. BGB

Aufrechnung ist das wechselseitige Erlöschen von zwei Forderungen durch eine einseitige Aufrechnungserklärung.

Prüfungsschema
1. Gegenseitigkeit
2. Gleichartigkeit der Forderungen
3. Die Hauptforderung und die Gegenforderung müssen entstanden sein.
4. Die Gegenforderung muss fällig sein.
5. Die Aufrechnung darf nicht ausgeschlossen sein.

Erfahrungsgemäß bereiten die Begriffe Hauptforderung und Gegenforderung große Schwierigkeiten. Um künftig eine Verwechslung zu vermeiden, sollte man sich die Idee der Aufrechnung an nachfolgendem Beispiel verdeutlichen:

Beispiel 10: Hans (Verkäufer) hat am 20.03. einen Kaufvertrag mit Georg (Käufer) abgeschlossen. Der Kaufpreis soll am 20.04. fällig sein. Am 15.04. hat Hans (Besteller) mit Georg (Unternehmer) einen Werkvertrag abgeschlossen. Der Werklohn soll am 15.05. fällig sein.

Der Werklohnanspruch des Georg kann durch Hans nach § 271 Abs. 2 BGB bereits nach dem Entstehen am 15.04. und vor Fälligkeit am 15.05. erfüllt werden. Andererseits kann Hans als Gläubiger wegen § 271 Abs. 2 BGB den Kaufpreisanspruch gegen Georg nicht vor dem 20.04. geltend machen.

Wenn Hans die Aufrechnung erklärt, so begleicht er den Werklohnanspruch des Georg und macht seinen Kaufpreisanspruch geltend. Dies bedeutet, dass er erst dann die Aufrechnung erklären kann, wenn sein Anspruch fällig ist.

Merke: Ich kann immer dann die Aufrechnung erklären, wenn ich Gläubiger eines **fälligen** (Gegen-)Anspruchs bin[168].

Mit der Aufrechnung „bezahlt" Hans den Werklohnanspruch des Georg. Deswegen bezeichnet man die Forderung des Aufrechnungsgegners als **Hauptforderung**. Weil Hans durch die Aufrechnung seinen Kaufpreisanspruch „dagegen gibt", bezeichnet man die Forderung des Aufrechnenden als **Gegenforderung**.

Merke:
Hauptforderung = Forderung des Aufrechnungsgegners
Gegenforderung = Forderung des Aufrechnenden

1. Gegenseitigkeit

Gegenseitigkeit bedeutet, dass der Schuldner der Hauptforderung auch Gläubiger der Gegenforderung sein muss. Der Gläubiger der Gegenforderung muss auch Schuldner der Gegenforderung sein.

Beispiel 10 (grafische Übersicht)

Hans		Georg
Gläubiger	Kaufpreisanspruch	Schuldner
Schuldner	Werklohnanspruch	Gläubiger

---

[168] Es versteht sich von selbst, dass ich auch Schuldner eines entstandenen (Haupt-)Anspruchs sein muss. Es fällt die Merkregel aber leichter, wenn man diese Selbstverständlichkeit weglässt.

2. Gleichartigkeit

Nach § 387 BGB müssen die Forderungen „ihrem Gegenstand nach gleichartig" sein. Damit wird im Regelfall nur eine Aufrechnung von Geldforderungen in Betracht kommen.

Beispiel 11: Der Rechtsanwalt Robert schuldet dem Handwerker Harald eine Beratung im Wert von 500,- EUR. Aufgrund eines Werkvertrages schuldet Harald die Reparatur eines Abflussrohres im Wert von 500,- EUR. Eine Aufrechnung scheidet mangels Gleichartigkeit aus! Auch wenn die Forderungen gleich**wertig** sind. Sie nicht gleich**artig**: Dienstleistung einer Beratung gegen Werkleistung einer Reparatur.

3. Die Hauptforderung und die Gegenforderung müssen entstanden sein

Die Hauptforderung ist diejenige Forderung, die der Aufrechnende erfüllt. Damit reicht es aus, wenn diese Forderung entstanden ist. Sie kann vor Fälligkeit erfüllt werden und muss damit nicht fällig sein. Sie kann auch einredebehaftet sein.

Beispiel 12: Hans (Verkäufer) hat einen Kaufvertrag mit Georg (Käufer) abgeschlossen. Der Kaufpreisanspruch des Hans gegen Georg ist bereits verjährt. Später hat Hans (Besteller) mit Georg (Unternehmer) einen Werkvertrag abgeschlossen. Der Werklohnanspruch des Georg ist fällig.

Georg kann aufrechnen. Sein Werklohnanspruch ist fällig. Die Hauptforderung (= Forderung des Aufrechnungsgegners Hans aus dem Kaufvertrag) ist entstanden, aber verjährt. Da aber Georg auch einen verjährten Anspruch erfüllen kann, ist die Aufrechnungslage gegeben.

Die Gegenforderung muss entstanden sein. Sie darf nach § 390 BGB nicht einredebehaftet sein. Eine Ausnahme bildet § 215 BGB. Danach ist die Aufrechnung möglich, wenn in dem Zeitpunkt, in dem erstmals die Aufrechnung hätte erklärt werden können, die Gegenforderung noch nicht verjährt war.

4. Die Gegenforderung muss fällig sein

Die Gegenforderung muss fällig sein. Gegenforderung ist die Forderung, bei der der Aufrechnende Gläubiger ist.

Beispiel 13: Hans (Verkäufer) hat am 20.03. einen Kaufvertrag mit Georg (Käufer) abgeschlossen. Der Kaufpreis soll am 20.04. fällig sein. Am 15.04. hat Hans (Besteller) mit Georg (Unternehmer) einen Werkvertrag abgeschlossen. Der Werklohn soll am 15.05. fällig sein.

Rechnet Hans auf, so ist der Werklohnanspruch des Georg die Hauptforderung, da Hans als Schuldner mit der Aufrechnung „den Werklohn bezahlt". Der Kaufpreisanspruch des Hans ist die Gegenforderung, da Hans als Verkäufer Gläubiger dieses Anspruchs ist.

Rechnet Georg auf, so ist der Kaufpreisanspruch des Hans die Hauptforderung, da Georg als Schuldner mit der Aufrechnung „den Kaufpreis bezahlt". Der Werklohnanspruch des Georg ist der Gegenanspruch, da Georg als Unternehmer Gläubiger dieses Anspruchs ist.

Hans könnte frühestens am 20.04. aufrechnen, da erst zu diesem Zeitpunkt der Kaufpreisanspruch (Gegenforderung) fällig ist und der Werklohnanspruch (Hauptforderung) bereits am 15.04. entstanden ist.

Georg könnte frühestens am 15.05. aufrechnen, da erst zu diesem Zeitpunkt der Werklohnanspruch (Gegenforderung) fällig ist und der Kaufpreisanspruch (Hauptforderung) bereits am 20.03. entstanden ist.

Die Voraussetzung, dass die Gegenforderung fällig sein muss, ergibt sich daraus, dass der Aufrechnende als Gläubiger die Forderung erst bei Fälligkeit vom Schuldner verlangen kann, vgl. § 271 Abs. 2 BGB.

5. Die Aufrechnung darf nicht ausgeschlossen sein

In folgenden Fällen ist eine Aufrechnung ausgeschlossen:

- **Ausschluss durch Parteivereinbarung**

  Aufgrund der Vertragsfreiheit steht es den Parteien frei, die Aufrechnung vertraglich auszuschließen[169].

- **Ausschluss nach § 393 BGB**

  Gegen eine Hauptforderung aus **vorsätzlich**[170] begangener unerlaubter Handlung (§ 823 BGB) kann die Aufrechnung nicht erklärt werden.

  Der Zweck des Gesetzgebers ist klar: Wer *vorsätzlich* eine unerlaubte Handlung begeht, soll seinen Schadenersatz tatsächlich zahlen müssen und nicht durch Aufrechnung begleichen können.

  Beispiel 14: Sonst könnte z.B. ein Gläubiger das Auto seines nicht zahlenden Schuldners vors. beschädigen und dann gegen die Schadenersatzforderung des Schuldners (§ 823 Abs. 1 BGB) aufrechnen.

  Dies bedeutet, dass der Aufrechnende immer *Gläubiger* des Anspruchs aus vorsätzlich begangener unerlaubter Handlung sein muss, also das *Opfer* sein muss. Der vorsätzlich unerlaubt handelnde *Täter* kann folglich nicht aufrechnen! Nicht aufrechnen können aber Opfer, wenn sich Schadenersatzansprüche aus *gegenseitig*[171] vorsätzlicher begangener unerlaubter Handlung gegenüberstehen. In diesem Fall ist § 393 BGB für beide Forderungen anwendbar. Eine Aufrechnung ist damit nach einer Ansicht *für beide* ausgeschlossen[172] (str.).

---

[169] Beachte aber § 556 b Abs. 2 BGB beim Mietvertrag oder § 309 Nr. 3 BGB für allgemeine Geschäftsbedingungen.
[170] Beachte den Wortlaut des § 393 BGB: bei grober Fahrlässigkeit ist § 393 BGB nicht einschlägig.
[171] Die Handlungen müssen aus demselben Lebenssachverhalt stammen, z. B. einer Schlägerei.
[172] RGZ 123, 7; Palandt/Grüneberg, § 393 RN 4; OLG Celle NJW 1981, 766.

- **Ausschluss nach § 394 BGB**

  Gegen eine unpfändbare Hauptforderung kann nach §§ 394 Satz 1 BGB, 850 ff. ZPO nicht aufgerechnet werden.

  Beispiel 15: Jörg schuldet seinem Arbeitgeber einen Geldbetrag in Höhe von 2.000,- EUR. Sein Arbeitgeber verweigert vollständig die Zahlung des nächsten Monatslohns von 2.000,- EUR, indem er die Aufrechnung erklärt. - Die Aufrechnung ist insoweit unzulässig, als die Aufrechnung auch den unpfändbaren Teil des Monatslohns des Jörg betrifft.

- **Ausschluss nach § 392 BGB**

  Die Aufrechnung mit einer nach § 829 ZPO bereits beschlagnahmten Forderung ist ausgeschlossen. Standen sich die beiden Forderungen vor der Beschlagnahme bereits aufrechenbar gegenüber, so ist eine Aufrechnung trotzdem möglich.

6. Aufrechnungserklärung und Wirkung der Aufrechnung

Die **Aufrechnungserklärung** ist eine einseitige Willenserklärung.

Damit gilt Folgendes:

- Die Aufrechnungserklärung eines Minderjährigen bedarf nach § 111 BGB der **vorherigen** Zustimmung (= Einwilligung) des gesetzlichen Vertreters, da eine Aufrechnungserklärung nach § 107 BGB nicht lediglich rechtlich vorteilhaft ist.

  Beispiel 16: Die 17-jährige Tanja hat einen wirksamen Anspruch gegen den 19-jährigen Stefan auf Zahlung von 30,- EUR für Nachhilfestunden. Tanja schuldet Stefan noch die Zahlung von 30,- EUR aus dem Kauf des Fahrrades des Stefan. Tanja erklärt die Aufrechnung. Die Eltern genehmigen diese Aufrechnung im Nachhinein. Ist der Anspruch der Tanja durch die Aufrechnung erloschen?

Lösung: Der Anspruch der Tanja auf Zahlung der Nachhilfestunden nach § 611 Abs. 1 BGB könnte nach § 389 BGB erloschen sein.

1. Die Voraussetzungen für eine Aufrechnungserklärung sind gegeben.
   a) Es besteht zwischen Tanja und Stefan Gegenseitigkeit.
   b) Die beiden Geldforderungen sind gleichartig.
   c) Beide Ansprüche sind entstanden.
   d) Der Anspruch auf Zahlung der Nachhilfestunden (= Gegenforderung, da Tanja die Aufrechnung erklärt) ist nach § 271 Abs. 1 BGB fällig.

II. Der Wirksamkeit der Aufrechnungserklärung könnten wegen der Minderjährigkeit der Tanja die §§ 106 ff. BGB entgegenstehen. Mit der Aufrechnung verliert Tanja ihren Anspruch auf Bezahlung der Nachhilfestunden. Damit ist die Aufrechnungserklärung nicht lediglich rechtlich vorteilhaft und bedarf der Einwilligung ihres gesetzlichen Vertreters, der Eltern, § 1629 Abs. 1 Satz 1 BGB.
Da die Aufrechnungserklärung ein einseitiges Rechtsgeschäft ist, ist die Erklärung der Tanja ohne (vorherige) Einwilligung der Eltern nach § 111 Abs. 1 Satz 1 BGB unwirksam. Eine *Genehmigung* (= nachträgliche Zustimmung) sieht § 111 BGB nicht vor[173].

Ergebnis: Die Aufrechnung ist nicht wirksam erklärt. Der Anspruch ist nicht durch Aufrechnung erloschen.

- Nach § 388 Satz 2 BGB kann die Aufrechnung nicht unter einer Bedingung oder Zeitbestimmung erklärt werden. Ausnahme sind die Potestativbedingung[174] und die Eventualaufrechnung im Prozess[175].

---

[173] Insoweit unterscheidet sich § 111 BGB von § 108 BGB. Bei Verträgen ist eine (nachträgliche) Genehmigung nach § 108 Abs. 2, 3 BGB möglich.
[174] Potestativbedingung ist eine Bedingung i. S. d. § 158 BGB, bei der der Bedingungseintritt allein von dem Verhalten des Erklärungsempfängers abhängt.
[175] Eine Eventualaufrechnung im Prozess liegt vor, wenn der Beklagte die Klageabweisung beantragt, aber hilfsweise für den Fall des Unterliegens die Aufrechnung erklärt.

Nach § 389 BGB führt die wirksame Aufrechnungserklärung zum rückwirkenden Erlöschen der Forderungen. **Zeitpunkt** des Erlöschens ist derjenige, an dem sich die Forderungen erstmals einander zur Aufrechnung gegenübergetreten sind. Dies ist der Zeitpunkt, an dem eine der Parteien erstmals die Aufrechnung hätte erklären können. Daher spielt es keine Rolle, wer dann die Aufrechnung erklärt.

Beispiel 17 (wie *Beispiel 10*)**:** Hans (Verkäufer) hat am 20.03. einen Kaufvertrag mit Georg (Käufer) abgeschlossen. Der Kaufpreis soll am 20.04. fällig sein. Am 15.04. hat Hans (Besteller) mit Georg (Unternehmer) einen Werkvertrag abgeschlossen. Der Werklohn soll am 15.05. fällig sein.

Hans hätte frühestens am 20.04. aufrechnen können, da zu diesem Zeitpunkt beide Forderungen entstanden waren und Hans Inhaber der fälligen Hauptforderung war.

Georg hätte frühestens am 15.05. aufrechnen können, da zu diesem Zeitpunkt beide Forderungen entstanden waren und Georg Inhaber der fälligen Hauptforderung war.

Zeitpunkt des Erlöschens nach § 389 BGB ist der 20.04., egal wann Hans oder Georg dann tatsächlich aufgerechnet haben. Entscheidend ist nur, dass im Zeitpunkt ihrer Aufrechnungserklärungen die Aufrechnungslage gegeben war.

Der Erlöschenszeitpunkt hat nur Bedeutung für Nebenforderungen wie Zinsen oder Verzug.

Beispiel 18 (wie *Beispiel 10*)**:** Hans (Verkäufer) hat am 20.03. einen Kaufvertrag mit Georg (Käufer) abgeschlossen. Der Kaufpreis soll am 20.04. fällig sein (kalendermäßige Fälligkeit gemäß § 286 Abs. 2 Nr. 1 BGB). Am 15.04. hat Hans (Besteller) mit Georg (Unternehmer) einen Werkvertrag abgeschlossen. Der Werklohn soll am 15.05. fällig sein. Nachdem am 30.04. Georg seine Kaufpreisschuld nicht bezahlt hat, erklärt Hans am 30.04. die Aufrechnung und verlangt für die Zeit ab 20.04. Verzugszinsen von Georg. Zu Recht?

Lösung: Hans könnte ein Anspruch auf Verzugszinsen nach §§ 280 Abs. 1, 2, 286 Abs. 2 Nr. 1, 288 BGB zustehen.

1. Zwischen Hans und Georg besteht ein wirksames Schuldverhältnis (Kaufvertrag).

2. Georg müsste eine Pflichtverletzung in Form des Verzuges mit der Kaufpreisschuld nach § 286 BGB begangen haben. Nach Ablauf des Fälligkeitstages, dem 20.04., war die Kaufpreisschuld nicht bezahlt. Wegen § 286 Abs. 2 Nr. 1 BGB ist eine Mahnung für einen Verzug entbehrlich.

3. Die Voraussetzungen der Aufrechnung sind gegeben, vgl. Beispiel 16. Mit der wirksamen Aufrechnung gelten die Forderungen nach § 389 BGB als am 20.04. erloschen (= frühester Aufrechnungszeitpunkt). Damit gilt auch die Kaufpreisforderung am 20.04. als bezahlt.

Ergebnis: Mangels Verzuges steht Hans kein Anspruch auf Verzugszinsen zu.

V. Erlass nach § 397 BGB

Mit Abschluss eines Erlassvertrages erlischt die Forderung (§ 397 Abs. 1 BGB). Davon zu trennen ist der Aufhebungsvertrag. Hier wird das ganze Schuldverhältnis aufgehoben. Beim Erlassvertrag besteht noch ein wirksames Schuldverhältnis. Die Vertragspflicht ist aber erloschen.

Nach § 397 Abs. 2 BGB erlischt das Schuldverhältnis auch, wenn die Parteien durch Vertrag anerkennen, dass ein Schuldverhältnis nicht besteht (sog. negatives Schuldanerkenntnis). Ein solches negatives Schuldanerkenntnis ist formfrei[176].

---

[176] Beachte: Ein positives Schuldanerkenntnis nach § 781 BGB, bei dem das Bestehen eines Schuldverhältnisses anerkannt wird, bedarf der Schriftform.

VI. Sonstige Erlöschensgründe

- Durch einen Änderungsvertrag oder Aufhebungsvertrag erlischt der Anspruch aus dem Schuldverhältnis.
- Bei Konfusion, d. h. wenn Gläubiger- und Schuldnerstellung zusammenfallen, erlischt der Anspruch ebenfalls.

Beispiel 19: Im Zuge eines Erbfalls nach §§ 1922, 1967 BGB geht die Schuld des Erblassers auf den Erben, welcher Gläubiger der Forderung ist, über.

Hinweis: Sieht man sich die Systematik des Schuldrechts an, so hat der Gesetzgeber in Abschnitt 4 das Erlöschen des Schuldverhältnisses mit Erfüllung, Hinterlegung, Aufrechnung und Erlass geregelt. Das Rücktrittsrecht nach §§ 346 ff. BGB sowie das Widerrufs- und Rückgaberecht bei Verbraucherverträgen hat der Gesetzgeber in Titel 5 des Abschnitts 3 (Schuldverhältnis aus Verträgen) gesondert geregelt. Siehe dazu die folgenden Lektionen 13 und 14.

Lektion 13: Rücktritt

Eine besondere Form des Erlöschens eines Anspruchs aus dem Schuldverhältnis stellt der Rücktritt dar. Die Besonderheiten des **Widerrufsrechts bei Verbraucherverträgen** sollen wegen der zunehmenden Bedeutung in einer eigenen Lektion behandelt werden, vgl. Lektion 14. Im allgemeinen Prüfungsschema wird der Rücktritt bzw. der Widerruf beim *Erlöschen* des Schuldverhältnisses geprüft.

Der Rücktritt bedeutet die Rückgängigmachung eines Schuldverhältnisses durch eine empfangsbedürftige Willenserklärung.[177] Der Rücktritt wandelt das Schuldverhältnis in ein *Rückgewährschuldverhältnis* um.

Wichtig: Das Schuldverhältnis bleibt beim Rücktritt bestehen. Es wandelt sich nur um. Damit besteht weiter ein Schuldverhältnis mit Ansprüchen nach §§ 280 Abs. 1, 241 Abs. 2 BGB.

Nach § 346 Abs. 1 BGB kann sich das Rücktrittsrecht ergeben aus:

- vertraglicher Vereinbarung
- dem Gesetz.

I. Das vertragliche Rücktrittsrecht

Prüfungsschema
1. Vertraglich vereinbartes Rücktrittsrecht
2. (fristgerechte) Rücktrittserklärung

Rechtsfolgen
- Die Leistungspflichten erlöschen
- Es entsteht eine Rückgewährpflicht

---
[177] Brox/Walker, AS, § 18 RN 1.

1. Das vertragliche Rücktrittsrecht

Beispiel 1: Heino und Alexander vereinbaren bei einem Kaufvertrag: „Die Ware kann innerhalb von 4 Wochen ohne Angabe von Gründen zurückgegeben werden."

2. (Fristgerechte) Rücktrittserklärung

Der Rücktritt erfolgt nach § 349 BGB. Dabei handelt es sich um eine formfreie, einseitige Willenserklärung. Soweit, wie bei vertraglichen Rücktrittsrechten meist üblich, eine Frist vereinbart worden ist, ist diese einzuhalten.

3. Rechtsfolgen

Folgende Pflichten ergeben sich aus dem Rücktritt:

- Die empfangenen Leistungen sind einander zurückzugewähren, § 346 Abs. 1 BGB.
- Die gezogenen Nutzungen sind herauszugeben, § 346 Abs. 1 BGB.
- Die notwendigen Verwendungen sind dem Schuldner zu ersetzen, § 347 Abs. 2 BGB.
- Bei Verletzung der Pflichten nach § 346 Abs. 1 BGB: Schadenersatz nach §§ 346 Abs. 4, 280 bis 283 BGB.

Beispiel 2: Anton verkauft einen Rasentraktor an den Rentner Rudi zum Preis von 1.999,- EUR. Es wird ein Rückgaberecht innerhalb von drei Wochen vereinbart, da Rudi seinen Rasen bisher nur mittels eines Elektrorasenmähers gemäht hat und nicht weiß, ob er mit diesem Rasentraktor klarkommt. Kurz vor Ablauf der 3-Wochen-Frist erklärt Rudi den Rücktritt. Er bringt den Rasentraktor zurück. Anton verlangt Ersatz der Reparaturkosten für eine abgesplitterte Abdeckung am Rasentraktor. Den Schaden hatte Rudi bei einer Kollision mit der Hauswand verursacht. Rudi verlangt seinerseits Ersatz für die Nachrüstung einer Kehrvorrichtung im Wert von 300,- EUR. Rechtslage?

Lösung:

1. **Anspruch des Anton gegen den Rudi nach § 346 Abs. 1 BGB auf Rückgabe des Traktors:**

a) Zwischen Anton und Rudi besteht ein wirksamer Kaufvertrag.

b) Dieser wirksame Kaufvertrag ist durch die fristgerechte Rücktrittserklärung des Rudi in ein wirksames Rückgewährschuldverhältnis umgewandelt worden.

c) Nach § 346 Abs. 1 BGB ist Rudi verpflichtet, die empfangene Leistung des Rasentraktors an Anton zurückzugeben.

2. **Anspruch des Anton gegen Rudi auf Ersatz der gezogenen Nutzungen:**
Nach § 346 Abs. 1 BGB ist Rudi verpflichtet, die gezogenen Nutzungen herauszugeben. Nach § 100 BGB sind Nutzungen die Vorteile, welche der Gebrauch der Sache gewährt. Da der Vorteil einer Nutzung des Traktors nicht herausgegeben werden kann, ist nach § 346 Abs. 2 Nr. 1 BGB Wertersatz zu leisten. Der Wertersatz bemisst sich nach der zeitanteiligen Wertminderung. Diese kann man ermitteln, indem man den Kaufpreis durch die voraussichtliche Nutzungsdauer teilt.

3. **Anspruch des Anton gegen Rudi auf Ersatz der Reparaturkosten:**

a) Ein Anspruch der Reparaturkosten könnte sich aus § 346 Abs. 2 Nr. 1 BGB ergeben. Der Traktor hat sich im Wert verschlechtert. Als Wertverlust kann man die notwendigen Reparaturkosten heranziehen.

b) Eine weitere Anspruchsgrundlage ist §§ 346 Abs. 4, 280 ff. BGB. Hier ist ein schuldhaftes Verhalten des Rudi erforderlich. Dies ist gegeben. Es war Rudi bekannt, dass er ein Rücktrittsrecht hat. Solange er ein solches ausüben kann, hat er besondere Sorgfalt gegenüber der Sache walten zu lassen. Dies hat Rudi nicht getan.

Ergebnis: Rudi schuldet die erforderlichen Reparaturkosten.

4. Anspruch des Rudi gegen Anton auf Rückzahlung des Kaufpreises:

Nach § 346 Abs. 1 ist Anton verpflichtet, den empfangenen Kaufpreis zurückzugewähren.

5. Anspruch des Rudi gegen Anton auf Ersatz der Aufwendungen für die Kehrvorrichtung:

Nach § 347 Abs. 2 Satz 1 BGB hat Anton nur die *notwendigen Verwendungen* des Rudi zu erstatten. Notwendig sind solche Verwendungen, die zum Erhalt der Sache erforderlich sind oder die im Rahmen einer ordnungsgemäßen Verwendung erforderlich sind. Dies liegt bei der Kehrvorrichtung nicht vor.
Nach § 347 Abs. 2 Satz 2 BGB hat Anton Aufwendungen zu ersetzen, soweit er bereichert ist. Dies liegt vor. Der Rasentraktor ist umfangreicher nutzbar und hat eine Wertsteigerung erfahren, die Anton ersetzen muss[178].

Ergebnis: Anton hat Rudi die Aufwendungen für die Kehrvorrichtung zu ersetzen.

Hinweis: Nach § 346 Abs. 3 BGB entfällt der Wertersatz beim vertraglichen Rücktrittsrecht nur nach den Nummern 1 und 2. § 346 Abs. 3 Nr. 3 BGB gilt nur für das gesetzliche Rücktrittsrecht.

II. Das gesetzliche Rücktrittsrecht

Prüfungsschema
1. Gesetzliches Rücktrittsrecht
2. Rücktrittserklärung

Rechtsfolgen
- Die Leistungspflichten erlöschen
- Es entsteht eine Rückgewährpflicht

---

[178] Lediglich Bereicherungen, die für Anton nutzlos sind, hat er nicht zu ersetzen.

Beispiel 3: Karl kauft vom Händler Helmut eine gebrauchte Waschmaschine. Nach einigen Tagen tritt ein Defekt auf, der bei einer Maschine dieses Alters nicht hätte auftreten dürfen. Nach §§ 437 Nr. 1, 439 BGB wäre Helmut zur Nacherfüllung verpflichtet gewesen. Helmut verweigert die Nacherfüllung. Nach §§ 437 Nr. 2, 323 BGB kann Karl vom Vertrag zurücktreten. Der Rücktrittsgrund ist nach §§ 437 Nr. 2, 440 BGB die verweigerte Nacherfüllung.

Hinweis: Nach § 346 Abs. 3 BGB entfällt der Wertersatz beim gesetzlichen Rücktrittsrecht nach den Nummern 1, 2 und 3.

Lektion 14: Widerrufsrecht bei Verbraucherverträgen, Schutz des Verbrauchers

I. Allgemeines

In den letzten Jahren hat aufgrund europäischer Richtlinien der Verbraucherschutz immer mehr Einzug ins Schuldrecht gehalten.

Dabei ist auch hier wieder zwischen Regelungen für das Schuldrecht Allgemeiner Teil und das Schuldrecht Besonderer Teil zu unterscheiden. Wir erinnern uns: Regelungen, die nur für eine spezielle Vertragsart gelten, finden sich bei den Vorschriften des jeweiligen Vertragsrechts im Schuldrecht Besonderer Teil. Regelungen, die für mehrere Vertragstypen gelten, finden sich im Allgemeinen Teil des Schuldrechts.

Beispiele für Verbraucherschutz im Schuldrecht Besonderer Teil:
- Verbrauchsgüterkauf nach §§ 474 ff. BGB
- Teilzeit-Wohnrechtevertrag nach § 481 ff BGB
- Verbraucherdarlehensvertrag nach §§ 491 ff. BGB
- Finanzierungshilfen zwischen einem Unternehmer und einem Verbraucher nach §§ 506 ff BGB
- Ratenlieferungsverträge zwischen einem Unternehmer und einem Verbraucher nach § 510 BGB.

Im Schuldrecht *Allgemeiner Teil* findet sich der Verbraucherschutz bei Besonderen Vertriebsformen nach §§ 312 ff. BGB. In den nachfolgenden Ausführungen soll nur auf den Verbraucherschutz im Schuldrecht Allgemeiner Teil eingegangen werden.

II. Übersicht über besondere Vertriebsformen

In den §§ 312 ff. BGB trifft der Gesetzgeber zusätzliche Regelungen Verbraucherverträge[179] und bei besonderen Vertriebsformen. All diesen ist gemeinsam, dass hier besonders große Gefahren für Verbraucher lauern und die Verbraucher daher besonders schutzbedürftig sind.

In § 312 Abs. 1 BGB regelt der Gesetzgeber den Grundsatz, dass die Schutzvorschriften der §§ 312 bis 312 h BGB nur auf entgeltliche Verträge anzuwenden sind. Für bestimmte in § 312 Abs. 2 und 6 BGB genannte Verträge sind dabei nur bestimmte Vorschriften anzuwenden.

Grundvoraussetzung ist aber immer ein Verbrauchervertrag. Dies ist nach § 310 Abs. 3 BGB ein Vertrag zwischen einem Unternehmer und einem Verbraucher.

1. Verbraucher nach § 13 BGB

Verbraucher ist
- jede natürliche Person,
- die ein Rechtsgeschäft zu Zwecken abschließt, die überwiegend weder ihrer gewerblichen Tätigkeit noch ihrer selbstständigen beruflichen Tätigkeit zugerechnet werden können.

Beispiel 1: Der Rechtsanwalt kauft sich im Supermarkt Rasierwasser. Er ist Verbraucher nach § 13 BGB, da das Rechtsgeschäft privaten Zwecken dient.

---

[179] Vgl. dazu die Legaldefinition in § 310 Abs. 3 BGB

Beispiel 2: Der Fachanwalt für Steuerrecht kauft im Buchhandel einen Kommentar zum Einkommensteuergesetz, den er gelegentlich auch für seine private Einkommensteuer verwenden will. Der Fachanwalt ist hier kein Verbraucher, da der Kommentar überwiegend beruflichen Zwecken dient.

2. Unternehmer nach § 14 BGB

- Unternehmer ist jede natürliche Person/juristische Person oder rechtsfähige Personengesellschaft
- in Ausübung ihrer gewerblichen oder selbständigen beruflichen Tätigkeit.

Allgemeine Beispiele: Damit fallen auch der Insolvenzverwalter und der Testamentsvollstrecker unter den § 14 BGB.

III. Die besonderen Vertriebsformen im Einzelnen

1. Außerhalb von Geschäftsräumen geschlossene Verträge

a) Voraussetzungen

Außerhalb von Geschäftsräumen ist sind Verträge geschlossen, wenn:

- sie bei gleichzeitiger körperlicher Anwesenheit des Verbrauchers und des Unternehmers an einem Ort geschlossen werden, der kein Geschäftsraum des Unternehmers ist (§ 312 Abs. 1 Nr. 1 BGB)
- ein Verbraucher unter den Voraussetzungen der Nr. 1 ein Angebot abgegeben hat (§ 312 Abs. 1 Nr. 2 BGB)
- sie in den Geschäftsräumen des Unternehmers oder durch Fernkommunikationsmittel geschlossen wurden, bei denen der Verbraucher jedoch unmittelbar zuvor außerhalb der Geschäftsräume des Unternehmens bei gleichzeitiger körperlicher Anwesenheit des Verbrauchers und des Unternehmers

persönlich und individuell angesprochen worden ist (§ 312 Abs. 1 Nr. 3 BGB)
- sie auf einem Ausflug geschlossen werden, der von dem Unternehmer oder mit seiner Hilfe organisiert wurde, um beim Verbraucher für den Verkauf von Waren oder die Erbringung von Dienstleistungen zu werben und mit ihm entsprechende Verträge abzuschließen.

b) Verbraucherschutz

Es gelten die allgemeinen Pflichten und Grundsätze bei Verbraucherverträgen nach § 312 a Abs. 1 BGB. Der anrufende Unternehmer oder die Person, die in seinem Namen oder Auftrag handelt, hat dem Verbraucher die Identität des Anrufers und den geschäftlichen Zweck des Anrufs offenzulegen. Zu beachten ist, dass bei diesen Verträgen § 312 a Abs. 2 BGB nicht gilt, vgl. § 312 a Abs. 2 Satz 3 BGB.

Der Verbraucher hat daneben bei diesen Verträgen folgende Rechte bzw. der Unternehmer folgende Pflichten:
- Informationspflichten nach § 312 d BGB
- Zur Verfügung stellen von Abschriften und Bestätigungen nach § 312 f BGB
- Widerrufsrecht nach § 355 BGB gemäß § 312 g Abs. 1 BGB

Zu den Einzelheiten des Widerrufsrechts siehe unter IV.
Zu beachten ist, dass die Vorschrift des § 312 Abs. 2 Satz 1 BGB in den Nummern 1 bis 13 regelt, bei welchen Verträgen das Widerrufsrecht nicht gilt.[180]

Beispiel 3: Der Verbraucher Tobias schließt mit der Unternehmerin Katharina außerhalb von Geschäftsräumen einen Kaufvertrag ab. Nach Aushändigung der Ware bezahlt Tobias den Kaufpreis von 30,- EUR sofort. Steht ihm ein Widerrufsrecht nach § 355 BGB zu?

---

[180] Beispiele siehe Fernabsatzverträge, unter 2 b

Nach § 312 g Abs. 1 BGB steht dem Verbraucher grundsätzlich bei außerhalb von Geschäftsräumen geschlossenen Verträgen ein Widerrufsrecht zu. Die Vorschrift des § 312 g BGB steht aber im Kapitel 2 des Unterabschnittes 2. Nach § 312 Abs. 2 Nr. 12 BGB ist bei außerhalb von Geschäftsräumen geschlossenen Verträgen, bei denen die Leistung bei Abschluss der Verhandlungen sofort erbracht und bezahlt wird und das vom Verbraucher zu zahlende Entgelt 40 Euro nicht überschreitet von den Kapiteln 1 und 2 nur § 312 a Abs. 1, 3, 4 und 6 BGB anzuwenden. Auf den Kaufvertrag zwischen Tobias und Katharina ist daher § 312 g BGB nicht anzuwenden.

2. Fernabsatzverträge

a) Voraussetzungen

Fernabsatzverträge sind Verträge, bei denen der Unternehmer oder eine in seinem Namen oder Auftrag handelnde Person und der Verbraucher für die Vertragsverhandlungen und den Vertragsschluss ausschließlich Fernkommunikationsmittel verwenden, es sei denn, dass der Vertragsschluss nicht im Rahmen eines für den Fernabsatz organisierten Vertriebs- oder Dienstleistungssystems erfolgt. Die Fernkommunikationsmittel sind in § 312 c Abs. 2 BGB genannt. Kennzeichnend für alle ist, dass der Vertragsabschluss ohne gleichzeitige körperliche Anwesenheit beider Vertragsparteien geschieht.

Beispiel 4: Simon bestellt bei dem Händler Sascha, der seine Waren ausschließlich im Internet vertreibt, ein Fahrrad. Hier handelt es sich um ein Fernabsatzgeschäft.

Beispiel 5: Michael ruft den Modellbahnhändler Rudolf an und bittet um Übersendung einiger Zubehörteile, weil er diese bei seinem gestrigen Besuch im Ladengeschäft vergessen hat zu kaufen. Rudolf sagt seinem Stammkunden ausnahmsweise die Zusendung zu.
Hier liegt **kein** Fernabsatzgeschäft nach § 312 c Abs. 1 BGB vor, da der Vertragsabschluss nicht in einem für den Fernabsatz organisierten Vertriebssystem erfolgt. Er erfolgt nur zufällig über ein Fernkommunikationsmittel.

b) Verbraucherschutz

Der Verbraucherschutz ergibt sich, wie bei außerhalb von Geschäftsräumen geschlossenen Verträgen, aus den allgemeinen Regeln nach § 312 a Abs. 1, 3 bis 6 BGB und den speziellen Regeln der §§ 312 d, 312 f Abs. 2 BGB.

Nach § 312 d Abs. 1 BGB steht dem Verbraucher bei Fernabsatzverträgen ein Widerrufsrecht nach § 355 BGB zu. Die Vorschrift des § 312 g Abs. 2 BGB regelt entsprechende Ausnahmen. Zu den allgemeinen Einzelheiten des Widerrufsrechts siehe unter IV.

Beispiele für das Nichtbestehen des Widerrufsrechts:

- bei Lieferungen von Waren, die nach Kundenwünschen gefertigt worden sind (§ 312 g Abs. 2 Nr. 1 BGB)
- bei Lieferung von Audio-, Videoaufzeichnungen oder Software, sofern die Datenträger vom Verbraucher entsiegelt worden sind (§ 312 g Abs. 2 Nr. 6 BGB).

Beachte: § 312 Abs. 2 BGB nennt zahlreiche Verträge, auf denen von den §§ 312 bis 312 h BGB nur die Vorschrift des § 312 a Abs. 1, 3, 4 und 6 BGB anzuwenden sind; also § 312 g BGB nicht anzuwenden ist!

3. Verträge im elektronischen Geschäftsverkehr

Eine weitere Schutzvorschrift ist § 312 i BGB. Sie schützt nicht nur den Verbraucher, sondern allgemein den Kunden[181] des Unternehmers, der mit ihm einen Vertrag im Wege des elektronischen Geschäftsverkehrs (z. B. Internet) abschließt. Ist der Vertrag im Wege des elektronischen Geschäftsverkehrs abgeschlossen, so bestehen für den Unternehmer gemäß § 312 i Abs. 1 BGB umfassende Pflichten. So hat er dem Kunden u.a. nach § 312 i Abs. 1

---

[181] Beachte den Wortlaut des § 312 i BGB, der vom „Kunden" spricht!

Nr. 3 BGB unverzüglich den Zugang der Bestellung auf elektronischem Wege zu bestätigen.

Gemäß § 312 j Abs. 3 S. 2 BGB muss bei Bestellung über eine Schaltfläche zudem die Schaltfläche gut lesbar mit nichts anderem als den Wörtern *„zahlungspflichtig bestellen"* oder mit einer entsprechenden eindeutigen Formulierung beschriftet sein. Der Vertrag kommt nur zustande, wenn der Unternehmer diese Pflicht erfüllt, § 312 j Abs. 4 BGB.

Nach § 312 g Abs. 6 BGB gelten die Vorschriften über den elektronischen Geschäftsverkehr neben anderen Regeln über besondere Vertriebsformen.

Beispiel 6: Christopher schließt einen Kaufvertrag mittels Internetauftritt des Onlineanbieters Simon ab. Hier liegt ein Fernabsatzvertrag nach § 312 c BGB vor. Ebenso sind die Voraussetzungen des § 312 i BGB erfüllt. Das Widerrufsrecht des Christopher ergibt sich aus § 312 g BGB.

Die Informationspflichten des Simon ergeben sich sowohl aus § 312 a Abs. 1 BGB i. V. m. Art. 246 EGBGB, § 312 d Abs. 1 Satz 1 BGB i. V. m. Art. 246a EGBGB als auch aus § 312 i i. V. m. Art. 246 c EGBGB.

Ein Verstoß gegen die Pflichten nach § 312 i Abs. 1 Satz 1 BGB führt nicht zur Unwirksamkeit des Vertrages. Eine solche Rechtsfolge ist in der Vorschrift im Gegensatz zu § 312 j Abs. 4 BGB nicht genannt. Denkbar ist aber, dass ein Anfechtungsgrund nach § 119 Abs. 1 2. Alt. BGB (Erklärungsirrtum) gegeben ist. Daneben besteht ein Schadenersatzanspruch des Kunden nach § 311 Abs. 2 i. V. m. § 280 Abs. 1 BGB.

IV. Das Widerrufsrecht nach § 355 BGB

Die Vorschrift des § 355 BGB gibt **kein** allgemeines Widerrufsrecht. Vielmehr gilt:

- **Ob** ein Widerrufsrecht gegeben ist, ergibt sich bei den Verträgen über besondere Vertriebsformen (außerhalb von Geschäftsräumen geschlossene Verträge und Fernabsatzverträge) aus § 312 g Abs. 1 BGB.
- **Wie** das Widerrufsrecht dann im Einzelnen ausgestaltet ist, ergibt sich aus den §§ 355 ff. BGB.

Prüfungsschema
1. Wirksamer Vertrag mit einem Widerrufsrecht zwischen einem Verbraucher (§ 13 BGB) und einem Unternehmer (§ 14 BGB)
2. form- und fristgerechte Widerrufserklärung
3. kein Ausschluss des Widerrufsrechts

Rechtsfolgen: §§ 357 bis 357 c BGB.

---

1. Form- und fristgerechte Widerrufserklärung

Die Vorschrift des § 355 Abs. 1 BGB regelt den Widerruf:

- formfreie Erklärung gegenüber dem Unternehmer
- aus der Erklärung muss der Entschluss des Verbrauchers zum Widerruf des Vertrages eindeutig hervorgehen
- eine Begründung ist nicht erforderlich.

Wichtig: Zur Fristwahrung genügt nach § 355 Abs. 1 Satz 5 BGB die rechtzeitige Absendung des Widerrufs. Der Verbraucher trägt damit nicht das Risiko eines verzögerten Zugangs.

Geht die Widerrufserklärung auf dem Transportweg verloren, darf der Verbraucher seine Erklärung unverzüglich fristwahrend wiederholen[182].

Einen Widerruf durch Rückgabe der Sache gibt es nicht (mehr). Die Vorschriften der §§ 356 bis 356c BGB enthalten Sondervorschriften für folgende Verträge:

- § 356 BGB: außerhalb von Geschäftsräumen geschlossene Verträge und Fernabsatzverträge
- § 356 a BGB: Teilzeit-Wohnrechteverträge, Verträge über ein langfristiges Urlaubsprodukt, bei Vermittlungsverträgen und Tauschsystemverträgen
- § 356 b BGB: Verbraucherdarlehensverträge
- § 356 c BGB: Ratenlieferungsverträge

Die **Widerrufsfrist** beträgt

- nach § 355 Abs. 2 Satz 1 BGB 14 Tage und beginnt grundsätzlich mit dem Vertragsschluss, soweit nichts anderes bestimmt ist.
- Ausnahmen regeln die §§ 356 Abs. 2 und 3, 356 a Abs. 1 bis 4, § 356 b Abs. 1 bis 3 und 356 Abs. 1 BGB.

Beispiel 7: Der Verbraucher Michael hat beim Online-Händler Tobias ein Hemd, eine Hose und eine Krawatte bestellt. Hemd und Hose werden sofort geliefert, die Krawatte drei Tage später. Der Vertrag erfüllt die Voraussetzungen des Fernabsatzvertrages. Wegen § 356 Abs. 2 Nr. 1 b) BGB beginnt die Widerrufsfrist in Abweichung von § 355 Abs. 2 BGB mit der Lieferung der Krawatte als letzter gelieferter Ware.

2. Nicht ordnungsgemäße Belehrung über das Widerrufsrecht

Nach § 356 Abs. 3 BGB beginnt die Widerrufsfrist bei außerhalb von Geschäftsräumen geschlossenen Verträgen und bei Fernab-

---

[182] Münchener Kommentar, Masuch, 5. Auflage, § 355 RN 38.

satzverträgen nicht, bevor der Unternehmer den Verbraucher entsprechend den Anforderungen des Artikels 246 a § 1 Absatz 2 Satz 1 Nummer 1 oder des Artikels 246 b § 2 Abs. 1 EGBGB unterrichtet hat.

Das Widerrufsrecht erlischt nach § 356 Abs. 3 Satz 2 BGB 12 Monate und 14 Tage nach dem in § 356 Abs. 2 BGB genannten Zeitpunkt, ansonsten 12 Monate und 14 Tage nach Vertragsschluss.

Im **Beispiel 7** wäre das 12 Monate und 14 Tage nach Lieferung der Krawatte.

3. Kein Ausschluss des Widerrufsrechts

Das Widerrufsrecht darf nicht ausgeschlossen sein. Zu beachten ist, dass in folgenden Vorschriften das Widerrufsrecht ausgeschlossen ist:

- § 312 Abs. 2 BGB: § 312 g BGB findet keine Anwendung
- § 312 Abs. 4 Satz 2 BGB: § 312 g BGB ist nicht anzuwenden
- § 312 g Abs. 2 Nr. 1 bis 13 BGB, sofern die Parteien nichts anderes vereinbart haben.

4. Rechtsfolgen des Widerrufs

Die Rechtsfolgen des Widerrufs sind in den §§ 357 bis 357 c BGB geregelt.

§ 357 BGB: Rechtsfolgen des Widerrufs von außerhalb von Geschäftsräumen geschlossenen Verträgen und Fernabsatzverträgen mit Ausnahme von Verträgen über Finanzdienstleistungen

§ 357 a BGB: Rechtsfolgen von Verträgen über Finanzdienstleistungen

§ 357 b BGB: Rechtsfolgen des Widerrufs von Teilzeit-Wohnrechtsverträgen, Verträgen über ein langfristiges Urlaubsprodukt, Vermittlungsverträgen und Tauschsystemverträgen

§ 357 c: Rechtsfolgen des Widerrufs von weder im Fernabsatz noch außerhalb von Geschäftsräumen geschlossenen Ratenlieferungsverträgen.[183]

Die **Rechtsfolgen** bei außerhalb von Geschäftsräumen geschlossenen Verträgen und bei Fernabsatzverträgen mit Ausnahme von Verträgen über Finanzdienstleistungen im Überblick:

- Die empfangenen Leistungen sind gemäß § 357 Abs. 1 BGB spätestens nach 14 Tagen zurückzugewähren.

- Der Unternehmer muss gemäß §§ 357 Abs. 2 BGB auch etwaige Zahlungen des Verbrauchers für die Lieferung zurückgewähren. Dies gilt nicht für Mehrkosten, die dadurch entstanden sind, weil der Verbraucher eine andere Art als die vom Unternehmer angebotene Standardlieferung gewählt hat.

    Beachte: Nach § 357 Abs. 4 BGB kann bei einem Verbrauchsgüterkauf[184] der Unternehmer die Rückzahlung verweigern, bis er die Waren zurückerhalten hat oder der Verbraucher den Nachweis erbracht hat, dass er die Waren abgesandt hat.

- Nach § 357 Abs. 7 BGB hat der Verbraucher nur in folgendem Fall **Wertersatz für einen Wertverlust der Ware** zu leisten: Der Wertverlust ist auf einen Umgang mit der Ware zurückzuführen, der zur Prüfung der Ware *nicht notwendig* war und der

---

[183] Beachte: Die Unterscheidung der Rechtsfolgen entspricht dem System der Vorschriften über die Sonderregelungen zum Widerrufsrecht (§§ 356 bis 356 c BGB).
[184] Die Legaldefinition des Verbrauchsgüterkaufs findet sich in § 474 Abs. 1 Sätze 1 und 2 BGB.

Unternehmer hat den Verbraucher nach Art. 246 a § 1 Abs. 2 Satz 1 Nr. 1 EGBGB über sein Widerrufsrecht *belehrt*.

Sonderreglungen für Verträge über die Erbringung von Dienstleistungen oder über die Lieferung von Wasser, Gas oder Strom in nicht bestimmten Mengen oder nicht bestimmten Volumen oder über die Lieferung von Fernwärme finden sich in § 357 Abs. 8 BGB. Nach § 357 Abs. 9 BGB ist bei einem Widerruf eines Vertrages über die Lieferung von nicht auf einem körperlichen Datenträger befindlichen digitalen Inhalten kein Wertersatz zu leisten.

5. Besonderheit bei verbundenen Verträgen

a) Allgemeines

Besondere Probleme ergeben sich wegen der Relativität des Schuldrechts bei verbundenen Verträgen. Eigentlich müssten diese einzelnen Verträge getrennt betrachtet werden. Dies führt aber zu Problemen, wenn diese Verträge miteinander zusammenhängen.

Beispiel 8: Daniela hat einen Kaufvertrag beim Online-Anbieter Michael abgeschlossen. Den Kaufpreis hat sie durch ein Darlehen bei der M-Bank AG bezahlt, wobei Michael das Darlehen vermittelt hat. - Hier handelt es sich nach § 358 Abs. 3 BGB um sog. verbundene Verträge, da beide Verträge nach § 358 Abs. 3 Satz 2 BGB eine wirtschaftliche Einheit bilden.

Widerruft jetzt Daniela ordnungsgemäß den Kaufvertrag, würde dies den Darlehensvertrag nicht berühren. Andererseits ist ohne Kaufvertrag das Darlehen sinnlos, da sie dann kein Geld für den Kaufvertrag benötigt.

b) Rechtsfolgen bei verbundenen Verträgen

Bei verbundenen[185] Verträgen gilt Folgendes:

- Widerruft der Verbraucher seine auf den Abschluss eines Vertrags über die Lieferung einer Ware oder die Erbringung einer anderen Leistung durch einen Unternehmer gerichtete Willenserklärung, so ist er auch an seine auf den Abschluss des Darlehensvertrages gerichtete Willenserklärung nicht mehr gebunden, § 358 Abs. 1 BGB.

Beispiel 9: Widerruft Daniela im *Beispiel 8* wirksam den Kaufvertrag, so gilt dies auch als Widerruf ihrer Willenserklärung zum Darlehensvertrag.

- Der Widerruf des Darlehensvertrages führt umgekehrt auch dazu, dass der verbundene Vertrag über die Lieferung einer Ware oder die Erbringung einer anderen Leistung ebenfalls keine Bindung mehr entfaltet, § 358 Abs. 2 BGB.

- Der Verbraucher kann nach § 359 Abs. 1 BGB die Rückzahlung des Darlehens mit der Begründung verweigern, dass ihm Einwendungen gegen den verbundenen Vertrag zustehen (sog. Einwendungsdurchgriff). Auch hier wird wieder der Grundsatz der Relativität des Schuldrechts durchbrochen.

- Der Anwendungsbereich des § 358 BGB wird durch § 360 Abs. 1 BGB erweitert, wenn *zusammenhängende*[186] Verträge vorliegen. § 360 Abs. 2 BGB definiert den Begriff des zusammenhängenden Vertrags.

---

[185] Legaldefinition § 358 Abs. 3 BGB.
[186] Beachte die unterschiedliche Formulierung: § 358 Abs. 1 BGB spricht von „verbunden"; Legaldefinition in § 358 Abs. 3; § 360 BGB spricht von „zusammenhängend", Legaldefinition in § 360 Abs. 2 BGB.

V. Verbraucherschutz in den Fällen des Anbieterwechsels bei Dauerschuldverhältnissen

Eine weitere Schutzvorschrift für den Verbraucher findet sich in § 312 h BGB.

In vielen Fällen ist es heute üblich, dass der neue Anbieter die Kündigung des bisherigen Dauerschuldverhältnisses übernimmt (z. B. beim Wechsel des Mobilfunkanbieters).

Die Kündigung des Verbrauchers, die der neue Anbieter dem alten Anbieter übersendet oder die Vollmacht für den neuen Anbieter, das bisherige Schuldverhältnis zu kündigen, bedürfen der Textform. Damit soll der Verbraucher geschützt werden, dass ein vermeintlich neuer Anbieter gegen den Willen des Kunden das bisherige Schuldverhältnis kündigt.

Lektion 15: Gläubiger- und Schuldnerwechsel

I. Gläubigerwechsel

Drei Arten eines Gläubigerwechsels sind möglich:

- Rechtsgeschäftlicher Forderungsübergang nach §§ 398 ff. BGB
- Gesetzlicher Gläubigerwechsel nach § 412 BGB
- Gläubigerwechsel durch staatlichen Hoheitsakt.

1. Der rechtsgeschäftliche Forderungsübergang

Prüfungsschema
1. Abtretungsvertrag zwischen bisherigem und neuem Gläubiger
2. Bestehen der Forderung
3. Bestimmbarkeit der Forderung
4. kein Ausschluss der Abtretung

Merke folgende Begriffe:
- bisheriger Gläubiger = Zedent
- neuer Gläubiger = Zessionar
- Abtretungsvertrag = Zession

Zur besseren Verständlichkeit werden hier die Begriffe *bisheriger* und *neuer Gläubiger* sowie *Abtretung* verwendet.

a) Abtretungsvertrag

Nach § 398 BGB ist ein Vertrag zwischen dem bisherigen und dem neuen Gläubiger erforderlich. Für den Vertrag gelten die allgemeinen Vorschriften der §§ 145 ff. BGB.

Der Abtretungsvertrag ist grundsätzlich formfrei. Dies ergibt sich mittelbar aus § 398 BGB, da diese Vorschrift keine besondere Form vorschreibt. Ausnahmen von der Formfreiheit der Abtretung finden sich bei den spezialgesetzlichen Regelungen der jeweiligen Forderung.

Beispiele für Formerfordernis als Ausnahme zu § 398 BGB:

- Abtretung einer hypothekarisch gesicherten Forderung, § 1154 BGB[187]
- Abtretung eines Gesellschaftsanteils, § 15 Abs. 3 GmbHG.

Der Abtretungsvertrag bedarf nicht der Zustimmung des Schuldners. Die Vorschrift des § 398 BGB schreibt nur den Vertrag zwischen dem bisherigen Gläubiger und dem neuen Gläubiger vor. Eine weitere Voraussetzung, wie die Zustimmung des Schuldners, stellt sie nicht auf.

Beispiel 1: Bernd Glauber (87) hat sein Fahrrad an Stefan Säumig verkauft und übergeben. Säumig schuldet noch den Kaufpreis von 100,- EUR. Da Bernd Glauber gesundheitsschädlichen Ärger vermeiden will, schließt er über seine Forderung einen mündlichen Abtretungsvertrag mit seinem Enkel Norbert Glauber (17) ab. Norbert Glauber verlangt nunmehr von Stefan Säumig die Bezahlung der offenen 100,- EUR. Säumig verweigert die Zahlung, da Norbert Glauber noch minderjährig sei und er, Säumig, der Abtretung nicht zugestimmt habe[188].

Frage: Kann Norbert Glauber von Stefan Säumig die Zahlung der offenen 100,- EUR verlangen?

---

[187] Hier wird die **Forderung** abgetreten. Die Hypothek geht automatisch über, §§ 401, 1153 BGB. Die Formvorschriften für diese Forderung ergeben sich aus § 1154 BGB.
[188] Hinweis: Hinter den Namen verbergen sich die entsprechenden Bezeichnungen: **B**ernd **G**lauber = **B**isheriger **G**läubiger, **N**orbert **G**lauber = **N**euer **G**läubiger, Stefan **S**äumig = **S**chuldner

Lösung: Norbert Glauber könnte gegen Stefan Säumig einen Anspruch nach §§ 433 Abs. 2, 398 ff. BGB[189] haben.

1. Voraussetzung ist das Bestehen eines wirksamen Abtretungsvertrages. Die Abtretung eines Kaufpreisanspruches ist formfrei, so dass der mündliche Abtretungsvertrag ausreichend ist. Eine Zustimmung des Schuldners Säumig ist nach § 398 BGB nicht erforderlich.

2. Schwierigkeiten könnten sich aus der Minderjährigkeit des Norbert Glauber ergeben. Nach § 107 BGB bedarf ein Minderjähriger zu einer Willenserklärung, durch die er nicht lediglich einen rechtlichen Vorteil erlangt, der Einwilligung des gesetzlichen Vertreters.

3. Der Abtretungsvertrag bringt Norbert Glauber lediglich einen rechtlichen Vorteil, da er die Rechtsposition des Gläubigers erlangt.[190] Damit ist der Abtretungsvertrag zwischen Bernd Glauber und Norbert Glauber wirksam.

4. Die abgetretene Forderung (Kaufpreisanspruch) besteht.

5. Die abgetretene Forderung ist bestimmbar.

6. Ein Ausschluss der Abtretung ist nicht gegeben.

Ergebnis: Norbert Glauber kann den Anspruch gegen Säumig geltend machen. Er kann die Zahlung der offenen 100,- EUR verlangen.

Jeder Abtretung liegt ein Verpflichtungsgeschäft zugrunde. Die Abtretung stellt ein Verfügungsgeschäft dar. Das einer Abtretung zugrundeliegende Verpflichtungsgeschäft kann beispielsweise ein Kaufvertrag, ein Geschäftsbesorgungsvertrag oder ein Schenkungsvertrag sein.

---

[189] Wichtig ist es, bei der Anspruchsgrundlage auch die §§ 398 ff. BGB zu nennen. Würde nur § 433 Abs. 2 BGB genannt, so würde dies voraussetzen, dass ein Kaufvertrag zwischen Norbert Glauber und Stefan Säumig besteht. Dies ist nicht gegeben. Norbert Glauber macht den abgetretenen Kaufpreisanspruch geltend. Dies zeigen die §§ 398 ff. BGB in der Nennung der Anspruchsgrundlage an.

[190] Beachte: Neben der Abtretung ist auch ein Verpflichtungsgeschäft zwischen Bernd Glauber und Norbert Glauber erforderlich. Wegen des Abstraktionsprinzips spielt das Verpflichtungsgeschäft für die Wirksamkeit der Abtretung hier keine Rolle!

Beispiel 2:[191] Bert Götz (BG) hat eine Kaufpreisforderung in Höhe von 1.000,- EUR gegen Sabine Stur. Fälligkeitstermin dieser Kaufpreisforderung ist der 31.12. Bert Götz benötigt aber bereits im Oktober das Geld. Da Stur nicht bereit ist, vor der Fälligkeit zu zahlen, verkauft Bert Götz mit Kaufvertrag vom 01.10. die Forderung an Norbert Groß (NG). Bert Götz erfüllt seine Verpflichtung aus dem Kaufvertrag nach §§ 433 Abs. 1, 453 BGB durch Abtretung der Forderung an Norbert Groß nach §§ 398 ff. BGB.

Merke:

entgeltlicher Erwerb einer...	Verpflichtungs- geschäft	Erfüllungsgeschäft
beweglichen Sache	Kaufvertrag	Eigentumserwerb nach §§ 929 ff. BGB
Forderung	Kaufvertrag	Abtretung nach §§ 398 ff. BGB

b) Bestehen der Forderung

Damit die Forderung auf den neuen Gläubiger übergehen kann, ist erforderlich, dass die Forderung besteht und der Abtretende über diese Forderung verfügen kann.

Ein gutgläubiger Erwerb der Forderung ist durch den Abtretungsempfänger **nicht** möglich! Der Grund liegt darin, dass anders als beim Erwerb beweglicher Sachen (vgl. §§ 932 ff. BGB) eine entsprechende Vorschrift in den §§ 398 ff. BGB nicht besteht.

Beispiel 3: Bettina Grau verkauft mit Kaufvertrag an Nele Gutglaube nachfolgende Forderung: Anspruch der Bettina Grau gegen Schön aus einer Dienstleistung in Höhe von 100,- EUR. Tatsächlich besteht diese Forderung nicht. Nele Gutglaube hält Bettina Grau für vertrauenswürdig und geht von dem Bestehen der Forderung gegen Schön aus. Als Kaufpreis vereinbaren Bettina Grau und Nele Gutglaube einen Betrag von 80,- EUR.

---

[191] Beachte auch hier: BG = Bisheriger Gläubiger; NG = Neuer Gläubiger

Kann Nele Gutglaube von Schön den Betrag von 100,- EUR verlangen?

Lösung: Nele Gutglaube könnte einen Anspruch gegen Schön nach §§ 611 Abs. 1 2. HS, 398 ff. BGB haben.

1. Zwischen Bettina Grau und Nele Gutglaube ist ein wirksamer Abtretungsvertrag geschlossen worden.
2. Die abgetretene Forderung muss bestehen. Dies ist nicht gegeben. Zwar glaubt Nele Gutglaube an das Bestehen der Forderung, doch ist ein gutgläubiger Forderungserwerb mangels einer Vorschrift im BGB nicht möglich.

Ergebnis: Nele Gutglaube hat keinen Anspruch gegen Schön auf Zahlung der 100,- EUR.

Eine Ausnahme regelt jedoch § 405 BGB. Hierzu müssen folgende Voraussetzungen erfüllt sein:

- Der Schuldner hat eine Urkunde über die Schuld ausgestellt.
- Die Abtretung muss unter Vorlage der Urkunde erfolgt sein.
- Der Abtretungsempfänger (= neuer Gläubiger) muss gutgläubig sein.

Rechtsfolgen des § 405 BGB:

- Der Schuldner kann sich gegenüber dem neuen Gläubiger nicht darauf berufen, dass die abgetretene Forderung ein Scheingeschäft darstellt.
- Der Schuldner kann sich nicht darauf berufen, dass ein Abtretungsverbot nach § 399 BGB bestand.

Beispiel 4: Stefan Schön hat Bettina Grau *zum Schein* einen Schuldschein über einen angeblich geschuldeten Betrag von 500,- EUR für eine von Bettina Grau angeblich erbrachte Dienstleistung erstellt, damit Bettina Grau Liquidität vorspiegeln kann. Als Bettina Grau dann von der Bank keinen weiteren Kredit bekommt, verkauft sie mit Kaufvertrag diese „Forderung" an Nele Gutglaube und tritt sie ab. Zum Beweis der Existenz der Forderung legt sie Nele Gutglaube den Schuldschein vor.

Kann Nele Gutglaube von Schön die Zahlung der 500,- EUR verlangen?

Lösung: Nele Gutglaube könnte einen Anspruch gegen Schön nach §§ 611 Abs. 1 2. HS, 398 ff. BGB auf Zahlung von 500,- EUR haben.

1. Zwischen Bettina Grau und Nele Gutglaube ist ein wirksamer Abtretungsvertrag abgeschlossen worden.
2. Die abgetretene Forderung muss grundsätzlich bestehen. Dies ist nicht gegeben. Zwar ist grundsätzlich ein gutgläubiger Forderungserwerb nicht möglich, hier könnte jedoch § 405 BGB eingreifen.
3. Bettina Grau hat die angebliche Forderung unter Vorlage des Schuldscheins an die gutgläubige[192] Nele Gutglaube abgetreten. Schön kann sich gegenüber der neuen Gläubigerin Nele Gutglaube nicht darauf berufen, dass die Eingehung des Schuldverhältnisses nur zum Schein erfolgte. Damit erwirbt nach § 405 BGB Nele Gutglaube die Forderung gegen Schön, da Nele Gutglaube bei der Abtretung den Sachverhalt (fingierte Forderung) weder kannte noch kennen musste.

Ergebnis: Nele Gutglaube hat einen Anspruch gegen Schön nach §§ 611 Abs. 1 2. HS, 398 ff. BGB auf Zahlung von 500,- EUR.

c) Bestimmbarkeit der Forderung

Eine Forderung, die abgetreten wird, muss genügend bestimmt, mindestens aber bestimmbar sein.

Eine Forderung ist dann bestimmbar, wenn die Abtretungsvereinbarung so getroffen wird, dass ohne weiteres Zutun der Parteien (bisheriger und neuer Gläubiger)
- Inhalt der Forderung
- Höhe der Forderung und
- Schuldner der Forderung

---

[192] Der Sachverhalt schweigt zum guten Glauben der Nele. Damit ist vom gesetzlichen Grundfall auszugehen. Grundfall ist nach § 405 BGB die Gutgläubigkeit. Die Bösgläubigkeit ist der Ausnahmefall in § 405 BGB (vgl. Wortlaut ...es sei denn ...). Soll Bösgläubigkeit gegeben sein, so muss der Sachverhalt Hinweise hierzu erhalten.

im Zeitpunkt ihrer Entstehung bestimmt sind.[193]

Beispiel 5: Hans ist Holzhändler und verkauft 10 m³ Holz an die Schreinerei Sieglinde. Diese will hieraus ein Holzhaus herstellen. Zur Absicherung seiner Kaufpreisforderung lässt sich Hans von Sieglinde ihren Anspruch aus dem Verkauf des noch herzustellenden Holzhauses an ihren Kunden (der noch nicht feststeht) in Höhe des Rechnungswertes seiner Forderung abtreten.

Hans = neuer Gläubiger
Sieglinde = bisheriger Gläubiger
Kunde = Schuldner

Die Bestimmbarkeit der abgetretenen Forderung ist erfüllt. Stellt Sieglinde das Holzhaus her und verkauft es danach an den Kunden Klaus, so stehen im Zeitpunkt des Entstehens des Kaufpreisanspruches (= Abschluss des Vertrages zwischen Sieglinde und Klaus) Inhalt, Höhe und Schuldner der abgetretenen Forderung fest.

d) Kein Ausschluss der Abtretung

Die Abtretung kann aus folgenden Gründen ausgeschlossen sein:

- Inhaltsänderung, § 399 1. Alt BGB
- Ausschluss der Abtretung, § 399 2. Alt. BGB
- Unpfändbarkeit, § 400 BGB
- Weitere Gründe.

aa) Inhaltsänderung, § 399 1. Alt. BGB

Eine Inhaltsänderung kann sich ergeben, wenn es um die Abtretung höchstpersönlicher Ansprüche geht und wenn sich durch den Wechsel des Gläubigers automatisch der Inhalt des abgetretenen Anspruchs ändert.

---

[193] Brox/Walker, AS, § 34 RN 15; BGH NJW 2000, 276, 277.

Beispiel 6: Der Arbeitnehmer Helmut hat noch 14 Tage Resturlaub für das vergangene Kalenderjahr, der zu verfallen droht. Er möchte diesen an seinen Kollegen Willi abtreten, da dieser seinen Erholungsurlaub für dieses Kalenderjahr verbraucht hat. - Hier ist ein Abtretungsverbot gegeben, da es sich um einen höchstpersönlichen Anspruch des Helmut handelt. *Dieser* soll sich von der Arbeit erholen.

Beispiel 7: Die selbstständige Künstlerin Brigitte Gaus (BG) hat mit der Stadtbank einen Baudarlehensvertrag abgeschlossen, um ihr Atelier umzubauen. Da die Darlehenssumme noch nicht ausgezahlt worden ist, möchte sie den Anspruch auf Auszahlung des Darlehens an das Bundesland Nichtgenannt (NG) zur Tilgung von Steuerschulden abtreten.[194]
Eine Abtretung des Anspruchs auf Auszahlung des Darlehens scheitert an § 399 1. Alt. BGB. Der Inhalt des Anspruchs würde geändert werden. Aus einem Baudarlehen würde ein Darlehen zur Tilgung von Steuerschulden werden.

bb) Ausschluss der Abtretung, § 399 2. Alt. BGB

Die Abtretung ist ausgeschlossen, wenn sie durch Vereinbarung des Gläubigers mit dem Schuldner ausgeschlossen ist.

Beispiel 8: Der Arbeitgeber Bertram vereinbart mit seiner Arbeitnehmerin Sabine im Arbeitsvertrag ein Abtretungsverbot der Gehaltsansprüche, da er Streitfälle mit Dritten und die Mehrarbeit in der Lohnbuchhaltung vermeiden möchte. Hier bedarf es nur eines Abtretungsverbotes über den Teil des Arbeitslohns, der nicht der Pfändung unterliegt, da nach § 400 BGB der übrige Teil nicht abgetreten werden kann.

Eine wichtige Ausnahme zu § 399 2. Alt. BGB versteckt sich in **§ 354 a HGB.** Hierauf sollten Sie in Klausuren achten. Dies kann dann gegeben sein, wenn der Schuldner und der bisherige Gläubiger (Parteien des vertraglichen Abtretungsverbotes) Kaufleute nach dem HGB sind.

cc) Unpfändbarkeit nach § 400 BGB

Zweck dieser Regelung ist es, den Pfändungsschutz des Schuldners zu erhalten. Der Gläubiger soll nicht den Pfändungsschutz des Schuldners umgehen können, indem er sich vom Schuldner dessen unpfändbaren Betrag abtreten lässt.

Beispiel 9: Aufgrund eines Urteils pfändet Gerlinde das Gehalt des Sebastian. Sie erhält das Gehalt abzüglich des unpfändbaren Betrages überwiesen. Gerlinde will sich von Sebastian diesen unpfändbaren Teil des Gehaltes noch abtreten lassen. Eine solche Abtretung scheitert an § 400 BGB. Auch eine vertragliche Vereinbarung zwischen Gerlinde und Sebastian, dass § 400 BGB nicht gelten solle, wäre unwirksam, da der Schutzzweck der Norm vereitelt werden würde.

dd) Weitere Gründe

Weitere Gründe finden sich in z. B. in

- § 717 Abs. 1 BGB: Danach sind Gesellschafterrechte nicht übertragbar.
- § 473 BGB: Danach ist ein Vorkaufsrecht nicht übertragbar.

Merke: Regelungen, die allgemein für die Abtretung gelten, finden sich in §§ 398 ff. BGB. Spezielle Regelungen, die nur einzelne Forderungen oder Rechte betreffen, finden sich in den dortigen Spezialvorschriften.

Beispiel 10: Der Ausschluss der Abtretung bei der Vereinbarung eines Abtretungsverbotes betrifft alle Forderungen und steht daher in den §§ 398 ff. BGB. Das Verbot der Abtretung von Gesellschafterrechten betrifft die Personengesellschaft. Dieser spezielle Fall ist deshalb in den Spezialnormen der §§ 705 ff. BGB (§ 717 Abs. 1 BGB) geregelt.

---

[194] Zur Verständlichkeit wurden wieder folgende Abkürzungen verwendet: Brigitte **G**aus = **B**isheriger **G**läubiger, Bundesland **N**ichtgenannt = **N**euer **G**läubiger, **S**tadtbank = **S**chuldner.

e) Rechtsfolge der Abtretung

Nach § 398 Satz 2 BGB tritt der neue Gläubiger an die Stelle des bisherigen Gläubigers. Damit geht die Forderung auf den neuen Gläubiger über, der nunmehr alleiniger Inhaber der Forderung wird.

Der bisherige Gläubiger hat aber auch nach der Abtretung folgende Pflichten:

- § 402 BGB: Pflicht zur Auskunftserteilung und zur Urkundenauslieferung
- § 403 BGB: Pflicht zur Beurkundung der Abtretung.

Mit der Abtretung gehen nach § 401 Abs. 1 BGB akzessorische Sicherungsrechte auf den neuen Gläubiger über.

Beispiel 11: Berta Glauber ist Inhaberin eines Kaufpreisanspruches gegen Sabine Schuld. Zur Absicherung dieses Kaufpreisanspruches hat Hannelore Hübsch gegenüber Glauber gebürgt. Berta Glauber tritt die Kaufpreisforderung wirksam an Nora Gut ab. - Nach § 401 BGB gehen die Rechte aus der Bürgschaft von Berta Glauber auf Nora Gut über.

2. Der Sonderfall der Sicherungsabtretung

a) Allgemeines

Das BGB sieht zur Absicherung von Ansprüchen die Pfandrechte vor. Soll eine Forderung als Sicherheit verwendet werden, so ist es möglich nach §§ 1279, 1273 BGB diese Forderung zu verpfänden. Nachteil dieser Regelung ist nach § 1280 BGB die Anzeige an den Schuldner als Wirksamkeitsvoraussetzung.

Um ohne Anzeige an den Schuldner auszukommen, wählt die Praxis den Weg über die Abtretung der Forderung nach § 398 BGB. Da aber der Übergang der Forderung nur als Sicherheit dient und die Sicherungsabrede die Rechte des neuen Gläubigers so einschränkt, dass er nicht die volle Stellung als Gläubiger erhält, bezeichnet man die Abtretung als Sicherungsabtretung oder als fiduziarische Abtretung.

Merke: Bei einer fiduziarischen Forderungsabtretung hat der neue Gläubiger formal mehr Rechte als ihm im Verhältnis zu dem bisherigen Gläubiger zustehen.

Beispiel 12: Der Großhändler Gustav hat bei dem Hersteller Hans 10.000 Modelldampfmaschinen gekauft und hat für den Kaufpreis eine Ratenzahlung vereinbart. Zur Sicherheit tritt Gustav die Kaufpreisansprüche gegen seine Kunden aus dem Weiterverkauf an Hans ab. Formal ist nun Hans Inhaber der Forderungen. Im Innenverhältnis zwischen Hans und Gustav ist aber vereinbart, dass Hans nur dann die Forderungen einziehen darf, wenn Gustav mit der Ratenzahlung in Verzug kommt.

Wie bei jeder Abtretung[195] liegt auch der Sicherungsabtretung ein Verpflichtungsgeschäft zugrunde.

Die Einschränkung der formalen Rechte des Gläubigers erfolgt in der Sicherungsabrede.

b) Sicherungsabrede

In der Sicherungsabrede wird meist Folgendes geregelt:

- der Zweck der Sicherung, d. h., was die abzutretende Forderung sichern soll
- Einziehungsrecht bzw. Verwertungsrecht der abzutretenden Forderung

- Vereinbarung über die Rückübertragung der Forderung, wenn der Sicherungszweck entfällt.

Die Sicherungsabrede regelt damit die Berechtigung des neuen Gläubigers im Innenverhältnis zum bisherigen Gläubiger.

c) Sonderprobleme bei der Sicherungsabtretung

Auch für die Wirksamkeit der Sicherungsabtretung gilt das bisherige Prüfungsschema der Abtretung.

Prüfungsschema
1. Abtretungsvertrag zwischen bisherigem und neuem Gläubiger
2. Bestehen der Forderung
3. Bestimmbarkeit der Forderung
4. Kein Ausschluss der Abtretung

aa) Unwirksamkeit der Sicherungsabtretung

Ein typischer Prüfungspunkt bei der Sicherungsabtretung ist die Wirksamkeit des Abtretungsvertrages. Dieser kann nach § 138 BGB aus folgenden Gründen unwirksam sein:[196]

- Globalzession[197] bei Verleitung des bisherigen Gläubigers zum Vertragsbruch

- Knebelung des Vertragspartners

- Übersicherung[198].

---

[195] Vgl. Beispiel 2.
[196] Zu den Einzelheiten siehe Hk-BGB/Schulze, § 398 RN 18, 19.
[197] Abtretung aller bestehenden Forderungen des bisherigen Gläubigers.
[198] Dabei wird zwischen Nichtigkeit wegen anfänglicher Übersicherung nach § 138 BGB und Nichtigkeit wegen nachträglicher Übersicherung nach § 307 Abs. 1 BGB unterschieden, siehe auch Hk-BGB/Schulze, § 398 RN 19 mit weiteren Nachweisen.

bb) Bestimmbarkeit der Forderung

Ein weiterer typischer Prüfungspunkt bei der Sicherungsabtretung ist die Bestimmbarkeit der Forderung. Dazu muss im Zeitpunkt des Entstehens der Forderung der Inhalt, die Höhe und der Schuldner der Forderung bestimmt sein. Werden künftige Kundenforderungen, wie oben im *Beispiel 12,* abgetreten, so erfüllen diese das Merkmal der Bestimmbarkeit, da im Zeitpunkt des Entstehens der Kaufpreisforderung der Käufer (Schuldner) bestimmt ist.

3. Einwendungen und Einreden des Schuldners

Die Einwendungen und Einreden gelten für alle Abtretungen nach §§ 398 ff BGB, also auch für die Sicherungsabtretung.

> **Klausurtipp:** Wer Klausuren im Bereich der Abtretung erfolgreich bestehen will, muss die Systematik der Einwendungen und Einreden des Schuldners beherrschen.

a) Einwendung des Schuldners nach § 404 BGB

Nach § 398 Satz 2 BGB tritt der neue Gläubiger an die Stelle des bisherigen Gläubigers. Damit geht die Forderung auf den neuen Gläubiger so über, wie sie dem bisherigen Gläubiger zustand. Daher regelt § 404 BGB, dass der Schuldner dem neuen Gläubiger alle Einwendungen entgegnen kann, die ihm im Zeitpunkt der Abtretung gegen den bisherigen Gläubiger zustanden.

Beispiel 13: Hannelore schuldet Rudolf aus einem Kaufvertrag den Kaufpreis von 10.000,- EUR. Dieser ist am 30.04. fällig. Am 04.02. vereinbart Hannelore mit Rudolf eine „zinslose Stundung" dieses Betrages bis 30.06. Am 12.03. tritt Rudolf den Kaufpreisanspruch mündlich an Gertraud ab.

Kann Gertraud zum ursprünglichen Fälligkeitstag am 30.04. den Kaufpreisanspruch gegen Hannelore geltend machen?

Lösung: Gertraud könnte am 30.04. gegen Hannelore ein Anspruch nach §§ 433 Abs. 2, 398 BGB zustehen.

1. Zwischen Gertraud und Hannelore besteht kein Kaufvertrag. Gertraud könnte aber den Kaufpreisanspruch gegen Hannelore durch wirksame Abtretung von Rudolf erhalten haben. Es besteht ein wirksamer Kaufvertrag zwischen Hannelore und Rudolf.

   a) Der Abtretungsvertrag zwischen Gertraud und Rudolf ist wirksam, da nach § 398 BGB keine besondere Form vorgeschrieben ist.

   b) Der Kaufpreisanspruch zwischen Hannelore und Rudolf besteht.

   c) Die abgetretene Forderung ist bestimmbar.

   d) Ausschlussgründe, die einer Abtretung entgegenstehen, sind nicht ersichtlich. Mit der wirksamen Abtretung besteht der Kaufpreisanspruch nunmehr zwischen Gertraud und Hannelore.

2. Der Anspruch muss durchsetzbar sein. Der Durchsetzbarkeit könnte die Stundungsvereinbarung entgegenstehen. Die Stundungsvereinbarung wurde zwischen der Schuldnerin Hannelore und dem Gläubiger Rudolf **vor** der Abtretung getroffen. Zu prüfen ist, ob Hannelore die Stundung auch gegenüber der neuen Gläubigerin Gertraud einwenden kann. Nach § 404 BGB kann der Schuldner dem neuen Gläubiger alle Einwendungen entgegensetzen, die zur Zeit der Abtretung bestanden. Als die Kaufpreisforderung am 12.03. abgetreten wurde, war die Stundungsvereinbarung bereits abgeschlossen. Hannelore kann daher Gertraud die Stundungsabrede entgegensetzen.

Ergebnis: Der Kaufpreisanspruch ist am 30.04. wegen der Stundungsabrede nicht durchsetzbar.

Eine Ausnahme zu § 404 BGB stellt § 405 BGB dar. Wird eine Forderung unter Vorlegung einer Urkunde über diese Forderung abgetreten, so kann der Schuldner folgende Einwendungen gegen den neuen Gläubiger **nicht** geltend machen:

- Es wurde nur zum Schein (§ 117 BGB) eine Urkunde über die Schuld ausgestellt[199].
- Die Abtretung ist durch Vereinbarung mit dem bisherigen Gläubiger ausgeschlossen.

Wichtig: Kannte der neue Gläubiger den tatsächlichen Sachverhalt oder hätte er ihn kennen müssen, so greift § 405 BGB nicht.

Beispiel 14 (im Anschluss an Beispiel 4): Stefan Schön hat Bettina Grau zum Schein einen Schuldschein über einen angeblich geschuldeten Betrag von 500,- EUR für eine von Bettina Grau angeblich erbrachte Dienstleistung erstellt, damit Bettina Grau Liquidität vorspiegeln kann. Als Bettina Grau dann von der Bank keinen weiteren Kredit bekommt, verkauft sie mit Kaufvertrag diese „Forderung" an Nele Gutglaube und tritt sie unter Vorlage des Schuldscheins ab. Eduard Ernst hatte aber bereits vor der Abtretung Nele Gutglaube gewarnt und ihr Beweise vorgelegt, dass es sich hier um eine Scheinforderung handelt. Kann Nele Gutglaube von Schön die Zahlung der 500,- EUR verlangen?

Lösung: Gutglaube könnte einen Anspruch gegen Schön nach §§ 611 Abs. 1 2. HS, 398 ff. BGB haben. Zwischen Bettina Grau und Nele Gutglaube ist ein wirksamer Abtretungsvertrag abgeschlossen worden. Die abgetretene Forderung muss grundsätzlich bestehen. Dies ist nicht gegeben. Hier könnte jedoch § 405 BGB eingreifen. Bettina Grau hat die angebliche Forderung unter Vorlage des Schuldscheins an die Nele Gutglaube abgetreten. Nele Gutglaube kannte aber den wahren Sachverhalt bzw. hätte ihn kennen müssen. Damit greift § 405 BGB wegen des letzten Halbsatzes nicht ein. Schön kann sich gegenüber der neuen Gläubigerin Nele Gutglaube darauf berufen, dass die Eingehung des Schuldverhältnisses nur zum Schein erfolgte.

Ergebnis: Nele Gutglaube hat keinen Anspruch gegen Schön.

---

[199] Vgl. Beispiel 4, S. 204.

b) Schuldnerschutz nach § 407 BGB

Der Schuldner muss dem Abtretungsvertrag zwischen dem bisherigen Gläubiger und dem neuen Gläubiger nicht zustimmen. Damit ist der Schuldner besonders schutzbedürftig. Zwei Vorschriften über den Schuldnerschutz haben wir bereits kennengelernt:

- § 399 BGB: Der Schuldner kann nach § 399 BGB mit dem bisherigen Gläubiger ein Abtretungsverbot vereinbaren.

- § 404 BGB: Dem Schuldner bleiben bei der Abtretung die gegenüber dem bisherigen Gläubiger bestehenden Einwendungen erhalten.

Eine weitere Vorschrift zum Schuldnerschutz trifft § 407 BGB. Für die Abgrenzung zwischen § 404 BGB und § 407 BGB gilt:

Liegt der Grund, aufgrund dessen der Schuldner ein Recht gegen den neuen Gläubiger herleiten will...	
... **vor** der Abtretung, dann... ↓	... **nach** der Abtretung, dann... ↓
... ist **§ 404 BGB** zu prüfen	... ist **§ 407 BGB** zu prüfen
Beispiel: Stundungsabrede mit dem bisherigen Gläubiger **vor** der Abtretung	**Beispiel:** Stundungsabrede mit dem bisherigen Gläubiger **nach** der Abtretung

aa) Leistung des Schuldners an den bisherigen Gläubiger

Beispiel 15: Bernd Geber ist Inhaber eines Kaufpreisanspruches. Er tritt diesen mit Vertrag vom 20.04. an Nina Groß ab, ohne dies dem Schuldner des Kaufpreisanspruches Stefan Schön mitzuteilen. Bei Fälligkeit am 26.06. zahlt Schön in Unkenntnis der Abtretung an Bernd Geber. Kann Nina Groß von Schön die nochmalige Zahlung an sich verlangen?

Lösung: Nina Groß könnte gegen Schön einen Anspruch aus §§ 433 Abs. 2, 398 BGB haben.

1. Zwischen Bernd Geber und Stefan Schön bestand ein wirksamer Kaufpreisanspruch, der mit der wirksamen Abtretung auf Nina Groß übergegangen ist. Damit besteht ein wirksamer Anspruch der Nina Groß gegen Stefan Schön.
2. Dieser Anspruch könnte mit Zahlung am 26.06. nach § 362 BGB erloschen sein. Nach § 362 Abs. 1 BGB erlischt ein Anspruch, wenn die geschuldete Leistung **an den Gläubiger**[200] bewirkt wird. Schön hat aber nicht an die neue Gläubigerin Nina Groß geleistet. Damit trat keine Erfüllung nach § 362 Abs. 1 BGB ein.
3. Der Durchsetzbarkeit des Anspruchs könnte aber § 407 Abs. 1 1. Alt. BGB entgegenstehen. Danach muss der neue Gläubiger (Nina Groß) eine Leistung, die der Schuldner (Stefan Schön) nach der Abtretung (Abtretung erfolgte am 20.04., die Zahlung erfolgte am 26.06.) an den bisherigen Gläubiger (Bernd Geber) bewirkt, gegen sich gelten lassen. Diese Vorschrift ist einschlägig. Damit gilt die Forderung gegenüber der Nina Groß als an den richtigen Gläubiger bezahlt.

Ergebnis: Wegen § 407 BGB steht Nina Groß kein Anspruch mehr gegen Stefan Schön zu.

Hinweis: Nina Groß hat gegen Bernd Geber nach § 816 Abs. 2 BGB einen Anspruch auf Herausgabe des geleisteten Kaufpreises.

Hat der Schuldner bei der Leistung des Kaufpreises an den bisherigen Gläubiger **Kenntnis**[201] von der Abtretung, so gilt wegen des letzten Halbsatzes der Schutz des § 407 Abs. 1 BGB nicht.

Beispiel 16: Wie in *Beispiel 15* wird ein Abtretungsvertrag zwischen Bernd Geber und Nina Groß abgeschlossen. Die Abtretung wird aber Stefan Schön mitgeteilt. Zahlt nunmehr Stefan Schön an Bernd Geber, so greift § 407 Abs. 1 BGB nicht ein. Da die Zahlung keine Erlöschenswirkung gegen Nina Groß hat, muss Stefan Schön nochmals an Nina Groß zahlen. Die erste Zahlung an Bernd Geber kann sich Schön von diesem nach § 812 Abs. 1 BGB zurückholen.

---

[200] Auch hier gilt wieder: Immer die zitierten Vorschriften nachlesen, auch wenn man dann erst wieder blättern muss! Blättern gehört zum Handwerk!
[201] Grob fahrlässige Unkenntnis des Schuldners reicht nach dem Wortlaut des § 407 Abs. 1 BGB nicht aus. Bitte Vorschrift genau lesen!

bb) Rechtsgeschäfte nach der Abtretung

Beispiel 17: Bernd Geber ist Inhaber eines Kaufpreisanspruches (Fälligkeit am 26.06.). Er tritt diesen mit Vertrag vom 20.04. an Nina Groß ab, ohne dies dem Schuldner des Kaufpreisanspruches Stefan Schön mitzuteilen. Am 07.06. wendet sich Schön in Unkenntnis der Abtretung an seinen vermeintlichen Gläubiger Bernd Geber und vereinbart mit ihm eine Stundung bis 31.12. Kann Nina Groß am 30.06. von Schön die Zahlung des Kaufpreises verlangen?

Lösung: Nina Groß könnte gegen Stefan Schön einen Anspruch nach §§ 433 Abs. 2, 398 BGB haben.

1. Der Anspruch steht Nina Groß mit der Abtretung am 20.04. zu (vgl. auch Lösung zu *Beispiel 15*).

2. Der Anspruch könnte am 30.06. nicht durchsetzbar sein, wenn er wirksam gestundet worden ist. Eine solche Stundung kann nur zwischen dem Gläubiger und dem Schuldner vereinbart werden. Als Schön die Stundung am 07.06. mit Geber vereinbart hatte, war dieser aber nicht mehr Gläubiger der Forderung. Die Stundung konnte daher nicht wirksam vereinbart werden. Hier greift aber § 407 Abs. 1 2. Alt BGB ein. Die Stundung wurde zwischen dem Schuldner Schön und dem bisherigen Gläubiger Geber in Unkenntnis der Abtretung vorgenommen. Nina Groß muss diese Stundung gegen sich gelten lassen.

Ergebnis: Dem Anspruch steht am 30.06. nach § 407 Abs. 1 2. Alt. BGB die vereinbarte Stundung entgegen.

Auch hier ist wieder § 407 Abs. 1 letzter Halbsatz zu beachten. Bei positiver Kenntnis kann sich der Schuldner nicht auf § 407 BGB berufen.

Hinweis: Die Vorschrift des § 407 BGB stellt eine *Einrede* dar. Damit **kann** sich der Schuldner auf § 407 BGB berufen. Er muss es aber nicht!

Beispiel 18: Zahlt Schön in Unkenntnis der Abtretung an den bisherigen Gläubiger Geber und fordert die neue Gläubigerin Groß die nochmalige Zahlung an sich, so kann Schön nochmals an Groß zahlen und den bereits gezahlten Geldbetrag von Geber zurückfordern.

cc) Mehrfache Abtretung

Beispiel 19: Bernd Geber tritt die Kaufpreisforderung wirksam an Nina Groß ab ohne dies dem Schuldner Schön mitzuteilen. Damit ist Nina Groß neue Gläubigerin. Trotzdem tritt Bernd Geber die Kaufpreisforderung nochmals an Dieter Dettel ab. Diese Abtretung ist unwirksam, da Geber nicht mehr Gläubiger der Forderung ist. Dettel, der sich für den Inhaber der Kaufpreisforderung hält, fordert den Schuldner Schön zur Zahlung auf. Schön zahlt an Dettel. Da Nina Groß Gläubigerin ist, ist die Kaufpreisforderung durch Zahlung an Dettel nicht erloschen. Gleichwohl kann Schön die nochmalige Zahlung an Groß nach §§ 407, 408 BGB verweigern.

dd) Aufrechnung nach § 406 BGB

Nach einhelliger Meinung ist die Formulierung des § 406 BGB nahezu unverständlich. Nachfolgende Grafik soll den Aufbau des § 406 BGB etwas verdeutlichen.

Der Schuldner kann auch dem neuen Gläubiger gegenüber die Aufrechnung erklären, wenn...	
........§ 406 1. Alt BGB einschlägig ist.	........§ 406 2. Alt. BGB einschlägig ist.
Durch die Abtretung der Forderung an den neuen Gläubiger ist Gegenseitigkeit entfallen. Ohne Abtretung hätte der Schuldner gegenüber dem bisherigen Gläubiger aufrechnen können. Nach § 406 1. Alt. BGB kann er auch gegenüber dem neuen Gläubiger aufrechnen.	Die Forderung des Schuldners und die abgetretene Forderung haben sich niemals aufrechenbar gegenüber gestanden. Der Schuldner vertraut aber auf eine Aufrechenbarkeit, da er von der Abtretung keine Kenntnis hat.
Beispiel 20: Am 12.03. besteht die Aufrechnungslage: Gerhard hat eine Forderung gegen Sabine und Sabine hat eine fällige Forderung gegen Gerhard. Sabine könnte aufrechnen. Tritt nun Gerhard am 22.04. seine Forderung gegen Sabine an Waltraud ab, so kann auch Sabine gegenüber Waltraud aufrechnen.	**Beispiel 21:** Am 12.03. hat Gerhard eine Forderung gegen Sabine, die am 20.05. fällig ist. Er tritt diese am 22.04. an Waltraud ab ohne Sabine die Abtretung mitzuteilen. Am 01.05. erwirbt Sabine eine Forderung gegen Gerhard, die am 15.05. fällig ist. Macht Waltraud am 20.05 die Forderung gegen Sabine geltend, so kann Sabine gegenüber Waltraud aufrechnen.
Diese Regelung entspricht dem **§ 404 BGB.**	Diese Regelung entspricht dem **§ 407 BGB.**

4. Gesetzlicher Gläubigerwechsel nach § 412 BGB

Klausurtipp: In manchen Klausuren werden die Vorschriften über den Gläubigerwechsel (§§ 398 ff. BGB) durch die „Hintertüre" des gesetzlichen Forderungsübergangs abgeprüft.

Übersicht über die wichtigsten Vorschriften des gesetzlichen Forderungsübergangs im Schuldrecht:

- § 268 Abs. 3 BGB: Zwangsvollstreckung in einen dem Schuldner gehörenden Gegenstand und Befriedigung des Gläubigers durch einen Dritten.

- § 426 Abs. 2 BGB: Inanspruchnahme eines Gesamtschuldners mit dem gesamten Betrag der Schuld. Der Gesamtschuldner hat einen Ausgleichsanspruch gegen die anderen Gesamtschuldner.

- § 774 Abs. 1 BGB: Der Bürge wird durch den Gläubiger aus der Bürgschaft in Anspruch genommen, weil der Schuldner nicht leistet.

Findet ein gesetzlicher Forderungsübergang statt, so **gelten nach § 412 BGB die Vorschriften der §§ 399 bis 404 BGB und 406 bis 410 BGB entsprechend.**

II. Schuldnerwechsel

Bei einem Schuldnerwechsel kommt es zum Austausch des Schuldners. Dies kann aber nicht ohne Beteiligung des Gläubigers geschehen, da der Gläubiger in diesem Fall einen anderen Schuldner erhält. Das BGB kennt zwei Arten von Schuldnerwechsel:
- die befreiende Schuldübernahme[202]
- den Schuldbeitritt[203].

---

[202] Auch privative Schuldübernahme genannt.
[203] Auch kumulative Schuldübernahme genannt.

1. Die befreiende Schuldübernahme

Die befreiende Schuldübernahme kann auf zwei Arten erfolgen:

- durch Vertrag zwischen dem Gläubiger und dem Dritten nach § 414 BGB
- durch Vertrag zwischen Schuldner und dem Dritten mit Genehmigung des Gläubigers, § 415 Abs. 1 Satz 1 BGB

Beispiel 22: Gertraud hat einen Anspruch gegen Sabine. Durch einen Vertrag zwischen Dieter und Gertraud wird vereinbart, dass Dieter als Schuldner an die Stelle der Sabine tritt. Hier fand ein Schuldnerwechsel nach § 414 BGB statt.

Beispiel 23: Gertraud hat einen Anspruch gegen Sabine. Sabine vereinbart mit Dieter einen Schuldnerwechsel. Sabine teilt dies Gertraud mit und Gertraud genehmigt den Vertrag. Hier fand ein Schuldnerwechsel nach § 415 Abs. 1 Satz 1 BGB statt.

Mit der befreienden Schuldübernahme tritt der neue Schuldner an die Stelle des bisherigen Schuldners. Folgende Einwendungen kann der Neuschuldner vorbringen:

- Die Schuldübernahme sei unwirksam.
- § 417 Abs. 1 Satz 1 BGB: bisherige Einwendungen des Altschuldners

Keine Einwendungen kann der Neuschuldner aus dem Rechtsverhältnis zwischen Neuschuldner und Altschuldner vorbringen.

2. Der Schuldbeitritt

Der Schuldbeitritt kann auf zwei Arten geschehen:

- durch Vertrag zwischen dem Gläubiger und dem Dritten nach § 414 BGB analog

- Durch einen Vertrag zwischen Schuldner und dem Dritten nach § 415 Abs. 1 Satz 1 BGB analog. Hier ist dann aber nicht die Genehmigung des Gläubigers erforderlich, da der alte Schuldner bestehen bleibt.

Mit dem Schuldbeitritt werden Altschuldner und Beitretender Gesamtschuldner.

Folgende Einwendungen kann der Neuschuldner vorbringen:

- Der Schuldbeitritt sei unwirksam.
- § 417 Abs. 1 Satz 1 BGB: Bisherige Einwendungen des Altschuldners bis zum Schuldbeitritt. Nach dem Schuldbeitritt gelten die §§ 422 bis 425 BGB.[204]

Lektion 16: Mehrheit von Gläubigern und Schuldnern

Bisher tauchten in allen Schuldverhältnissen lediglich zwei Personen auf: ein Gläubiger und ein Schuldner. Stehen aber auf der Gläubigerseite mehrere Personen, so spricht man von der Gläubigermehrheit. Dabei wird zwischen Teilgläubigerschaft und Gesamtgläubigerschaft unterschieden. Stehen auf der Schuldnerseite mehrere Personen, so spricht man von der Schuldnermehrheit. Auch hier wird zwischen Teilschuldnerschaft und Gesamtschuldnerschaft unterschieden. Von allen Bereichen spielt die Gesamtschuldnerschaft die größte Rolle.

I. Teilgläubigerschaft (§ 420 2. Alt. BGB)

Teilgläubigerschaft liegt vor, wenn bei mehreren Gläubigern jeder Gläubiger nur einen Teil der Leistung zu fordern berechtigt ist.

Beispiel 1: Die Nachbarn Volker, Matthias und Daniela bestellen für ihren Garten gemeinsam 3 Tonnen Komposterde, um die Mengengrenze für eine kostenfreie Anlieferung zu überschreiten. Dabei soll jeder eine Tonne Komposterde bekommen und auch bezahlen.

Die Teilgläubigerschaft hat folgende rechtliche Auswirkungen:

- Jeder Gläubiger hat einen eigenen Anspruch auf die anteilige Lieferung.
- Jeder Gläubiger kann Sekundäransprüche in Bezug auf seine Lieferung geltend machen, wie Schadenersatzansprüche wegen Verzug oder Unmöglichkeit.
- Ein Teilgläubiger allein kann aber keine Ansprüche geltend machen, die den gesamten Vertrag betreffen, wie z. B. Rücktritt vom Vertrag. Solche Ansprüche können nur alle Teilgläubiger gemeinsam geltend machen.

Wird zwischen den Gläubigern kein Aufteilungsmaßstab vereinbart, so sind die Gläubiger im Zweifel zu gleichen Anteilen berechtigt, vgl. § 420 letzter HS BGB.

II. Teilschuldnerschaft (§ 420 1. Alt. BGB)

Teilschuldnerschaft liegt vor, wenn bei mehreren Schuldnern jeder Schuldner nur zu einem Teil der Leistung verpflichtet ist.

Beispiel 2: Die Nachbarn Volker, Matthias und Daniela haben für ihren Garten gemeinsam 3 Tonnen Komposterde zum Preis von insgesamt 30,- EUR je Tonne bestellt, um die Mengengrenze für eine kostenfreie Anlieferung zu überschreiten. Jeder hat eine Tonne Komposterde bekommen. Volker, Matthias und Daniela schulden jeweils 10,- EUR.

Die Teilschuldnerschaft hat folgende rechtliche Auswirkungen:

- Jeder Schuldner ist nur zur anteiligen Tilgung der Schuld verpflichtet.
- Gegen jeden Schuldner können Sekundäransprüche in Bezug auf seine Schuld geltend gemacht werden, wie Schadenersatzansprüche wegen Verzug oder Unmöglichkeit.

---

[204] Brox/Walker, AS, § 35 RN 24.

- Ein Teilschuldner allein kann aber keine Ansprüche geltend machen, die den gesamten Vertrag betreffen.

Nach dem Wortlaut erscheint die Teilschuldnerschaft als der gesetzliche Regelfall. Hier ist aber § 427 BGB zu beachten, wonach bei einer gemeinsamen vertraglichen Verpflichtung im Zweifel eine Gesamtschuldnerschaft vorliegt. Damit bleiben für die Teilschuldnerschaft nur „zweifellose" Fälle. Dies sind solche, in denen die Teilschuldnerschaft ausdrücklich vereinbart ist. Dies lässt sich hier annehmen, da der Lieferant weiß, dass es drei für sich handelnde Personen sind, die nur gemeinsam bestellt haben.

Wird zwischen den Gläubigern kein Aufteilungsmaßstab vereinbart, so sind die Gläubiger im Zweifel zu gleichen Anteilen berechtigt, vgl. § 420 letzter HS BGB.

III. Gesamtgläubigerschaft (§ 428 BGB)

Gesamtgläubigerschaft liegt vor, wenn jeder Gläubiger vom Schuldner die ganze Leistung fordern kann, der Schuldner aber nur einmal die Leistung bewirken muss.

Anders als bei der Gesamtschuldnerschaft im § 427 BGB gibt es bei der Gesamtgläubigerschaft keine Vermutungsregel. Damit muss die Gesamtgläubigerschaft vertraglich vereinbart oder gesetzlich angeordnet werden.[205]

Beispiel 3: Das Ehepaar Andreas und Margarete hat ein gemeinsames Konto bei der Bank AG. Es ist als sog. „Oder-Konto" eingerichtet und weist ein Guthaben von 3.000,- EUR aus. Beide sind Kontoinhaber und können nach § 428 BGB die Auszahlung des gesamten Guthabens verlangen.
Hinweis: Nach § 428 Satz 1 BGB ist der Schuldner (hier: Bank AG) berechtigt, nach seinem Belieben (Wahlrecht) an jeden der Gläubiger zu leisten. Bei Oder-Konten gilt aber die Besonderheit, dass dieses Wahl-

---

[205] Vgl. § 2151 Abs. 3 BGB: Gesamtgläubigerschaft bei mehreren Bedachten in einem Vermächtnis.

recht eingeschränkt ist. Die Bank muss an den leisten, der Zahlung begehrt.[206] Die Bank ist dann in ihrem Wahlrecht eingeschränkt.

Die Gesamtgläubigerschaft hat folgende rechtliche Auswirkungen:

- Der Annahmeverzug eines Gläubigers wirkt auch gegenüber den anderen Gläubigern, § 429 Abs. 1 BGB.

- Vereinen sich Forderung und Schuld in der Person eines Gesamtgläubigers[207], so erlöschen die Rechte der übrigen Gesamtgläubiger, § 429 Abs. 2 BGB.

- Leistet der Schuldner an einen Gesamtgläubiger, so erlöschen die Ansprüche der übrigen Gesamtgläubiger, §§ 429 Abs. 3, 422 Abs. 1 BGB.[208]

- Vereinbart ein Gesamtgläubiger, der dazu befugt ist, einen Erlass der Forderung (sog. Gesamterlass), so wirkt dieser Erlass für den gesamten Vertrag, §§ 429 Abs. 3, 423 BGB.

- Andere Tatsachen als Annahmeverzug, Konfusion, Leistung und Gesamterlass wirken nur für den jeweiligen Gesamtgläubiger. Die übrigen Gesamtgläubiger betreffen diese Tatsachen nicht.

Nach § 430 BGB besteht zwischen den Gesamtgläubigern ein innerer Ausgleichsanspruch.

Keine Gesamtgläubigerschaft liegt bei mehreren Gläubigern einer unteilbaren Leistung vor. Hier greift § 432 BGB ein. Anders als bei der Gesamtgläubigerschaft wird der Schuldner bei Leistung an einen Gläubiger nicht von der Leistungspflicht befreit. Der Schuldner kann nur an **alle** Gläubiger schuldbefreiend leisten!

---

[206] Palandt/Grüneberg, § 428 RN 3.
[207] Man bezeichnet dies auch als Konfusion.
[208] Gleiches gilt nach §§ 429 Abs. 3, 422 Abs. 1 Satz 2 BGB für Leistung an Erfüllungs statt, Hinterlegung und Aufrechnung.

Beispiel 4: Die Studenten Klaus, Jens, Michael und Markus buchen für ihre gemeinsame Weihnachtsfeier den Auftritt eines Nikolauses. Hier liegt eine unteilbare Leistung nach § 432 BGB vor. Um schuldbefreiend zu leisten, muss der Nikolaus vor allen auftreten.

IV. Gesamtschuldnerschaft

> **Klausurtipp:** Wissen Sie während einer Klausur nicht, ob es sich um eine Teilschuldnerschaft oder eine Gesamtschuldnerschaft handelt, dann gehen Sie von dem Regelfall der Gesamtschuldnerschaft aus.

1. Allgemeine Fälle der Gesamtschuldnerschaft

Das Gesetz ordnet in folgenden Fällen Gesamtschuldnerschaft an:

- Mehrere Schuldner einer unteilbaren Leistung haften als Gesamtschuldner, § 431 BGB.

- Mehrere Personen einer unerlaubten Handlung haften nach § 840 Abs. 1 BGB als Gesamtschuldner.

Die Vorschrift des § 427 BGB trifft eine Auslegungsregel.[209] Danach liegt eine Gesamtschuld vor, wenn sich mehrere Personen durch Vertrag gemeinschaftlich zu einer teilbaren Leistung verpflichten.

---

[209] Auslegungsregel bedeutet immer, dass das Gesetz für den Zweifelsfall eine Rechtsfolge treffen will. Ergibt die Auslegung zweifelsfrei einen anderen Willen als die gesetzliche Rechtsfolge, so gilt dieser Wille.

2. Die Gesamtschuldnerschaft nach § 421 BGB

Die Vorschrift des § 421 BGB stellt für die Gesamtschuld folgende Voraussetzungen auf:

- mehrere Personen als Schuldner
- schulden eine Leistung.
- Jeder Schuldner ist zur Bewirkung der ganzen Leistung verpflichtet.
- Der Gläubiger ist zur ganzen Leistung nur einmal verpflichtet.

Daneben wird noch ein weiteres im Gesetz nicht genanntes Merkmal gefordert:

- Gleichrangigkeit der Schuldner

Beispiel 5: Nach einer bestandenen Klausur klettern die angetrunkenen Studenten Georg, Peter und Michael über den Gartenzaun des Grundstücks des Klaus. Sie schneiden dort eine größere Anzahl von Rosen ab, um sie am nächsten Tag ihren Kommilitoninnen zu schenken. Georg, Peter und Michael sind Gesamtschuldner nach § 840 Abs. 1 BGB. Hier stehen die Täter auf gleicher Stufe bzw. gleichem Rang (= Gleichrangigkeit).

Beispiel 6: Katharina schuldet Hans einen Betrag von 200,- EUR. Christopher hat für diese Schuld gebürgt. Hauptschuldner ist Katharina. Sollte Christopher als Bürge von Hans in Anspruch genommen werden, so kann er wegen § 774 BGB die Schuld gegen Katharina geltend machen. Hier stehen Katharina und Christopher nicht auf gleicher Stufe. Sie sind keine Gesamtschuldner.

3. Das Außenverhältnis (§§ 421 bis 425 BGB)

Die Gesamtschuldnerschaft hat folgende rechtliche Auswirkungen:

- Der Gläubiger kann nach seinem Belieben die Schuld von jedem Schuldner ganz oder teilweise fordern, § 421 BGB. Insgesamt kann der Gläubiger die Schuld aber nur einmal erhalten.

- Leistet ein Gesamtschuldner an den Gläubiger, so erlöschen die Ansprüche gegenüber den übrigen Gesamtschuldnern, § 422 Abs. 1 BGB.[210]

- Erlässt der Gläubiger einem Gesamtschuldner die Schuld, so wirkt der Erlass nur dann gegenüber den übrigen Gesamtschuldnern, wenn mit dem Erlass das **ganze** Schuldverhältnis aufgehoben werden sollte, § 423 BGB.

- Kommt der Gläubiger gegenüber einem Gesamtschuldner in Annahmeverzug, so wirkt dieser Annahmeverzug auch gegenüber den anderen Gesamtschuldnern, § 424 BGB.

- Andere Tatsachen als Annahmeverzug, Leistung und Gesamterlass wirken nur für den jeweiligen Gesamtschuldner. Die übrigen Gesamtgläubiger betreffen diese Tatsachen nicht.

4. Das Innenverhältnis (§ 426 BGB)

Nach § 421 Abs. 1 BGB ist der Gläubiger berechtigt, nach seinem Belieben von einem der Gesamtschuldner die gesamte Leistung zu fordern. Dies führt im Verhältnis der Gesamtschuldner zueinander zu einer Schieflage, die die Gesamtschuldner untereinander ausgleichen können.

---

[210] Gleiches gilt nach § 422 Abs. 1 Satz 2 BGB für Leistung an Erfüllungs statt, Hinterlegung und Aufrechnung. Bei der Aufrechnung ist aber auch § 422 Abs. 2 BGB zu beachten.

a) Der Ausgleichsanspruch nach § 426 Abs. 1 Satz 1 BGB

Die Vorschrift des § 426 Abs. 1 Satz 1 BGB ist eine eigenständige Anspruchsgrundlage.

Beispiel 7: Alina und Katharina schulden dem Jan 100,- EUR als Gesamtschuldner. Nach § 426 Abs. 1 Satz 1 BGB sind beide verpflichtet, anteilig bei der Bezahlung der Schuld mitzuwirken.

Beispiel 8: Alina und Katharina sind Gesamtschuldner. Alina leistet den insgesamt geschuldeten Betrag von 100,- EUR an Jan. Katharina ist nach § 426 Abs. 1 Satz 1 BGB verpflichtet, einen Betrag von 50,- EUR an Alina zu leisten.

Dabei geht § 426 Abs. 1 BGB von der Verpflichtung zu gleichen Anteilen aus. Es kann sich aber aus anderen gesetzlichen Regelungen[211] oder internen Absprachen der Gesamtschuldner untereinander etwas anderes ergeben.

Probleme tauchen auf, wenn ein Gesamtschuldner die Haftung gegenüber dem Gläubiger beschränkt hat.

Beispiel 9: Alban sucht eine Mitfahrgelegenheit. Erik erklärt sich bereit, Alban mitzunehmen. Erik vereinbart aber mit Alban für den Fall eines Unfalls einen Haftungsausschluss. Das Fahrzeug des Erik kollidiert dann mit dem entgegenkommenden Fahrzeug des Ronny. Beide trifft ein Verschulden (Quote: 50 zu 50). Bei dem Unfall wird auch Alban leicht verletzt[212]. Kann Alban von Ronny Schadenersatz verlangen?

---

[211] Beispiel: § 840 Abs. 2 BGB.
[212] Vgl. Beispielsfall aus Brox/Walker, AS, § 37 RN 20 ff. mit einer ausführlichen Darstellung der verschiedenen Ansichten.

231

Lösungsvariante 1: Alban könnte einen Schadenersatzanspruch gegen Ronny nach §§ 823 Abs. 1, 421 Abs. 1 BGB haben.

1. Die Voraussetzungen des § 823 Abs. 1 BGB sind erfüllt.
2. Ronny und Erik sind nach § 421 Abs. 1 BGB Gesamtschuldner. Alban ist berechtigt, nach seinem Belieben auch den Gesamtschuldner Ronny in voller Höhe in Anspruch zu nehmen.
3. Dem Anspruch des Alban könnte der Haftungsausschluss mit Erik entgegenstehen. Der Haftungsausschluss ist eine schuldrechtliche Vereinbarung zwischen Alban und Erik und entfaltet nur Wirkung zwischen den Vertragsparteien.

Ergebnis: Alban steht ein Schadenersatzanspruch gegen Ronny in voller Höhe zu.

Hinweis: Ronny könnte dann nach § 426 Abs. 1 BGB die Hälfte des Schadens von Erik ersetzt verlangen. Der Haftungsausschluss des Erik wirkt nur gegen Alban und nicht gegen Ronny. Damit müsste sich Erik an der Hälfte des Schadens beteiligen und dies trotz Haftungsausschlusses[213].

Lösungsvariante 2: Alban könnte einen Schadenersatzanspruch gegen Ronny nach §§ 823 Abs. 1, 421 Abs. 1 BGB haben.

1. Nach § 823 Abs. 1 BGB steht Alban gegen Ronny ein Anspruch dem Grunde nach zu.
2. Alban hat durch seinen Haftungsausschluss auf den auf Erik entfallenden Anteil verzichtet. Der Haftungsauschluss darf den Geschädigten im Falle einer gesamtschuldnerischen Haftung nicht besser stellen. Andererseits muss auch der Haftungsausschluss im Falle einer gesamtschuldnerischen Haftung zugunsten des Gläubigers Erik wirken. Auf Erik entfällt im Innenverhältnis die Hälfte des Schadens. Damit bekommt Alban von Ronny nur die Hälfte seines Schadens ersetzt.

Ergebnis: Alban kann von Ronny nur die Hälfte des entstandenen Schadens ersetzt verlangen[214].

---

[213] So BGHZ 12, 213; 58, 216, 220.
[214] So Brox/Walker, AS, § 37 RN 24 mit weiteren Nachweisen (= h. M.).

b) Der Forderungsübergang

Neben dem allgemeinen Ausgleichsanspruch nach § 426 Abs. 1 BGB regelt § 426 Abs. 2 BGB, dass die Forderung auf den Gesamtschuldner übergeht, soweit er die Forderung befriedigt und von den übrigen Gesamtschuldnern Ausgleichung verlangen kann.

Es handelt sich hier um einen **gesetzlichen Forderungsübergang**[215].

Beispiel 10: Hartmut ist Gläubiger einer Darlehensforderung in Höhe von 10.000,- EUR. Gesamtschuldner dieser Forderung sind Anton und Otto. Als Sicherheit hat Kunigunde gegenüber Hartmut für die Erfüllung des Darlehens durch Anton und Otto gebürgt. Bei Fälligkeit zahlt Otto den gesamten Darlehensbetrag an Hartmut. Nach § 426 Abs. 2 BGB ist die Hälfte des Darlehens auf Otto übergegangen, da Otto den Gläubiger Hartmut befriedigt hat und nach § 426 Abs. 1 BGB im Innenverhältnis die Hälfte des Rückzahlungsbetrages von Anton verlangen kann. Otto hat gegen Anton einen Anspruch auf 5.000,- EUR nach §§ 488 Abs. 1 Satz 2, 426 Abs. 2, 412 BGB.

Mit dem Übergang des Darlehens ist nach §§ 412, 401 Abs. 1 BGB insoweit auch der Anspruch aus der Bürgschaft auf Otto übergegangen.

---

[215] Vgl. dazu Lektion 15 I 2.